普通高等学校应用型教材

市场营销

服务营销

第3版

郑锐洪　编著

中国人民大学出版社
·北京·

图书在版编目（CIP）数据

服务营销 / 郑锐洪编著 . --3 版 . --北京：中国人民大学出版社，2025. 1. --（普通高等学校应用型教材）. --ISBN 978-7-300-33575-9

Ⅰ. F713. 3

中国国家版本馆 CIP 数据核字第 20255PQ643 号

普通高等学校应用型教材 · 市场营销

服务营销（第 3 版）

郑锐洪　编著

Fuwu Yingxiao

出版发行	中国人民大学出版社		
社　　址	北京中关村大街 31 号	**邮政编码**	100080
电　　话	010－62511242（总编室）		010－62511770（质管部）
	010－82501766（邮购部）		010－62514148（门市部）
	010－62515195（发行公司）		010－62515275（盗版举报）
网　　址	http://www. crup. com. cn		
经　　销	新华书店		
印　　刷	北京市鑫霸印务有限公司	**版　　次**	2018 年 5 月第 1 版
开　　本	787 mm×1092 mm　1/16		2025 年 1 月第 3 版
印　　张	17. 25 插页 1	**印　　次**	2025 年 1 月第 1 次印刷
字　　数	346 000	**定　　价**	49. 00 元

前 言

服务是向他人提供价值的基本社会活动，经济与科技的进步赋予了现代服务新的内涵，人类社会的经济文明推进了现代服务业的创新发展。服务营销已经突破了服务企业的界限，延展到制造业甚至非营利机构领域，成为现代组织竞争制胜的有力武器。随着互联网技术特别是移动终端的发展，网络正在深刻地改变着人们的生活方式，改变着企业的营销模式。互联网、大数据、人工智能等数字技术的飞速发展推动着现代商业结构和商业模式的变革，当今服务营销呈现出网络化、数字化、智能化、定制化的发展趋势。目前，我国正处于构建新发展格局和实现高质量发展的重要时期，大力发展现代服务业有助于实现产业转型升级，建设现代化产业体系。党的二十届三中全会审议通过的《中共中央关于进一步全面深化改革 推进中国式现代化的决定》指出，“当前和今后一个时期是以中国式现代化全面推进强国建设、民族复兴伟业的关键时期”。提升产业发展质量、提高人民生活品质、满足人民日益增长的美好生活需要以增强人民群众的幸福感、满足感与获得感是大势所趋，服务营销无疑具有广阔的社会前景。

服务营销产生于20世纪80年代的美国，之后在全球营销界和企业界得到了广泛的研究与应用。作为市场营销学深化发展的一个独立分支，服务营销迄今已经形成了以泽丝曼尔为代表的北美学派和以格罗鲁斯为代表的北欧学派两个典型的理论学派，它们各具特色，各有侧重。前者以服务市场的实践逻辑为依据创建知识结构和策略体系，注重服务营销的实践应用，从这个角度讲，服务营销等同于服务市场营销；后者以服务营销的学科发展为目标构建概念和理论体系，注重服务营销的理论创新，从这个角度讲，服务营销相当于服务营销管理。本书主要遵从北美学派的市场逻辑编写。

服务营销自20世纪80年代以来在我国得到了广泛的研究与应用，有效促进了我国的经济发展。国内学者汪纯本较早开展了服务营销的教学与研究，郭国庆、范秀成、韦福祥、王永贵、白长虹、许晖、王跃梅、于宁等有相关著述呈现。各高校纷纷开设服务营销课程，推进了服务营销的教学与研究工作。国内企业如海尔、苏宁、招商银行、携程、如家、新东方等率先认识到服务营销的价值，开始践行服务营销的经营理念，并逐渐发展成为我国服务市场营销实践的标杆，腾讯、百度、阿里巴巴、京东、大众点评、美团、马蜂窝等新兴服务企业迅速崛起，成为现代服务经济发展的主流。

随着服务经济的深入发展，现代服务业从业人员呈几何级数增长，普通高等学校、职业技术院校大多开设了服务营销课程，以培育具有顾客导向意识和服务营销技能的专门人才。

市场上有关服务营销的著述和教材很多，主要分为两类：一类是偏重服务营销理论的服务营销管理教材，包括经典译著克里斯廷·格罗鲁斯的《服务管理与营销：服务竞争中的顾客管理》、克里斯托弗·洛夫洛克的《服务营销》，以及国内众多知名服务营销学者编写的教材，主要适用于重理论教学的高等学校；另一类是偏重服务企业营销实践与应用的服务市场营销教材，主要适用于重实践教学的应用型本科及专科院校，经典译著如瓦拉瑞尔·A. 泽丝曼尔等的《服务营销》。然而，好学好用的应用型服务营销教材着实不多。

为便于学生学习、理解、掌握服务营销的理论精髓和应用技术，本书遵循“理论够用、策略可行”的原则，保持理论精练和注重实践的定位与风格。全书按照服务企业的营销实践逻辑编撰，分12章构建服务营销的理论与策略体系，包括服务营销概述、服务营销核心概念、服务营销战略、服务产品及品牌策略、服务定价策略、服务分销策略、服务促销策略、服务人员策略、服务过程管理策略、服务有形展示策略、服务营销管理、服务营销创新。

本书自出版以来深受广大师生欢迎，我们与时俱进补充前沿内容，并进行案例更新。根据读者反馈，本版着力做了以下三个方面的调整：一是在保持理论框架不变的前提下，对一些内容进行重新梳理并补充新的数据，如服务经济、服务品牌、关系营销、服务有形展示等；二是增加了一些专业前沿内容，如数字时代的服务营销创新、新服务开发的方式、服务品牌建设的意义、服务分销的全渠道营销（新零售）等；三是对其中的案例进行了较大的调整与更新，增加了不少新颖、独特的案例。

本书在修订过程中力求突出以下几个方面的特色。

（1）结构合理，知识点突出。

全书按照“理论认知—战略制定—组合策略—管理与创新”的逻辑结构创建服务营销的知识体系，删去一些联系不够紧密的内容，突出服务营销的核心内容，如服务经济、现代服务业、服务质量、顾客满意、顾客忠诚、服务利润链、服务营销7P组合策略、服务接触点、服务蓝图、服务承诺、服务补救、客户关系管理等，引入体验营销、内部营销、关系营销、口碑营销等，深入讨论重要知识点。

（2）案例丰富，强调说服力。

在选择案例的时候注重贴切性和说服力。全书从不同视角引入众多国内外服务企业的典型案例，所选案例大多是不同行业服务企业具有代表性的经典案例，如星巴克、宜家、麦当劳、玫琳凯、迪士尼、海底捞、携程、韵达、真功夫、仙踪林、马蜂窝、西部假期等，它们的成功实践就是当今服务营销价值的最好见证。其中部分案例是笔者根据亲身经历撰写的，虽然短小但是真实，具有说服力。

（3）方法可行，注重实效性。

科学的理论来源于有效的实践，其价值主要在于能够指导实践。凭借多年的企业营销管理经验，笔者在编撰过程中注重操作策略及方法部分的设计和提炼，每一个主要的理论知识点都对应地提出相关策略和解决方案，目的是让学生能够运用所学知识解决实际问题，培养实践能力。本书还期望通过案例讨论启发学生思考，使学生从中获取经验，总结关键成功要素，以利于指导自己的服务营销实践。

（4）重视思政，体现时代性。

党的二十大报告提出了“加快构建新发展格局，着力推动高质量发展”的要求，服务企业要贯彻创新、协调、绿色、开放、共享的发展理念，提供有益于满足人民日益增长的美好生活需要的健康、积极向上的服务产品，开展环境友好的生态、绿色营销，遵循公平公正、诚信友善的经营价值观，坚守商业伦理，遵纪守法，积极履行社会责任，打造服务品牌，为推进品牌强国战略做出贡献。党的二十届三中全会提出“进一步全面深化改革、推进中国式现代化”“聚焦提高人民生活品质”“聚焦建设美丽中国”，服务企业应坚持以人民为导向。新时代的服务营销要为提升人民群众生活品质、实现我国经济高质量发展贡献力量。为此，本版各章融入了相关思政拓展内容。

本着编写富有特色的应用型服务营销精品教材的想法，笔者在修订过程中做了精心准备，多次修改。本书在修订过程中得到了笔者的博士生导师中国人民大学商学院郭国庆教授的关心和指导，同时参考和借鉴了不少国内外服务营销同人的优秀成果，以及许多精彩案例，在此向参阅文献的作者致以诚挚的敬意和谢意。笔者虽投入了十分的努力，但由于个人知识、能力所限，书中难免有错漏和偏误之处，还望学界、业界专家批评指正。

作者邮箱：ruihong2003@126.com。

郑锐洪

目 录

第3章 服务营销战略

第4章 服务产品及品牌策略

第5章 服务定价策略

第6章 服务分销策略

第7章 服务促销策略

第12章 服务营销创新

第1章 服务营销概述

| 本章要点 |

- 了解服务的内涵及特征
- 了解服务业及其价值意义
- 了解服务营销的产生与发展
- 掌握现代服务业的分类
- 掌握服务营销7P组合策略

现阶段我国经济发展的基本特征是由高速增长阶段转向高质量发展阶段，高质量发展的一个显著特征就是基于生态优先、环境友好、资源节约的内涵式增长与发展。我国已全面建成小康社会，目前正处于全面建设社会主义现代化国家新征程，深化供给侧结构性改革，推动产业深度转型升级是现阶段的重要任务之一。因此，重视服务与服务营销、大力发展现代服务业以满足人民群众对美好生活的向往、提高百姓的生活质量是当下我国产业发展的大趋势，也是国家关注的重要民生问题。

引 例

上海迪士尼为什么那么吸引人

说起迪士尼大家再熟悉不过了。目前全球有六个迪士尼乐园，中国就有两个，一个在上海，另一个在香港；其他四个分别位于美国加利福尼亚州、美国佛罗里达州、日本东京、法国巴黎。上海迪士尼魔法王国主题乐园每天有上万的人流量，遇到节假日、寒暑假，各地游客纷至沓来，人山人海。上海迪士尼为什么那么吸引大家？这与它的特色服务营销密不可分。不管是亲子游、家庭游还是闺蜜游，在这里都能度过一段愉快的时光，因此人们都很向往这里。

上海迪士尼通过以下努力吸引各地的游客。

（1）为顾客创造独特的体验。迪士尼的游客大多数来自都市，他们对城市的高楼大厦大多已经无感。而在迪士尼乐园，人们仿佛走进童话世界，感到新奇梦幻。迪士尼乐园充满了创造性的富丽堂皇和诙谐生动的视觉感受，这些扩展了主题乐园的梦幻感觉。迪士尼乐园不仅是儿童游玩的欢乐世界，更是成人的娱乐休息场所。

（2）良好的服务态度。迪士尼乐园工作人员整洁、新颖的服装，甜美的笑容，一丝不苟的作风给游客留下了无须言传的深刻印象，大大提高了游客的满意度和幸福感。在乐园大门口有游客接待站，提供童车和婴儿车租赁，这让带孩子的游客感到很方便。进入大门后有轮椅供残障人士使用。在园内许多景区都设有童车、婴儿车及轮椅停放区。

（3）差异化的服务特色。迪士尼乐园里所有的小卖部、饮食店、表演场所、街景区都设有整洁、形状与景观相协调、清扫方便、大容量的垃圾箱。公共场所的桌椅、窗台等都显得干净、利落。草地、树木修饰整齐。娱乐设施保持良好状态。在各种游乐节目中，迪士尼十分注意培养游客的参与性，总是创造机会让人们融入节目。迪士尼认为乐园主要是针对孩子的，当然要让孩子们在其中感受到快乐。乐园里设有沿着“道路”行驶的小型汽车，这种车比玩具车大得多，两个人可以轻松入座，一个家长可以带一个孩子，由孩子驾驶汽车绕过各种复杂的弯道。这种游戏拉近了孩子与父母的距离，家人的参与给孩子留下深刻、美好的回忆。垃圾桶的高度设计也非常人性化，孩子们伸手可及，投放垃圾时还有动听的音乐响起。此外，还有专门供孩子照相的卡通人物，孩子们在这里拍照留念，可以体会到爱丽丝梦游仙境般的奇妙与快乐。

（4）欢乐的氛围营造。游客与员工一起在安全又充满欢乐的游戏中体验快乐。在这里员工起到了主导作用，他们通过微笑、眼神交流、令人愉悦的行为、美丽的外表、特定角色的表演以及与每位游客接触的细节为游客带来美好的体验。迪士尼的员工不仅是一种岗位，也是一种角色，更是创造快乐的源泉。员工们身上穿的不仅是制服，更是演出服装，用来营造童话世界般的视觉盛宴。员工的外貌、妆容也有一定的标准，这大大提升了乐园的形象。

讨论：上海迪士尼乐园为什么对大人和小孩都具有如此魅力？

第1节 服 务

一、服务的界定

有关服务的研究最早可追溯到亚当·斯密（Adam Smith）的时代。营销学界对服务的关注是从20世纪五六十年代开始的，营销学者往往把服务作为一种产品来对待，以区别于经济学界的研究。

1960 年，美国市场营销协会（AMA）最先给服务下了定义："服务是用于出售或者是与产品连带出售的活动、利益或满足感。"这一定义在此后的很多年里一直被学者们广泛采用。但其缺陷显而易见：它没有把有形产品与无形服务区分开来，有形产品也是用来出售并使购买者获得利益和满足感的。

1963 年，著名学者威廉 · J. 里甘（William J. Regan）把服务定义为"直接提供满足（交通、租房）或者与有形商品或其他服务一起提供满足的不可感知活动"；1974 年，威廉 · J. 斯坦顿（William J. Stanton）进一步加以解释，认为服务是"可被独立识别的不可感知活动，为消费者或工业用户提供满足感，但并非一定要与某个产品或服务连在一起出售"；1990 年，国际知名服务营销学者克里斯廷 · 格罗鲁斯（Christian Gronroos）在总结前人定义的基础上，把服务的定义概括为："服务是指或多或少具有无形特征的一种或一系列活动，通常（但并非一定）发生在顾客与服务的提供者及其有形的资源、产品或系统相互作用的过程中，以便解决消费者的有关问题。"

瓦拉瑞尔 · A. 泽丝曼尔（Valarie A. Zeithaml）和玛丽 · J. 比特纳（Mary J. Bitner）在其著作《服务营销》中提出："简单地说，服务是行为、过程和表现，由一方向另一方提供或合作生产。这种行为、过程或表现不仅存在于服务企业的活动之中，而且是许多制造商向市场提供的价值组合的一部分。"泽丝曼尔等在其《服务营销》中还提及了另一个较为广义的服务定义："服务是包括所有产出为非有形产品的全部经济活动，通常在生产时被消费，并以便捷、愉悦、省时、舒适或健康的形式提供附加价值。"

荷兰学者汉斯 · 卡斯帕尔（Hans Kasper）认为："服务在本质上是一系列无形、易逝的活动，服务交易并不存在所有权转移问题，服务过程是一个互动的过程，其目的在于为顾客创造价值。"

菲利普 · 科特勒（Philip Kotler）则将服务定义为："一方能够向另一方提供的任何一项活动或利益，它在本质上是无形的，并且不产生对任何东西的所有权问题，它的生产可能与实际产品有关，也可能无关，由此，服务的本质是无形性和无所有权的转移。"

1990 年，国际标准化组织（ISO）把服务定义为"为满足顾客的需要，供方与顾客接触的活动和供方内部活动所产生的结果"。

虽然不同研究者、不同机构对服务的定义有所区别，但从本质上看，他们都认为服务是以人的活动为基础的为消费者提供需要满足的过程。

本书认为，服务是一种或一系列具有无形特征却可给人带来某种利益或满足感的可供有偿转让的（劳务）活动，它是一种更高层次的人类需求。该服务定义包含以下观点。

• 服务提供的基本上是无形的活动，可以是纯粹的服务，也可以与有形产品相关联。

• 服务提供的只是产品的使用权，并不涉及所有权的转移。

• 服务的重要性不亚于物质产品。

二、服务的分类

服务已经成为当今社会日常生产和消费的重要对象，服务的定义说明无形性是确定一个提供品是否为服务的关键所在。尽管这是正确的，但可以肯定，很少有产品是纯粹无形的或者完全有形的。相比较而言，服务要比制造品更无形，而制造品则比服务更有形（见图1－1）。例如，餐饮业尽管被划分为服务业，但它仍有许多有形部分，像食物、包装等。而汽车制造业尽管被划入制造业，但也提供许多无形产品，如交通运输、维修维护等。故本书提及服务时，我们秉持很少有“纯服务”或“纯产品”的观念。

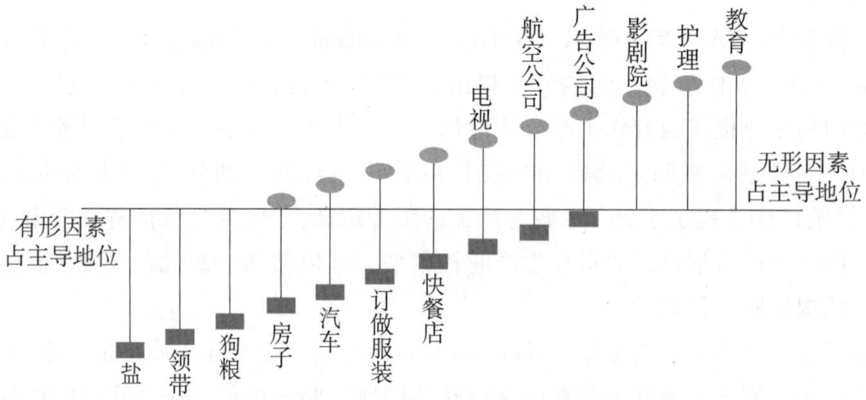

图1－1　产品的有形性、无形性对照图

由于活动及内容的广泛性和复杂性，服务可以进行多个视角或维度的分类。

1. 按顾客参与服务的程度分类

1978年，亚利桑那大学教授理查德·B. 蔡斯（Richard B. Chase）根据顾客对服务的参与程度，将服务分为三个大类。

• 高接触性服务。高接触性服务是指在服务过程中顾客参与其中全部或大部分的活动，如医疗、保健、公共交通以及电影院、娱乐场所、学校等提供的服务。

• 中接触性服务。中接触性服务是指顾客只是部分地或在局部时间内参与其中的活动，如律师、银行、保险公司、房地产经纪人等提供的服务。

• 低接触性服务。低接触性服务是指在服务过程中顾客与服务的提供者接触甚少的服务，其间的交往主要通过仪器设备进行，如有线电视、电子银行、电子商务、电信业等提供的服务。

2. 按综合因素分类

1980 年，菲利普・科特勒从服务的综合因素入手，分别从不同侧面对服务进行了分类。

依据个人需要和企业需要的不同，服务可分为专门针对个人需要的专一化服务和面向个人需要、企业需要的混合型服务。

依据提供服务工具的不同，服务可分为以人为基础的服务，包括技术性、非技术性和专业服务（如律师、会计师、旅行服务等）；以机器设备为基础的服务（如自动售货机、自动化汽车清洗等）。

依据顾客在服务现场出现的必要性大小，服务可分为必须要求顾客亲临现场的服务（如体检、美容、美发等）和不需要顾客亲临现场的服务（如汽车修理、服装洗熨等）。

依据服务组织的目的不同，服务可分为以营利为目的的服务、非营利服务、私人服务和公共服务。

依据服务内容和流程的稳定性与变动性，服务可分为标准化的服务与定制化的服务。

3. 按服务营销管理分类

美国服务营销专家克里斯托弗・洛夫洛克（Christopher Lovelock）从四个角度对服务进行了划分，这种分类目前被学术界认为比较全面。

依据服务活动本质分为四类：作用于人的有形服务，如民航、理发服务等；作用于物的有形服务，如货运、草坪修整等；作用于人的无形服务，如教育、广播等；作用于物的无形服务，如法律、财产保险等。

依据顾客与服务组织的联系状态分为四类：连续的、会员关系的服务，如银行服务、保险服务、汽车协会等；连续的、非正式关系的服务，如广播电台、警察保护等；间断的、会员关系的服务，如公园月票、年票等；间断的、非正式关系的服务，如邮购等。

依据服务方式及满足程度分为四类：标准化服务，选择自由度小，难以满足顾客的个性化需求，如公共汽车载客服务等；服务标准化程度高但服务方式选择自由度小的服务，如宾馆、餐厅的服务等；服务标准化程度不高，但服务提供者选择余地大，难以满足个性化需求的服务，如教师授课等；服务标准化程度不高，服务方式选择自由度大，而且服务提供者有发挥空间的服务，如美容、建筑设计、律师、医疗保健等。

依据服务供求关系分为三类：需求波动较小的服务，如保险、律师、银行服务等；需求波动较大、供应基本能跟上的服务，如电力供应、天然气供应、通信等；需求波动幅度大并会超过供应能力的服务，如交通运输、餐饮和住宿等。

4. 按服务能否在账面上体现分类

按服务能否在账面上体现出来，可以将服务分为显性服务与隐性服务两类。此分类最早是由服务管理学科的创始人、芬兰的瑞典语经济与管理学院的克里斯廷·格罗鲁斯于2001年提出的。在服务企业中，有些服务是显性的，在账面上可以体现出来，如运输、售后服务等。但有些服务，企业传统上将其作为常规性的日常管理费用加以处理，如结账、质量问题处理、服务补救等。对于这些服务，结账时必须清晰、准确，而对服务失误和顾客抱怨的及时和有效处理，以及雇员对顾客的“移情性”，对于提高顾客忠诚度，避免顾客流失，无疑具有十分重要的意义。这些隐性服务是企业建立竞争优势的最重要途径。

5. 基于服务过程视角分类

在服务过程中，人、有形物或者数据都可以是服务对象，而服务的过程可能是有形的，也可能是无形的。一些针对人体或有形物的服务过程，是可以看到的，但那些针对人脑、无形资产的服务过程，是无法看到的。约亨·沃茨等（2019）宽泛地将服务分为四类，即人体服务（people processing）、所有物服务（possession processing）、精神服务（mental processing）和信息服务（information processing）。尽管这些行业看起来好像有很大区别，但其核心特性，即过程性特征是基本相同的。因此，同一行业的管理者很容易相互学习，进而对本组织的服务内容、过程和形式进行创新。

人体服务：远古时期，人们就开始寻求满足或改变自己的服务，如旅行、吃饭、住宿、保持健康，或者是让自己变得更漂亮。为接受这些服务，顾客需要将身体作为服务要素投入。

所有物服务：很多情况下，顾客想要组织提供的是针对他们所有物的一些有形的服务，例如，帮助顾客进行房间除虫、修剪树篱、修理电梯、维修摔坏的智能手机屏、邮寄包裹，或者是帮助治疗生病的宠物等。

精神服务：精神服务的对象是人的精神，服务目的是矫正人的态度或影响人的行为。例如，常见的教育、新闻和信息、咨询服务以及宗教活动。精神服务需要顾客的投入，包括时间和精力。

信息服务：服务提供者可以利用信息与沟通技术对信息进行处理。当然，专业人员也可以利用他们的大脑来处理信息。作为服务结果的信息通常是无形的，但通过各种方法，可以将这些信息转化为有形的“物”，如信件、报告、书籍或者是各种格式的文件。有些服务对信息的收集和加工高度依赖，如财务、法律、市场调查、管理咨询和医疗诊断服务等。

三、服务的特征及其营销挑战

对于作为无形产品的服务的特征或特性，学界如格罗鲁斯、科特勒、佩恩（Payne）、艾格里尔（Eiglier）、兰吉尔德（Langeard）等都发表了不同的观点，但将无形性、差异性、生产与消费的不可分离性和不可储存性作为服务的特征，已经得到国内外的广泛认同（见表1－1）。其中无形性被认为是服务的最基本特征，其他特征都是从这一特征中衍生出来的。事实上，正是服务的无形性使得生产与消费不可分离，而差异性、不可储存性在很大程度上是由无形性和不可分离性两大特征决定的。

表1－1　服务的特征

商品	服务	服务的特殊性
有形性	无形性	服务不可储存 服务不能申请专利 服务不容易展示和沟通 难以定价
标准化	差异性	服务的提供与顾客的满意取决于员工的行动 服务质量的高低取决于很多不可控因素 无法确认提供的服务是否与计划或推广相符
生产与消费相分离	生产与消费的不可分离性	顾客参与并影响交易 顾客之间相互影响 员工影响服务的结果 难以进行大规模生产
可储存	不可储存性	服务的供应与需求难以同步 服务不能转售或退货

1. 无形性

无形性又称不可感知性，这是服务的最主要特征。与有形的消费品和产业用品比较，有形产品是一个物体，而服务则表现为行为、过程和效果。服务的特质及组成服务的元素很多时候都是无形的，因此，它是一种不能预先被看见、感觉、触摸、品尝或嗅到的特殊价值。如银行提供的存贷、银行卡、结算业务等服务鲜有有形的产品，难以通过陈列、展示等形式供客户比较、挑选、评价，客户无法预先感知使用效果。

当然，说服务产品是无形的，并不是说服务提供过程中不存在任何有形的物体或要素。事实上，就很多服务的提供来说，有形物体是不可缺少的要素或条件。在绝大多数情况下，企业向市场提供的服务是有形物体和无形服务的结合。

无形性带来的营销挑战包括：服务不能储存，因此很难管理需求的波动；服务不能依法申请专利，因此新的服务概念可以轻易地被竞争对手模仿；服务不容易向顾客展示或不易于沟通交流，因此顾客难以评估其质量；"一个单位的服务"的实际成本难以确定，价格与质量的关系也非常复杂，因此难以定价。

由于服务无法事先用样品展示给消费者，服务提供者在提供服务时必须注意：

（1）形象化宣传。即找出一个能代表服务的实体进行宣传，将无形服务有形化。如宣传企业自身、榜样、服务提供者以及企业硬件设施、环境、先进人物等。

（2）服务企业可以为自己建立一个服务品牌，以强化顾客对服务的认知和偏好。

（3）为顾客提供保证或承诺以增强顾客信任。

2. 差异性

差异性又称可变性，是指服务是由服务人员表现出的一系列行为，行为的效果会因时、因人、因地而异，无法像制造商品一样做到流水线生产，这也使得服务很难像有形产品一样用统一的质量标准来衡量。另外，由于没有两个完全一样的顾客，每位顾客都会有独特的需求，或者以独特的方式体验服务，因而会产生异质性。不同服务人员的服务经验不同，同一服务人员在为不同对象服务及在不同时间为同一对象服务时的心理情绪等也可能有很大差异，而不同顾客享用某种服务的经验及对服务的期望不同，从而服务的提供过程、顾客对服务的评价等都可能会因为时间、空间等因素的变化而产生差异。

差异性带来的营销挑战包括：服务因时间、组织和个人的不同而具有异质性，因而，要保持服务的标准化十分困难。实际上，服务质量取决于许多服务提供者不能完全控制的因素，例如顾客清楚表达其需要的能力、员工满足这些需要的能力和意愿、其他顾客的到来（或没有其他顾客）以及对服务需求的程度。由于存在这些复杂的因素，服务提供者无法确知服务是否按原计划和宣传的那样提供给顾客。有时，服务可能会由第三方提供，从而加大服务的差异性。

针对服务的差异性，服务企业可采取如下措施以保持服务质量的稳定性：

（1）加强针对服务产品的过程化质量控制。

（2）一些环节用机器代替人。

（3）实行顾客参与的自助服务。

（4）提供个性化服务，注重顾客的体验。

3. 生产与消费的不可分离性

有形产品大多是先生产，然后进行销售和消费；但大部分无形服务却是先销售，然后生产和消费同时进行。有形的产品在从生产、流通到最终消费的过程中，往往要经过一系列的中间环节，而服务却不同，它具有不可分离的特征，即服务的生产过程与消费过程同时进行以产生服务价值。由于服务本身不是一个具体的物品，而是一系列的活动或过程，因此在服务过程中，顾客和服务提供者必须直接发生联系，从而生产的过程也就是消费的过程。服务的这种特性表明，顾客必须加入服务的生产过程中才能最终消费服务。例如，病人必须向医生陈述病情，接受医生的检查，医生才能做出正确诊断，对症下药。顾客的直接参与及其在服务过程中与服务人员的沟通和互动行为，无疑向传统的产品质量管理及营销理论提出了挑战。

不可分离性带来的营销挑战包括：由于服务通常是生产和消费同时进行的，

因而大规模生产很困难。服务质量和顾客满意度在很大程度上依赖于关键时刻发生的情况，包括员工的行为、员工和顾客之间的互动。生产与消费的同步性也意味着不太可能通过集中化提供来获得显著的规模经济效益。服务的消费与生产的同步性，使得顾客加入生产过程中并且能观察生产过程，这可能会影响服务交易的体验结果。

为了克服这些局限性，企业可以采取如下措施：

- 选拔和培训优秀的服务人员，增加服务网点。
- 对服务人员进行技术培训，提高服务提供的效率。
- 提高服务质量，增强服务特色，注意改善服务环境，使顾客感到愉快。

4. 不可储存性

不可储存性是指服务产品无法保留、转售及退还的特性。服务的无形性以及生产与消费同时进行的特性，使得服务不可能像有形的消费品和工业品一样被储存起来，以备未来出售或消费。由于不可储存，也就无法预先储存服务以满足高峰时期顾客的服务需要。顾客为消费某种服务而来，若服务产品供不应求，顾客就有可能失望而归。有鉴于此，如何妥善处理供求矛盾，是服务营销过程中面临的一个重要难题。

不可储存性带来的营销挑战包括：由于服务不可储存，营销人员为充分利用生产能力进行需求预测并制订有创造性的计划就成为重要的、富有挑战性的决策问题。服务不能被退回或重售的事实也表明必须制定有力的补救策略，以防止服务失败。

针对服务的不可储存，服务企业可采用如下对策：

（1）加强服务供给管理。

- 需求高峰时，只提供主要服务；
- 高峰期招聘临时工作人员；
- 高峰期实行顾客自助服务；
- 开始经营时就为以后的业务扩展留下空间。

（2）加强服务需求管理。

- 实行服务预售，有计划地调节需求；
- 运用差别定价，即高峰期高价、平时低价的方法，以引导消费、调节需求。

第2节 服务业

一、服务经济

经济形态的演进是人类社会经济发展水平的标志，服务经济的出现是一个国家或地区经济生活进步的表征。英国经济学家约翰·邓宁（John Dunning）在对17世纪以来的经济社会的演进进行了深入研究之后，将社会经济发展分为三个逐渐演进的阶段：第一阶段是以土地为基础的农业经济时代（17世纪初至19世纪）；第二阶段是以机器或金融为基础的工业经济时代（19世纪至20世纪末）；第三阶段是以金融或知识经济为基础的服务经济时代（20世纪末至今）。美国学者约瑟夫·派恩（Joseph Pine）、詹姆斯·吉尔摩（James Gilmore）等人进一步提出了体验经济时代的观点。

派恩和吉尔摩于1998年在《哈佛商业评论》上发表了题为《体验经济时代来临》的文章，以他们的远见卓识描述了人类经济历史的演变阶段：农业经济、工业经济、服务经济和体验经济，并且简要概括了不同经济形态的特点，如表1－2所示。

表1－2　不同经济形态的特点

	农业经济	工业经济	服务经济	体验经济
经济的提供物	产品	商品	服务	体验
提供物的性质	可替换的	有形的	无形的	记忆深刻的
最重要的属性	自然的	标准化的	定制的	个性化的
卖方	交易商	制造商	提供者	展示者
买方	市场	用户	客户	客人
需求的要素	特色	特色	利益	突出体验与感受

（1）经济形态的演进改变了企业的生产方式。在工业经济时代，企业以市场为导向进行产品创新，最终生产出来的产品能否满足顾客的需求，企业只有到了销售阶段才能加以验证。在服务经济时代，企业提供各种服务，消费者被动接受，在此过程中，服务解释了企业创造和提供什么，消费者仍然没有自我决定的权利。而体验经济时代首先考虑的就是消费者，消费者自己决定需要哪种产品或服务，企业的任务就是按照消费者的需求进行提供，这个过程也是企业和消费者的互动与沟通过程。

（2）经济形态的演进也改变了消费者的生活方式。现代消费者不再满足于被动地接受企业的操控，而是主动地辨别和选择企业及其产品，主动地提出自己对产品或者服务的要求，并积极参与产品或服务的价值创造，使自己变成所需产品的设计者和使用者。

（3）服务已成为制造企业获取竞争优势的重要手段。随着社会经济的发展与文明的进步，顾客的期望提高了，他们不但希望买到好的商品，还希望企业能够提供系统的售后服务方案，并且在整个购买过程中都能获得优质的服务。同时，技术的发展和市场竞争的白热化，使制造企业很难只通过实体商品来保持持久的竞争优势。一些有远见的制造企业意识到优质服务对顾客和企业的重要性，于是不断提高服务水平，甚至进军服务领域。例如，海尔十几年前就倡导优质服务，将自己定位为现代服务企业，通过提供系统、优质的服务来增强自己的市场竞争优势，获得了用户和业界的好评。

现在，越来越多的传统制造商，如家电、汽车、计算机、办公用品、手机等行业的制造商，正在将它们的业务拓展到服务领域，通过提供系统支持服务获得新的收益来源；同时它们也把服务作为企业实现差异化战略的实施手段，通过提升服务打造独特竞争力，获得长期的市场竞争优势。

（4）服务经济时代已经来临。20 世纪 60 年代以来，主要发达国家的经济重心开始向服务业转变，产业形态呈现由工业型经济向服务型经济转型的发展趋势，全球服务业产值在经济结构中的比重不断攀升，服务业正逐渐成为发达国家的主导产业。服务经济时代有其显著特征和标志。首先，服务经济时代的到来表现为服务及服务机构在工业化经济中的地位和作用不断显现，主要是用服务业的产出占整体经济产出的比重来衡量。我国服务业对经济增长的贡献从 2010 年的不足四成上升到如今的接近六成，服务经济已成为我国经济的未来方向。其次，服务经济的兴起表现为产品提供中服务的重要性的增加，又称产品的服务化。“互联网＋”国家战略正是产业服务化最好的例子，因为互联网、TMT（电信、媒体和科技）本身就代表现代服务业。当今代表中国经济活力与发展方向的已不再是钢铁、汽车等制造业，而是以 BAT（百度、阿里巴巴、腾讯）为代表的互联网服务企业。同时，不少领先的制造企业也正在进行服务化的升级与转型，以适应现代服务经济大潮。最后，在服务经济时代，经济增长的引擎由投资导向切换为消费导向。服务业的轻资产特性使得投资对服务业产能的拉动作用十分有限，只有通过提供满足消费者需求的产品，通过对消费端的刺激才能有效拉动经济增长。目前国家拉动内需的战略正是如此。

让・詹姆克（Ron Zemke）等在《服务经济》中谈道：在当今世界，第三产业的发展水平已经成为衡量现代社会经济发达程度的重要标志。其实，服务经济的发展水平也是一个国家或地区经济水平、经济文明的标志。业界普遍认为，若一个国家或地区服务企业对 GDP 贡献达到或超过该地区 GDP 总量的 60%，就可以认为该国或该地区进入了服务经济时代。我国服务经济发展起步较晚，但在近年来经济结构转型日益加快的背景下，我国服务经济正保持着持续增长的态势。根据国家统计局的数据，2023 年我国服务业增加值占 GDP 的 54.6%。随着供给侧结构性改革的深入和产业结构的转型升级，随着国家大力发展现代服务业战略的实施，我国即将迈向服务经济时代。

二、服务业的发展

狭义服务业仅指商业、餐饮业、修理业等传统的生活服务业。广义服务业指为社会提供各种各样的服务活动，生产和经营各种各样的服务商品的经济部门和经济组织。

服务业的概念源于第三产业，在一般经济研究中，服务业与第三产业具有同等的意义。因此，服务业又称第三产业，是国民经济中除第一产业、第二产业以外的产业（见表1-3）。因此，在一般经济研究中，服务业与第三产业具有同等的意义。

表1-3　经济合作与发展组织和世界银行对三大产业的划分

产业划分	产业范围
第一产业	农业、林业、畜牧业、渔业、狩猎业
第二产业	制造业、建筑业、自来水、电力、煤气、采矿业
第三产业	商业、餐饮、仓储、运输、交通、邮政、电信、金融、保险、房地产、租赁、技术服务、职业介绍、信息、咨询、广告、会计服务、律师事务、旅游、娱乐、装修、美容、修理、洗染、家政服务、教育、医疗、卫生、文化艺术、科学研究、新闻、传媒、出版、体育、环境保护、宗教、慈善事业、政府服务、军队、警察等

在当今社会，服务企业的边界正在消失。根据汤姆·彼得斯（Tom Peters）在《追求卓越》中的观点，在当今世界，服务业已成为涉及范围最广的产业之一，它早已不再局限于传统的餐饮业、修理业、零售业，甚至企业“不论其基本业务是机械制造、高科技，还是生产汉堡包，都以服务业自称”。其实，纯粹的制造企业已经很难找到了，IBM就将自身定位为服务业而不是制造业，主要为顾客提供信息管理解决方案。

在现代服务业这个广阔的领域中，有相当一部分关系到国计民生，比如，金融服务业既事关国民经济命脉，也事关人民生活；信息服务业不仅事关国家安全和人民生活，而且已成为各国参与未来全球竞争的重要武器。从当前的国际经济发展趋势看，服务业有可能成为全球第一大产业和推动世界各国经济不断发展的持续动力。随着改革开放的深化，我国已进入经济结构战略调整的重要时期，大力发展服务业具有深远的战略意义。

在服务营销管理活动中，基于人们对复杂服务业的管理需要，通常使用简便、通行的服务业分类方法对其予以分类。具有代表性的一般服务业分类如表1-4所示。

表1-4　一般服务业分类表

分类	具体行业
公用事业	煤气、电力、自来水公司
运输与通信	铁路、公路、海运、空运、邮政、电信、信息业
分销流通业	批发、零售、经销、代理、直销、物流
金融、保险、银行业	金融业、保险业、银行业、产权业务

续表

分类	具体行业
工商服务、专业服务	广告、咨询策划、市场研究、会计事务、法律事务、医药、专业医疗服务、教育服务、科学研究
娱乐、休闲业	电影、剧院、运动、娱乐、宾馆、旅游服务、俱乐部
其他杂项服务	修理、清洗、家政、洗衣、餐饮

国际标准化组织制定的 ISO 9000 标准中对服务的分类按以下序列展开：

- 接待服务，即餐馆、饭店、旅行社、娱乐场所、广播、电视和度假村；
- 交通与通信，即机场、空运、公路、铁路和海上运输，电信、邮政和数据通信；
- 健康服务，即医疗所、医院、救护队、医疗实验室、牙医和眼镜商；
- 维修服务，即电器、机械、车辆、热力系统、空调、建筑和计算机维修；
- 公用事业，即清洁、垃圾管理、供水、场地维护、供电、煤气和能源供应、消防、治安和公共服务；
- 贸易，即批发、零售、仓储、配送、营销和包装；
- 金融，即银行、保险、生活津贴、地产服务和会计；
- 专业服务，即建筑设计、勘探、法律、执法、安全、工程、项目管理、质量管理、咨询和培训与教育；
- 行政管理，即人事、计算机处理和办公服务；
- 技术服务，即咨询、摄影和实验室；
- 采购服务，即签订合同、库存管理与分发；
- 科学服务，即探索、开发、研究和决策支持。

三、现代服务业及其特征

1. 现代服务业的界定

现代服务业是相对于传统服务业而言的，它是信息技术和服务产业相结合的产物，因此，现代服务业又称知识服务业、新兴服务业或高端服务业。现代服务业不同于传统服务业，具有“高人力资本含量、高技术含量、高附加价值”的特征，呈现出“新技术、新业态、新方式”的发展态势。现代服务业主要包括金融、信息、物流、旅游、会展、零售、科技教育、房地产、商务服务等产业。

2. 现代服务业的分类

按照诺贝尔经济学奖获得者乔治·施蒂格勒（George Stigler）的观点，“在服务行业的界限或分类上，都不存在任何权威性的一致意见”。美国经济学家辛格曼（Singelmann）、布朗宁（Browning）等根据服务的性质、功能特征把服务业分为流通服务业、生产者服务业、社会服务业和个人服务业四大类。后来，西方学者将辛格曼、布朗宁的分类法进行综合，提出了生产者服务业、分配性服务业、消费性服务业和社会性服务业四分法。

我国一些学者根据服务对象把现代服务业分为生产性服务业和消费性服务业。前者主要指为满足生产的中间投入的各种服务，如现代物流、金融保险、交通运输、技术创新、信息服务、商务服务等；后者主要指为提高居民生活质量和能力扩展所需要的服务，如旅游、餐饮、教育、医疗、文化娱乐、房地产、商品零售以及社会公共服务等。生产性服务业的经营对象主要是企业组织，消费性服务业的经营对象主要是消费者个体。其中消费性服务业是为满足人们追求生活质量、精神享受的行业，其发展可以体现为居民生活水平和生活质量提高、生活内容丰富和完善，以及城市生活品质提高的民生效应。另有学者从服务创新的角度，把服务业分为五类：高技术性服务业、高智力性服务业、高网络性服务业、高关怀性服务业、高关怀与高智力结合的服务业。

本书将现代服务业分为生产性服务业、消费性服务业和社会性服务业三个大类：

• 生产性服务业，即为社会生产经营活动提供支持的服务行业或企业。如现代物流、金融保险、交通运输、技术创新、信息服务、商务服务等。

• 消费性服务业，即为广大居民物质、文化生活消费活动提供支持的服务行业或企业。如旅游、餐饮、教育、医疗、文化娱乐、房地产、商品零售等。

• 社会性服务业，即为国家公共事业活动提供支持的服务行业或服务机构。如军队、警察、消防、卫生防疫、民政等。

这里需要说明的是，在现实经济实践中，生产性服务业和消费性服务业存在一定程度的交叉和重合，有些服务业往往很难进行明确的归类细分，如金融业、信息服务、交通运输等，它们既具有生产性服务的性质，又带有消费性服务的特征，关键是看其提供服务的对象是组织还是个人。本书是以营利性的服务企业作为研究对象来构建服务营销的知识与方法体系的。

知识延伸

国家“十四五”服务业发展

近十年来，我国大力推进产业转型，每年都将服务业写入政府工作报告中，目的是促进经济持续健康发展。《中华人民共和国国民经济和社会发展第十四个五年规划和2035年远景目标纲要》进一步明确了促进我国服务业繁荣发展：聚焦产业转型升级和居民消费升级需要，扩大服务业有效供给，提高服务效率和服务品质，构建优质高效、结构优化、竞争力强的服务产业新体系。具体举措包括：（1）推动生产性服务业融合化发展。以服务制造业高质量发展为导向，推动生产性服务业向专业化和价值链高端延伸；推动现代服务业与先进制造业、现代农业深度融合。

(2) 加快生活性服务业品质化发展。以提升便利度和改善服务体验为导向，推动生活性服务业向高品质和多样化升级。(3) 深化服务领域改革开放。扩大服务业对内对外开放，进一步放宽市场准入，全面清理不合理的限制条件，鼓励社会力量扩大多元化多层次服务供给。

3. 现代服务业的特征

服务业的发展水平是一个国家发达程度的标志。党的二十大报告提出“加快构建新发展格局，着力推动高质量发展”“高质量发展是全面建设社会主义现代化国家的首要任务”，强调需要“构建优质高效的服务业新体系，推动现代服务业同先进制造业、现代农业深度融合”。

现代服务业注重的是为顾客提供更多的精神层面的服务，如文娱活动、个人理财、保险、教育服务等，脱离了传统服务业吃、穿、住、行等物质含量较多的层面和领域。现代服务业在整个社会经济中处于较高的战略位置，可以通过资本的周转甚至是虚拟经营来发挥作用，而传统服务业则处于社会经济生活的基础性地位，行业操作的实务性较强。

现代服务业具有如下显著特征：

（1）知识密集性强。随着市场需求的个性化趋势日益增强，知识型的新兴服务业得到迅速发展。原因主要有两个方面：首先，知识含量高的新兴服务业适应了经济社会发展的需求。面对新型需求不断增加的市场，知识资本构成了社会经济发展中必不可少的一环，尤其是技术上的进步以及科研服务的发展给经济社会带来了强大的推动力。其次，知识含量的提高促进了新兴服务业管理方式的革新，并带来了高效率和快发展。以目前发展较快的策划、咨询、培训等新兴服务业为例，这些行业都是在知识与市场不断融合的过程中产生和发展起来的，都是通过“知识＋资本”的发展模式迅速发展壮大的。

（2）资金密集性强。国家大力发展战略性新兴产业，而金融、保险等行业作为资本吸纳和市场运作的主体行业，在工业化后期的发展中呈现出对资金流很强的调配能力。从初期的银行业信贷到后来的证券以及现在的二板市场，金融业体现出越来越强的资源配置力。正因如此，金融、保险业这类资本高度密集的新兴服务业始终被看作经济发展中的战略性行业。

（3）产业延展性强。新兴服务业自身处于社会经济发展的前沿，对其他行业的带动作用较为显著。从延展方式看新兴服务业可以分为纵向延展和横向延展两类。纵向延展主要包括信息服务、旅游、文化、房地产等行业，其产业链的前向和后向延伸较为显著，范围大、涉及的行业多，一般会由具体的区域特色产业发展成为各地区的基础性产业；横向延展主要包括金融、保险等产业的跨行业服务，其所形成的延展产业之间并不存在链接关系。

例1-1

我国电子商务的标杆：淘宝网

淘宝网是阿里巴巴旗下的购物网站，致力于成为全球最大的个人网上交易平台，是我国电子商务行业企业的突出代表。淘宝网自2003年开始建立，迄今已经成长为中国购物网站的龙头企业，ebay、亚马逊等国外购物网站在中国难以望其项背。

淘宝网上的商品种类繁多，从个人洗护到服装，从食品酒水到家电家具，甚至是话费网费等充值服务都有经营，就像淘宝网自己所宣称的使命一样——“没有淘不到的宝贝，没有卖不出的宝贝”。

淘宝网业绩增长非常迅速。2012年11月11日，淘宝网单日交易额为191亿元，2013年“双十一”交易额为305亿元，2014年“双十一”交易额为540亿元，2015年“双十一”交易额为700多亿元，2016年“双十一”交易额超900亿元，2017年“双十一”交易额突破1 400亿元大关，引起世界范围的轰动……近年来消费者网购热情不减，虽然受到京东、拼多多等电商平台的竞争冲击，2023年“双十一”期间淘宝天猫商城的成交量仍然达到1 476亿元，高居各平台销量第一位。11月11日，一个曾经没有任何特殊意义的日子，被阿里巴巴打造成一个消费者疯狂、卖家狂欢的营销节日。

淘宝网的广告市场份额也是其他网购网站望尘莫及的。淘宝天猫商城占据了绝大部分的市场份额，这些都得益于它超大的访问量。

淘宝网作为一个购物网站，其产品的提供者有商家、个人，即无论是商家还是个人都可以在淘宝网上出售商品。从成立起，淘宝网对于个人所开的网店不收费用，从而轻松捕获了大量市场份额。淘宝网与银行合作，创新推出第三方支付平台——支付宝——来保障网购用户的利益，提高了用户购物的信心。有信誉的网上支付使得用户放心地在网上购物。

淘宝网的服务也是很人性化的。阿里巴巴独创了阿里旺旺——一个用于买家和卖家在线相互交流商品信息、查看购物信息、查询物流等的交流软件，其特殊的亲昵用语和友好的使用界面增强了网上购物的愉悦感和便利性。

淘宝网在身份认证方面的诚信服务也是很让人信任的。为了维护电子商务市场的安全和稳定发展，淘宝网规定卖家必须通过身份认证方可在淘宝网交易或出售商品。淘宝网身份认证分为个人认证和商家认证两类，目的是提高认证的准确性和交易的安全性。

淘宝网为保障用户的账户财产安全，还配有“网络警察”。为了给网络交易平台提供一个坚实的后盾，淘宝网专门成立了网络安全部。这个部门聘请了具有多年刑事侦查经验的高手，以及拥有网络技术和反网络诈骗经验的人员。因此，在淘宝网上进行的网络交易十分安全，网络安全部一旦发现网络交易欺诈等不诚信的犯罪行为，便立即与各地公安网监部门一起进行严厉打击，绝不姑息。

思考：如何从淘宝网的发展看现代零售业的未来趋势？

第 3 节　服务营销

一、服务营销的产生

服务营销学源于 20 世纪 60 年代西方营销界关于有形产品与服务产品的争论。1966 年，约翰·拉斯摩（John Rathmall）首次对无形服务与有形产品进行区分，提出要以非传统的方法研究服务的市场营销问题。1974 年，拉斯摩撰写的第一本论述服务营销的专著在美国出版，标志着服务营销学的诞生。但直到 20 世纪 70 年代中后期，美国及北欧才陆续有市场营销学者正式开展服务营销学理论的研究工作。以格罗鲁斯和赫斯科特（Heskett）为代表的北欧学派，以帕拉休拉曼、泽丝曼尔、贝里（Parasuraman，Zeithaml，Berry；PZB）为代表的北美学派对该学科的发展起到了巨大的推进作用，他们有关服务质量以及服务营销管理的理论构成了服务营销学的理论支柱。

具体来讲，格罗鲁斯在 20 世纪 80 年代初第一次提出了顾客感知服务质量的概念，奠定了服务营销与管理学科的理论框架。其后，PZB 研究小组通过一系列卓有成效的工作，使服务营销与管理研究上了一个新的台阶。PZB 创建了服务质量差距模型（gaps model），构建了服务质量的 SERVQUAL 测量方法，从而丰富和完善了服务营销管理理论。

根据国内服务营销学者韦福祥的研究，服务营销在西方基本呈现为北欧学派和北美学派双峰对峙的格局。北欧学派的代表人物格罗鲁斯的专著《服务营销与管理》对全球服务营销学者的理论研究影响深远；北美学派的旗帜性人物泽丝曼尔等人所撰写的《服务营销》对全球服务营销实践者和教育者意义重大，成为全球使用最为广泛的服务营销参考书和教材。这两本代表性著作实际上反映了两个流派在服务营销领域的一些差异：格罗鲁斯更注重思想性，注重外部环境变革对服务营销理论的影响，力图反映时代特征及服务营销理论的历史变迁；泽丝曼尔等人更注重服务营销理论研究的规范性和实证性，注重服务营销理论的实践价值，其理论框架更加严谨且符合现实逻辑，当然，其时代特征也更加鲜明。除此之外，美国的洛夫洛克、菲茨西蒙斯（Fitzsimmons），荷兰的卡斯帕尔等在服务营销理论研究领域也有相当大的影响。

二、服务营销理论重心的转移

服务营销在其几十年的发展过程中理论重心的转移经历了以下几个阶段：

（1）20世纪60年代，人们普遍关注的是服务的定义。这一阶段的重点集中在服务的相关内容、服务与产品的区别以及服务的准确定义等方面。例如，人们普遍认识到服务行业的持续增长，探讨了服务与产品之间的主要区别，认为服务是一种过程，其主要收益是通过服务过程所创造的价值。

（2）20世纪70年代，人们关注的重心转移到服务营销观念上。这一阶段主要强调的是把服务区别于产品的典型差异转化为针对服务的市场营销观念，并提出了服务营销的基本架构和服务机构的整合营销。同时，新的营销观念——关系营销开始在服务营销中得到重视。

（3）20世纪80年代，服务营销的重心开始转移到服务质量的测量上。在这一阶段开始强调服务质量这一概念，将其作为服务企业的主要挑战。其中，比较典型的就是应用最广泛的服务质量差距模型和SERVQUAL测量体系。同时，也有学者强调服务接触是服务质量管理的核心，并提出了"真诚瞬间"的概念，诸如关键事件法和服务蓝图法等工具应运而生。

（4）20世纪90年代，服务营销的重心逐渐转移到服务的生产或服务运营上来。在这一阶段，企业开始越来越关注服务的收益率和服务成本，在剖析服务生产过程中的投入与产出关系的基础上提出了服务生产力的概念，并开始探讨如何基于对服务要素的分析与管理，来提高服务生产力。同时，这一阶段也开始关注服务技术、服务人员和内部营销实践以及顾客的参与。

（5）21世纪初，服务营销的重心转移到服务价值上。其中，一个非常重要的概念就是顾客感知服务价值，即通过顾客视角来分析服务企业为顾客所创造的价值。同时，学者们也开始关注顾客能够给企业带来的价值，顾客终身价值和顾客资产的概念开始受到重视。

（6）在21世纪的今天，服务营销在强调服务价值的同时，强化了服务体验和对顾客价值的管理。其中，如顾客抱怨、顾客投诉处理、顾客参与、顾客便利、体验营销、内部营销、服务承诺、服务补救、顾客关系管理和顾客创新管理等主题，日益受到学界的重视。

三、现代服务营销的发展趋势

随着制造业服务化和服务业体验化的发展，服务营销正成为当代营销的主旋律，当代服务营销呈现出以下发展趋势。

1. 产品和服务之间的边界正在消失

（1）产品服务化。所谓产品服务化就是企业从市场和顾客的需要出发，围绕产品的设计、工艺、加工制造及售后服务的全过程，不断改进，以优良的产品质量和高附加价值不断满足顾客的需求，赢得顾客。营销专家里维特（Levitt）指出："未来竞争的关键，不在于工厂能生产什么产品，而在于其产品能提供多少附加价值。"这里提到的附加价值就是指产品服务化。产品的含义已经从单纯的有形产品扩展到基于产品的增值服务，有形产品只是作为传递服务的媒介或平台。

（2）服务产品化。所谓服务产品化，就是把技术、服务、思想等非物质形态的产品，通过标准化、规范化的流程变成一种可以复制、生产和发展的能力。具体地说，就是将组成各种服务的流程、动作、角色等要素进行分离和标准化，使之融入硬件和软件的设计，全面实现"产品化"的服务。服务产品化不是把服务变成产品，而是将一部分基础性工作形成可以重复利用的标准化产品，在降低用户风险的同时节约服务成本，使服务企业可以更多地将精力投入满足用户个性化需求这一高难度的工作中。在 21 世纪初，IBM 便提出了服务产品化的概念并开始实施，该公司的服务产品化由最初的 IT 行业扩展到咨询、金融等其他服务业。

2. 服务电子化成为时代潮流

随着互联网的兴起，人们可以通过门户网站、搜索引擎、电子邮件、微信、视频平台等各种媒体获取服务信息和便利服务，电子服务正在普及并成为服务创新潮流。此外，服务电子化还能够增强服务效用，提高顾客的服务价值。第一，电子服务有时间效用，顾客可以足不出户享受服务，企业可以全天候提供服务。第二，电子服务有地点效用，顾客可以从各处进入，包括通过手机进入。第三，电子服务有内容或形式效用。根据顾客提供的信息数量和细节，电子服务在内容上可以做到十分丰富。第四，电子服务还有价格效用。服务企业可以与顾客共享成本降低优势，实现双赢。

3. 服务国际化

随着信息、交通的全球化发展，"地球村"成为现实，服务国际化成为一种必然。服务国际化是伴随着货物贸易的发展而出现的，并随着技术的进步不断发展，其实质就是提供跨越国界的服务。从目前的全球服务贸易和服务业对外直接投资看，服务国际化已经成为一种趋势。服务国际化主要表现为服务交易的国际化和服务经营的国际化两个方面。

4. 服务外包

服务外包是指企业将价值链中原本由自身提供的基础性的、共性的、非核心的业务和业务流程剥离出来，外包给企业外部的专业服务提供商来完成的经济活动。服务外包中涉及的服务性工作（包括业务和业务流程）可以通过计算机操作完成，并采用现代通信手段进行交付。服务外包使企业通过重组价值链，优化了资源配置，降低了成本，并增强了企业核心竞争力。服务外包兴起于20世纪80年代后期，由美国逐渐扩展到欧洲、日本等地，当时的外包主要是制造业的外包。到20世纪90年代，随着信息技术和经济全球化的发展，服务外包作为降低成本、提高竞争力的一种经营战略被跨国公司广泛采用，并成为一股潮流。

5. 数据技术赋能服务营销

当今数据技术已衍生出智能化、自动化、可视化、系统化的营销方式，而服务在很大程度上注重的是关键时刻与过程透明，通过互动、主动服务等多种形式打造顾客的消费体验，链接企业和顾客的沟通渠道，集成线上平台与线下体验、配送、服务、销售中心，集成顾客、订单、库存等数据流和收款、付款、退款等资金流，数字服务营销贯穿顾客信息搜集、获取、分析、筛选、使用等全流程需求。可以说，数据技术正在改变人们的生活方式和企业的生产方式，同时促进企业营销模式的创新。

根据许晖的研究，数据技术加快了传统服务业的信息化、智能化改造，数字化浪潮促使企业经营形态、商业模式、交易方式等发生深刻变化。因为数字技术可以有效地将顾客终端使用信息及时反馈，并根据集成化的资源进行实时调节，实现按需服务，能够提高服务的有效供给和个性化定制。它提高了传统服务的可交易性，实现了数据作为新型战略资源的跨地域流动，使服务的远程交付成为现实，因此出现了在线旅游、远程医疗、网络平台教育等电子商务型服务模式。

6. 数字经济催生服务营销新特征

数字经济是指以数字技术为基础，以互联网、大数据、人工智能等为代表的技术手段为支撑，以数字化、信息化、智能化为特征，服务于经济、社会和人类发展的新经济形态。在数字经济背景下，服务企业可以全天候、实时、互动、不受地域限制地为顾客提供服务，进而通过交互式、个性化的营销策略，提供满意的顾客服务。

根据郭国庆（2024）的研究，数字经济催生了服务营销新的特征：

（1）服务在线化。服务在线化是指借助网络和数字技术实现服务产品的供给、交易与消费的情形。基于数字技术的远程医疗、远程教育、在线展览、在线金融、虚拟现实（VR）视频、物联网等，都可以突破服务的时空限制，实现服务在线化。

（2）服务有形化。在数字技术和数字经济环境下开展服务营销时，可以通过色彩、音频、视频、VR视频等方式，将无形的服务借助有形的方式表现出来，使得无形的服务可视化和便于感知，以增强顾客的体验和观感。

（3）服务柔性化。在服务营销实践中，柔性化服务指的是一种灵活适应环境变化和有效满足顾客多样化需求的非制度化、非标准化的服务，更多地依赖员工的主动服务意识和主观能动性，而非企业刻板的标准和规范。当今数字营销时代，顾客也可以便利地向服务企业提出个性化服务需求并获得定制化的精准服务。

（4）服务高端化。服务高端化是指服务业态新颖、服务具有高附加值、服务融合高新技术或创新商业模式、服务对象为高端客户、服务区域遍及全球的特征。数字经济环境下，顾客可以借助数字技术得到更高层次、更新的服务模式甚至世界范围的跨国界服务。

四、服务营销组合

1. 服务营销的特点

服务营销主要包括两层含义：一是对服务产品的营销；二是对有形产品的顾客服务营销。在传统的有形产品的市场营销活动中，顾客服务只是作为附加价值引入的，如购买汽车赠送的保养服务。服务经济的来临颠覆了这种关系，服务将是核心的营销价值，有形商品只是实现服务价值的一种工具而已，如电信公司的预存话费赠送手机活动，营销的是通信服务。

服务产品的营销比有形产品的营销要复杂，原因既有服务产品本身的特性，也有服务产品的影响要素较多，如服务设施、服务过程、服务人员的素质、顾客及服务人员的心情等。所以，服务营销更注重顾客服务理念的塑造及服务营销组合的构成。与传统市场营销相比较，服务营销具有以下几个方面的特点：

（1）研究对象不同。传统市场营销是以产品生产企业的整体营销战略分析、制定、实施和评估作为研究对象，服务营销则以服务企业的行为和产品营销中的服务环节作为研究对象，具有产品对象和营销行为的特殊性。

（2）对待质量问题的着眼点不同。传统市场营销所强调的产品质量观是静态的概念，在理论上强调收益成本比，在企业操作上强调产出质量的标准化、合格认证等；服务营销的质量管理则是一个企业无法完全控制的互动过程，其服务质量的高低属于由服务双方共同创造、由顾客体验和感知的价值范畴。质量问题之所以成为服务营销区别于传统市场营销的重要问题之一，就是因为服务质量很难像有形产品那样用统一的标准来衡量，其缺点不易发现与衡量，因而应着重研究服务质量的过程控制。

（3）服务营销强调对顾客的管理。服务过程是服务生产与服务消费相统一的过程，服务的生产过程也是顾客的参与过程，因而服务营销必须把对顾客的管理纳入服务营销的管理活动中。传统市场营销强调的是以顾客为中心，满足顾客的需要，而不涉及对顾客的管理过程。

（4）服务营销强调内部管理。人是服务的重要组成部分。服务的生产与消费过程，是服务提供者与顾客广泛接触的过程，服务绩效的好坏不仅取决于服务提供者的素质，也与顾客的行为密切相关。因而，研究如何提高服务人员的素质、加强服务企业的内部管理和内部营销十分重要。而传统市场营销中涉及的人只是买卖行为的承担者，不是产品本身的构成要素。

（5）服务营销突出强调人员和有形展示。服务的无形性以及生产与消费的同时性要求服务营销研究服务中的人员与有形展示问题，这也是服务营销的7P范式突破传统市场营销的4P范式的关键点，也是服务营销学科本身的特点。服务营销7P组合除了传统的产品（product）、定价（price）、渠道（place）和促销（promotion），还突出了其他三个要素：人员（people）、过程（process）和有形展示（physical evidence）。

2. 服务营销7P组合理论

20世纪80年代服务营销在美国兴起，主要是研究解决服务企业、服务产品的营销所面临的问题。服务具有其独特性，服务的生产与消费常常是同时进行的，顾客会接触到企业的服务人员，并参与到服务的提供过程中，成为服务质量的评定者。由于服务的无形性，消费者经常依赖有形的线索来理解服务和判断服务质量。人员、过程和有形展示这些要素都会影响顾客对服务的体验和感知。正是基于这样的认识，美国服务营销学者布姆斯（Booms）和比特纳（Bitner）于1981年提出了服务营销7P组合理论，在传统4P营销组合的基础上，加入了人员、过程和有形展示三个要素作为扩展的服务营销组合的核心构成要素，以解决服务企业面临的特殊营销问题。服务营销7P组合的构成要素及内容如表1-5所示。

表1-5　服务营销7P组合的内容

产品	定价	渠道	促销
实体商品特性 质量水平 附属产品 包装 保证 产品线 品牌	灵活性 价格水平 期限 区别对待 折扣 折让	渠道类型 商品陈列 中间商 店面位置 运输 仓储 管理渠道	促销组合 销售人员 广告 媒介 促销活动 公共关系 互联网促销
人员	**过程**	**有形展示**	
员工 顾客	活动流程 （标准化、定制化） 步骤数目 顾客参与	设施设置 设备 招牌 员工着装 其他有形物	

资料来源：瓦拉瑞尔·A. 泽丝曼尔，等. 服务营销：第7版. 北京：机械工业出版社，2018.

例1-2

7-11的7P组合策略

7-11是一家著名的24小时连锁便利企业，下面从服务营销7P组合的视角看一看7-11的营销策略。

（1）产品：只卖年轻人喜爱的热门商品。值得一提的是它的单品管理，7-11根据收款机的数据决定采购的商品品类和数量，从而将库存降至最低。

（2）定价：作为一家不以平价为噱头的连锁便利店，它的价格比一般的超市要高一些，但基本在消费者可以接受的范围内。

（3）渠道与促销：7-11实行实体店分销模式，门店遍布世界各地，在中国、日本、泰国的许多城市都有分店。7-11每年都开展大量促销活动，商品会随季节变换，给顾客新鲜感，销路不好的商品会下架，快过期的商品会做促销活动。

（4）过程：7-11实行一日三次配送制度，实现了小量、多次、快速、按需配送。其中包括一次特别配送，即当预计第二天天气会发生变化时对追加商品进行配送。7-11能及时向其所有网点店铺提供高新鲜度、高附加值的产品，从而为消费者提供了更便利、新鲜的食品，实现了与其他便利店的经营差异化。

（5）有形展示与人员：不管在哪个城市，7-11的门店都有醒目的、一致的店面布置，明亮整洁的店堂，新鲜的贩售商品，一如既往的商品品质，还有形象一致和提供热情服务的员工，给人以精品店的感觉。

（1）服务产品。服务产品是指服务企业向目标顾客提供的有形与无形要素的结合体。尽管服务产品也包括有形要素，但无形要素主导了服务产品的价值创造。服务产品包括核心产品与附加性服务。例如，旅馆的核心产品是食宿服务，附加性服务包括房间预订、客房服务、用餐服务、健身服务、娱乐休闲等。

服务产品是服务营销组合的基础。在服务产品策略中，要考虑提供服务的范围、服务品牌、服务质量和服务水准等因素。服务产品也是营销组合的核心，如果服务产品本身出现问题，其他的一切营销努力皆是沙滩上建大厦，都是枉然。

（2）服务定价。服务价格体现了服务企业向消费者提供服务所获得的回报，也是消费者购买服务产品而支付的货币成本。通过合理定价，服务企业可以与顾客实现有效的价值交换。服务企业利用定价策略可以收回成本，实现盈利。对于顾客来说，货币成本只是他们支付的一部分。在购买服务时，顾客除了考虑货币成本之外，还会考虑时间成本、精力与体力成本等非货币成本。

价格也是顾客判断服务质量的依据，非货币成本通常会影响顾客的购买决策。由于顾客难以评价服务质量，购买服务充满了风险，所以顾客将价格作为判断质量的依据。服务企业要灵活合理地使用价格策略，使价格成为传递服务质量的有效信号。

（3）服务渠道。服务渠道是指服务产品传递价值的方式或过程。服务渠道包括传统的实体渠道，如直销、代理，以及新兴的电子渠道或自助服务方式。电子渠道主要通过互联网向目标市场提供可利用的服务产品，包括智能手机、电脑、网络电视和互动媒体等所有服务提供形式。从目前的情况看，电子渠道逐渐成为传统实体渠道的有力补充或替代性选择，越来越多的企业综合使用实体渠道与电子渠道来分销服务产品。

与有形商品的分销渠道相比，服务的分销渠道较短，企业可以直接将服务传递给顾客，也可以通过中间商向顾客提交服务。部分服务产品可以通过中间商分销，但需要加强对中间商的管理，如宾馆客房、机票的订购，车票、门票的销售代理，服务企业的连锁经营，等等。

（4）服务促销。服务促销是指服务企业传递服务产品或品牌并教育顾客的各种信息沟通活动。如果企业与顾客之间缺乏沟通，顾客可能不了解该服务企业，更不可能知道该服务企业能提供什么特色的服务产品。通过广告、人员推销、销售促进等促销方式，服务企业可以向顾客传递服务产品和品牌信息，吸引新顾客消费，并使其产生偏好。企业通过服务促销与沟通可以树立良好的形象，增加顾客的安全感和信任感。

开展服务促销活动时，服务营销人员要特别考虑服务的特性，并注意以下几方面：利用有形的要素向顾客传达无形服务的特征与利益；教育和引导顾客使之能参与到服务的过程体验之中；通过促销调节服务需求，使服务的供需达到平衡。

（5）服务人员。广义的服务人员是指参与服务提供并因此影响购买者感受的全体人员，包括企业员工、购买者本人以及处于服务环境中的其他顾客。所有参与到服务提供过程中的人都对顾客认识服务本身的性能提供了重要线索。他们的着装、态度和行为等都会影响顾客对服务的感知，服务提供者或与顾客接触的人员尤为重要。实际上，对于某些服务，如顾问服务、咨询服务、教练服务以及其他基于关系的专业服务，提供者本身就是服务者。在其他情况下，与顾客接触的人员可能在服务提供过程中发挥相对较小的作用，如电话安装人员、航空行李搬运工或设备发运人员。然而实践表明，这些提供者也可能成为对服务企业而言非常关键的“服务接触点”。

在许多服务情景中，顾客本身也能影响服务的提供，从而影响服务质量和他们自己的满意度。例如，一家咨询公司的顾客，通过及时提供自己所需的服务信息并将咨询公司提出的建议付诸行动，从而影响所接受服务的质量。相似地，接受医疗服务的患者对服务提供者制订的健康方案的遵守与否也会严重影响他们所接受的医疗服务质量。此外，顾客不仅影响他们接受的服务产出，也会影响其他顾客。在剧院、球赛或课堂中，受众的表现会影响其他人所接受服务的质量——强化或损害其他人的体验。基于其在服务质量和服务提供中的巨大影响作用，我们把员工、接受服务的顾客和其他顾客纳入服务营销组合的人员因素中。

（6）服务过程。服务过程指服务提供的实际程序、机制和作业流程，即服务的提供和运作系统。顾客体验到的实际的提供步骤或者服务的运作流程，也是顾客判断服务质量的依据。有些服务比较复杂，需要顾客经过一系列的行动才能完成整个过程。高度程序化的服务一般遵循这个模式，但过程所涉及的逻辑步骤常常忽略顾客。向顾客提供服务的过程的明显特征是服务是否遵循生产线流程/标准化方法，或者过程是否为授权所赋能。服务的这些特征在本质上并没有好坏优劣之分，关键在于这些特征是顾客用来判断服务的一种依据。

（7）服务有形展示。服务有形展示是指服务企业提供的环境、服务企业与顾客相互接触的场所以及任何便于服务开展和沟通的有形要素。服务的有形展示包括服务的所有有形表现形式，如小册子、公司信笺、名片、报表、招牌和服务设备。在有些情况下，它还包括服务提供的有形展示——服务窗口。在其他情况下，如电信服务，有形展示可能无关紧要，但此时账单说明和维修车辆的外表等其他有形因素可能会是顾客判断服务质量的重要信号。特别是当顾客无法判断服务的实际质量时，他们会依靠这些有形物的线索辅助判断。有形展示为企业提供了传递有关组织目标、希望进入的目标细分市场以及服务性质、服务质量方面的一致且强有力的信息和线索。

基本概念

服务　服务业　现代服务业　服务营销

简答题

1. 服务产品具有哪些显著特征？
2. 简述现代服务业的内涵及分类。
3. 简述服务营销组合的内容及特点。

论述题

1. 怎样看待企业服务营销中人的地位和作用？
2. 请分析现代服务经济及服务营销的发展趋势。

案例分析

丽思卡尔顿的高标准服务

丽思卡尔顿是全球知名的五星级酒店。对于奢华酒店的目标客户群而言，服务体验远远超越酒店的设施和价格，成为影响入住的首要因素。为此，丽思卡尔顿确立了自己的高标准服务与管理准则。

1. 高起点定位酒店服务

丽思卡尔顿酒店在其《服务管理黄金准则》中写道："我们承诺为客人提供最完善的个性化服务及设施，让客人时刻享受温馨、舒适、优美的环境。"丽思卡尔顿酒店定位于为客人提供最完善的个性化服务及设施，要求员工明确酒店的定位并努力给客人提供一种愉悦满足的心理享受。

2. 建立准确完整的客人档案

在丽思卡尔顿酒店，每一位员工都会随身携带一份"顾客喜好表"，主要是方便员工把在工作中发现的客人的一些喜好或其他特点及时记录下来，交给酒店输入"丽思卡尔顿成功秘诀"系统中，在客人下次入住时为其提供个性化的服务，给客人创造意外的惊喜。

3. 鼓励员工提供"满意＋惊喜"的高品质服务

丽思卡尔顿酒店在员工随身携带的《服务管理黄金准则》中这样写道："我们的服务信条是承诺为客人提供细致入微的个人服务……丽思卡尔顿以客人得到真诚关怀和舒适款待为最高使命；丽思卡尔顿之行能使客人身心愉悦、受益匪浅，我们甚至还能心照不宣地满足客人内心的愿望和需求。提供优质服务三步骤：(1) 提前预判每位客人的需求并积极满足；(2) 敏锐察觉客人明示的需求和内心的愿望并做出迅速反应；(3) 能够为客人创造独特难忘的体验。"

丽思卡尔顿酒店就是这样要求并鼓励员工为客人提供"满意＋惊喜"的高品质服务的。丽思卡尔顿在平时不但重视对员工业务技能的培训，更重要的是在培训中注重强化员工为客人提供"满意＋惊喜"的服务意识。为此，丽思卡尔顿酒店有一项"独门绝技"，即每天组织员工聚在一起分享服务实例。遍布全球的丽思卡尔顿酒店提供了大量经典服务故事，从礼宾员到行政管家，从服务生到大堂经理，他们提供的"满意＋惊喜"的服务给客人留下了深刻的印象，为酒店留住了忠实的回头客，也获得了客人的认可和称赞。

4. 适当授权员工灵活处理问题并鼓励员工创新服务

丽思卡尔顿酒店在其《服务管理黄金准则》中这样写道："不断寻求机会创新与改进服务；勇于面对并快速解决客人的问题。"为了把这些服务准则不折不扣地贯穿到服务过程中，丽思卡尔顿酒店的另一项"独门绝技"就是给予员工一定的授权。员工在使用授权时不需要上报主管，全凭当时自己判定是否应该为客人提供这些额外服务。丽思卡尔顿酒店的管理者相信，对客人而言，物质上的增值服务并不是最重要的，真正打动他们的是员工贴心的关怀和不懈的努力。

总之，丽思卡尔顿酒店的高标准服务是一种人性化和个性化的服务，其宗旨是希望能够为客人在酒店创造一个温馨的家，把客人当作自己的家人一样对待，使其在酒店受到尊重和重视，从而给客人带来身心愉悦和难忘的服务体验。

讨论：你怎样看待丽思卡尔顿的高标准服务及其管理准则？

实训练习

1. 分别提出一种有形产品和一种无形服务，就其特征进行比较。
2. 比较传统市场营销与服务营销的差异，并分别举例加以说明。

即测即评

扫描二维码可在线自测并查看答案。

第2章 服务营销核心概念

本章要点

- 了解服务营销三角理论
- 了解服务利润链理论
- 了解服务质量的内涵及维度
- 掌握服务质量的测量与改进
- 掌握顾客满意与顾客忠诚的转换

习近平总书记指出："人民对美好生活的向往，就是我们的奋斗目标。"① 服务企业要牢记使命，坚持顾客导向。贯彻新发展理念，实现高质量发展，要求现代企业服务营销要兼顾顾客利益、企业利益、员工利益，实现共同发展。企业在追求顾客满意的同时应兼顾员工满意，本着自由、平等、诚信、友善的原则，既尊重顾客又关怀员工。服务企业与顾客、员工三方协作，共同创造美好的服务体验，共同营造美好的生活。

引 例

服务创造价值

某地掀起了一股前所未有的低价风，各路商家纷纷亮出低价，以期抢得市场。漫步街头，一些降价词语不时冲击着市民的耳膜，映入市民眼帘，如"醉价""错价""箱价""冲撞价""地价""本价""平价再平价"等，令人颇感新奇却又难以弄懂。"一折起售""全场三折""买一送一""买什么送什么""买200送60""逢200送80"等广告语更是铺天盖地，令人眼花缭乱。然而一番激烈的火拼过后，

① 中共中央文献研究室．习近平关于社会主义社会建设论述摘编．北京：中央文献出版社，2017：4.

不少商家却发现自己的销售额虽有上升，利润却下降了，自身的形象在某种程度上也打了折扣。商家大叹利润微薄，正常生产受到冲击。

面对如此窘境，被价格战折腾得精疲力竭的商家共同发出了“再也不能这样过，再也不能这样活”的感叹。于是，精明的商家经过一番苦思冥想之后，不约而同地选择了优质服务。某商业大楼抢先推出“不满意就退货”“顾客投诉有理”“商家礼貌接待”“为投诉人准备礼品”等活动，同时将每年创利30万元的橱窗广告撤掉，代之以商场四名模范员工的塑像，并为其配备专线电话，推出“买微波炉找刘某某、买床上用品找王某某、买服装找杨某某、维修家电找姜某某”四个“个人服务品牌”，利用其技艺、业务专长、商品知识带动全体人员，共同为顾客服务。

其他商场、超市、连锁店等也纷纷打出“把烦琐的家务劳动留给商家，把方便、卫生、节时、省力等实惠留给消费者”的服务口号，甘当市民家庭厨房的帮工，推出了净菜系列，满足了一些因工作繁忙没有时间买菜备菜的双职工家庭的需求。某商场引进鲜花业务后，随即推出了电话购物、送货上门服务，并针对部分消费者闲暇时间不多和缺乏花卉养护知识的情况，推出了免费进行花木栽培和养护技术培训服务，请专业人士根据买花人的喜好和家居环境进行专业搭配等，为爱花人排忧解难。与此同时，一家百货商场开展了“星级员工、文明信誉柜组”竞赛。各大商场也在服务上下足功夫，积极开展以优质服务为主题的推广活动，通过完善服务功能赢得了消费者的信任，生意也日渐红火起来。

讨论： 根据引例资料分析服务如何创造价值。

第1节　服务营销三角理论

比特纳提出的服务营销三角理论，又称服务三角形理论，用于表现服务营销的三组利益相关者之间的相互转化及其关系（见图2-1）。服务营销与承诺有关——向顾客做出承诺和信守承诺。服务营销三角理论形象地强调了人员对于企业信守承诺并成功建立顾客关系这一能力的重要作用。该三角形显示了三个相互联系的群体一起工作以开发、宣传和传递服务。三角形的三个顶点分别表示三个关键的服务参与者：企业、顾客、提供者。服务提供者可能是企业的员工、服务分包商或者是资源的外部提供者，他们实际地向顾客传递服务。在三角形三个顶点两两之间，成功的服务企业必须有效地执行三种类型的营销活动：外部营销、内部营销和交互营销。

该三角形的右边属于外部营销努力，企业进行外部营销是对所传递的服务设定

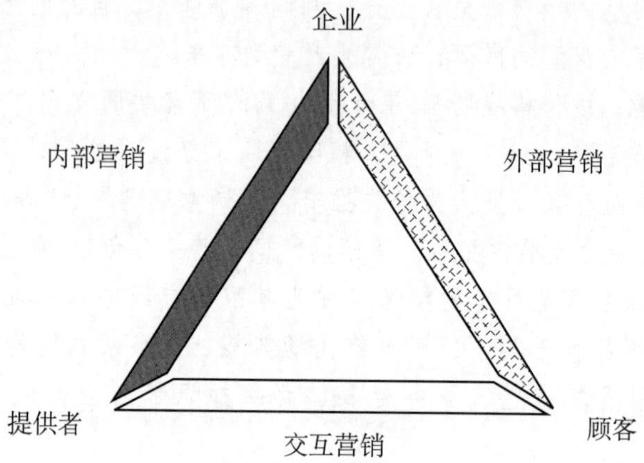

图2-1 服务三角形

顾客期望，并向顾客做出相关承诺。在服务传递前与顾客沟通的任何事物或任何人员都可以看作这种外部营销功能的一部分。但是，外部营销只是开启了服务营销者的工作，之后必须信守所做的承诺。三角形的左边表明内部营销所扮演的重要角色。在内部营销活动中，管理者帮助服务提供者提高传递所承诺服务的能力，包括：招聘、培训、激励、薪酬以及提供设备和技术。如果服务人员没有能力或不愿意传递所承诺的服务，企业不可能取得成功，服务三角形也将坍塌。三角形的底边是所谓的交互营销或关系营销。在这里，企业员工、服务分包商、代理人或者信守了向顾客所做的承诺，或者违背了这一承诺。在这一环节中，服务人员是关键。如果服务人员没有受到激励，没有积极的投入与热情，可能会导致顾客不满，进而导致顾客流失。

服务营销三角形的每一条边都是整体不可缺少的部分，而且三条边应该保持一致或发展平衡。也就是说，通过外部营销做的承诺应该与传递的服务一致；服务机构内部的营销应该与顾客对服务提供者的期望一致。三角形三边平衡的战略，应该成为服务企业有效开展服务营销的长期战略。

比特纳进一步构建了基于服务营销与营销传播的新三角形理论模型，如图2-2所示。

其实，服务营销三角形也预示了今后服务营销理论与实践的创新发展方向。具体包括：

（1）体验营销——有效解决服务企业与顾客之间的关系与价值创造。

（2）内部营销——有效解决服务企业与员工之间的关系与文化建设。

（3）关系营销——有效解决服务人员与顾客之间的关系与顾客满意。

（4）口碑营销——以上三者融合解决服务信息传递与服务品牌塑造的问题，表现为口碑营销传播。

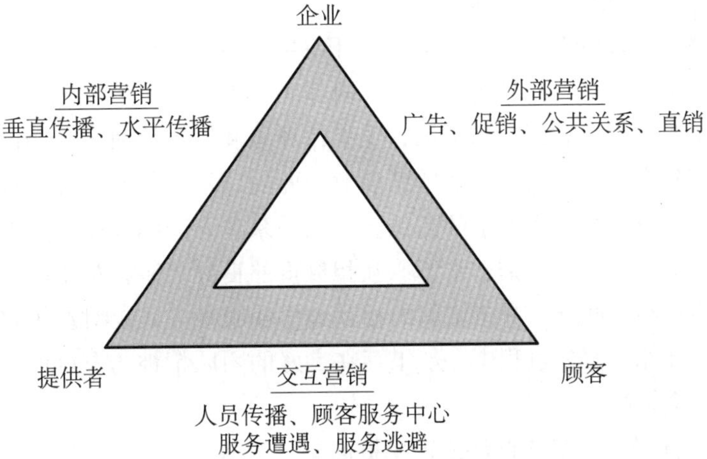

图 2－2　新三角形理论模型

资料来源：瓦拉瑞尔·A. 泽丝曼尔，等. 服务营销：第 7 版. 北京：机械工业出版社，2018.

第 2 节　服务利润链理论

詹姆斯·赫斯科特（James Heskett）等人于 1994 年在《哈佛商业评论》上发表文章，从价值链的视角提出了服务利润链的概念，有效解释了员工的满意度、忠诚度与顾客的满意度、忠诚度以及企业最终的利润之间潜在的逻辑关系，如图 2－3 所示。

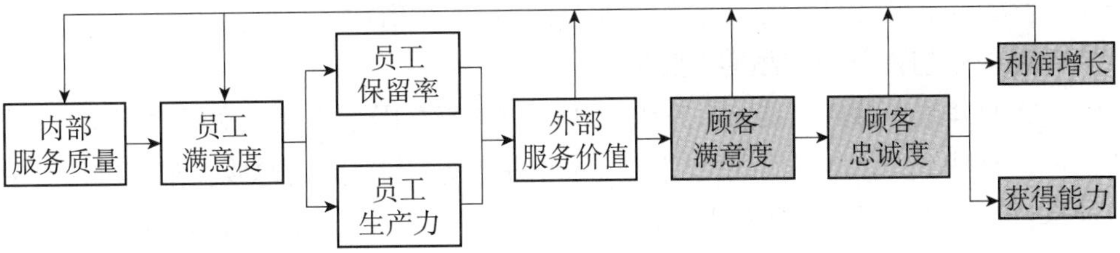

图 2－3　服务利润链模型

资料来源：瓦拉瑞尔·A. 泽丝曼尔，等. 服务营销：第 7 版. 北京：机械工业出版社，2018.

根据服务利润链理论，服务价值是由满意的、有能力的员工创造的，而员工满意来源于较好的内部营销和内部质量管理。但这并不意味着它们之间存在必然的因果关系，只是说明它们之间相互影响、相互依赖。比如，员工满意未必一定促成顾客满意，只是更有可能带来顾客满意；顾客满意未必一定促成顾客忠诚，只是更有可能带来顾客忠诚。

服务利润链存在如下的内在逻辑关系。

1. 内部质量要素驱动员工满意

内部营销的结果体现为内部质量。内部质量是指员工对工作、同事和企业的满意程度，反映了员工对工作环境的评价。内部质量取决于员工对工作本身的满意程度及员工关系质量两个方面。当员工感觉工作环境和谐愉快时，就会因目标顺利完成而对工作感到满意，进而对企业感到满意。此外，员工关系的和谐程度也在很大程度上决定了企业内在关系质量的高低。员工关系包含人际关系和工作关系两个层面，如果同事间维持一种和谐、平等、互相尊重的良好关系，员工的工作满意度和工作效率就会提高。此外，员工之间的相互合作和服务方式也对员工之间的关系质量产生影响。在相互服务过程中，如果存在良好的团队精神与友好的合作态度，员工的满意度也会提高。

2. 员工满意带来员工忠诚和生产率提高

员工满意是指员工对现在的工作及工作环境满意，表明员工对企业未来的发展有信心，以成为企业的一员感到骄傲，并自觉担当起一定的工作责任，为企业努力地工作。员工满意能有效提高员工工作效率，降低员工流失率。在服务企业中，员工由于不满意而跳槽造成的损失不仅仅是重新招聘、雇用和培训产生的费用，更主要的是由于生产率的下降和顾客满意度的降低导致顾客流失的损失。

3. 员工忠诚带来服务价值提升

员工的工作是服务价值产生的必然途径，其工作效率直接决定他们所创造的价值的高低，只有忠诚度高的员工才能有高的工作效率。赫斯科特等通过对美国西南航空公司的研究发现，几乎在每次评比中，西南航空都是准点率最高、投诉量最少、每千名乘客行李报失数最低的。将这些出色的指标同西南航空低廉的票价结合起来分析，就能看出该公司的员工为顾客创造了更高的价值。

4. 服务价值提升带来顾客满意度提高

顾客的满意度由其接受的服务质量和服务价值等因素决定。对顾客来说，服务价值可以通过比较获得，用接受服务所付出的总成本与得到的总收益来衡量，其中，总成本包括顾客获得服务所耗费的时间、精力、体力及所支付的资金等，总利益包括服务的效用及与此服务相关的各种利益，如生理上的、精神上的等。从企业的角度来看，提高服务价值可以从两个方面入手：一是通过改进服务，提升服务的总价值；二是采取措施以减少顾客所付出的成本。顾客获得的比较价值越大，其满意度就越高。

5. 顾客满意促使顾客忠诚形成

顾客满意是顾客的需求被满足后的一种愉悦感。满意的顾客才可能成为忠诚的顾客，顾客忠诚是由顾客满意度决定的。对于任何企业而言，只有满意的顾客才会持续产生购买行为，最终成为忠诚顾客。施乐公司在一次调查中发现，对其产品“非常满意”的顾客再次购买施乐产品的可能性是对其产品“满意”的顾客的6倍，这充分反映了顾客满意度与忠诚度之间的正相关关系。

6. 顾客忠诚带来企业获利与可持续成长

显然，忠诚的顾客会给企业带来利润，忠诚的顾客越多，企业的获利能力越强，企业就越有可能实现可持续发展。忠诚的顾客会转变那些不接受企业产品和服务的人的看法，间接带来订单；不满意的顾客则会带来负面口碑，对企业造成伤害。有学者研究指出，对于服务企业，顾客忠诚度的小幅度提高就能带来企业利润的大幅度上升，忠诚顾客每增加 5%，产生的利润增幅可达 25% ～ 85%。因此，忠诚顾客的多少在很大程度上决定了市场份额的“质量”，它比基于顾客总数的市场份额更有价值。

综上所述，服务利润链理论不仅适合服务企业，对于制造业也很有价值。一般认为，服务企业中员工与顾客的接触程度高，所以需要有较高的员工满意度才能使顾客满意。事实上，员工的态度与行为会直接感染顾客，所有企业都只有在员工满意的基础上，才可能实现顾客的满意，给企业带来高的生产率和利润。

由此，有学者提出了服务利润链的两个循环：

（1）顾客忠诚循环：优良的服务价值促使顾客满意，强化顾客忠诚，获得长期关系价值；顾客忠诚正强化满意度，更好地创造价值。

（2）员工能力循环：员工满意促进员工忠诚度和服务效率提高，从而创造更多顾客价值；员工满意激发员工内在潜力，实现员工的能力提升，有助于提高服务企业运营效率。

例 2－1

民营医院靠服务打造竞争优势

著名品牌营销专家、蓝哥智洋国际行销顾问机构首席执行官（CEO）于斐认为，医院要发展、要壮大、要盈利，关键要从“以治疗为本”转到“以病人为本”上来。医院上下应转变观念，面向社会和社区，只有通过打服务牌，想患者所想，急患者所急，方能树立良好口碑，打造竞争优势。

比如，山东某民营医院开展了“同样的医德比医风，同样的技术比效率，同样的质量比信誉，同样的效果比费用，同样的条件比便捷，同样的优质比满意”的“六比”活动。医院对每月前来就诊住院的患者实行免费接送，加强医后、术后跟踪回访服务，将对病人的关心延伸到院外，从而在全院营造出“关爱关心病人，全心全意为病人服务”的氛围，有效改善了医患关系，患者满意率持续上升，医院的业绩也得到了保证。同样，南京某民营医院创造性地提出魅力“5S”服务标准，即微笑（smile）、速度（speed）、诚信（sincerity）、安全（security）、跟踪（sostenuto），自推广以来也得到了患者的普遍好评。

随着医疗行业的管理日趋规范化、医疗行业广告的政策限制力度不断加大，民营医院更多地应该依靠服务质量和专业特色积攒口碑，而不能靠广告来吸引患者。因此，就民营医院来说，向患者提供更加实惠的优质服务已成为竞争的焦点。

思考：你认为民营医院应遵循什么样的服务利润链？

第3节　服务质量及其测量

一、服务质量界定

对于质量，目前还没有一个能概括质量研究所有范畴的定义。使用较多的是美国质量协会的定义：质量是一个产品或服务的特色和品质的总和，这些特色和品质将影响产品或服务去满足各种明显的或隐含的需要的能力。

戴维·加文（David Garvin）对质量概念进行了深入研究，总结出五种典型的质量观：

（1）基于产品的质量观。质量是对产品中的成分或特征数量与标准值的比较。这些变量是可以进行准确测量或衡量的，比较得到的数字差异反映了质量的高低，如使用寿命、成分含量等。这类定义客观准确，但没有考虑顾客的品位和偏好，定义假定所有的顾客对变量的评价标准是一致的。

（2）基于用户的质量观。该定义认为质量是客户的满意程度，满足顾客的需求，质量就是好的，否则就是不好的。这里主要强调主观质量，只要是顾客希望的，就认为是好的。但顾客的需求往往有差异，如餐馆的菜品少盐少油，有的人认为好，有的人则不一定这样认为。所以，企业在使用这种定义时须注意：一是如何确定产品或服务的属性以适合更多的人；二是如何区分保证满意和保证质量，因为顾客满意一定是质量好，但质量好顾客也不一定满意。

（3）基于生产的质量观。以生产视角来定义是将质量作为工程和生产过程的产出，产出与顾客的需求一致，质量就是好的。这种观点将质量与生产过程，甚至与设计过程联系起来，因为设计与生产决定了产出，也就决定了产品的质量。企业采用这种定义实施质量管理可能会演变成企业内部质量控制问题，重视了客观质量，但对顾客的需求则关注不够。

（4）基于价值的质量观。该定义把价值和价格融为一体，认为价格是价值的真实体现，质量是经营结果与顾客可接受的价格之间的平衡，好的质量就应该体现为高的价格。

（5）出类拔萃的质量观。这类定义认为质量是顾客通过反复接触或使用产品获得的经验而做出的评价，这种质量观可以应用于某些与艺术鉴赏相关的服务中，如文艺演出等。这种界定只是说明了一种产品或服务的卓越程度，无法对其进行准确的度量。

上述质量观实际代表了不同的界定视角，如基于产品的质量观代表了设计人员的观点，基于用户的质量观代表了营销人员的观点，基于生产的质量观代表了生产管理人员的观点等。就服务而言，作为无形产品，需要采用特殊的方式来界定其质量，因为服务质量实质上是顾客感知的服务质量，具有显著的主观性。

二、感知服务质量

服务质量是服务企业向顾客提供的服务产品或服务过程能否满足顾客期望的程度。因此，服务质量实际上是感知服务质量。

20 世纪 80 年代初，北欧学派代表人物格罗鲁斯提出了顾客感知服务质量概念，并对其构成进行了详细研究。他将感知服务质量界定为顾客对服务期望与实际服务绩效之间的比较。实际服务绩效大于服务期望，则顾客感知服务质量是良好的，反之亦然。同时，他还界定了顾客感知服务质量的基本构成要素，即顾客感知服务质量由技术质量（即服务的结果）和功能质量（即服务过程质量）构成，从而将服务质量与有形产品的质量从本质上区别开来。

1. 感知服务质量的特点

（1）顾客感知服务质量的核心是顾客感知，具有极强的主观性，也具有极强的差异性。在不同的时间，不同的服务提供者所提供的服务是不同的，即使同一个服务提供者在不同的时间提供的服务质量也存在差异。不同的顾客，乃至同一个顾客在不同的时间对服务质量的感知也不相同。

（2）顾客感知服务质量由顾客追求的技术质量和功能质量两个方面组成。顾客对服务的消费，不仅仅是对服务结果的消费，更重要的是对服务过程的消费。服务结果与服务过程相辅相成，不可或缺。

（3）顾客感知服务质量是在服务提供者与服务接受者的互动过程中形成的。

例 2－2

柠檬和牛奶的故事

在某咖啡厅，一位客人点了一杯红茶，服务员端上来后，客人想也没想就把随同配送的新鲜柠檬和牛奶一同倒进红茶里。搅拌之后，他发现杯中竟然出现了一些絮状物，他高声呼喊服务员。面带微笑的服务员马上过来，客人指着面前的杯子生气地说："看看，你们的牛奶是坏的，把我的一杯红茶都毁了！""真对不起！"服务员抱歉地说道："我立刻给您换一杯。"新红茶很快就准备好了，跟之前一样，旁边放着新鲜的柠檬和牛奶。服务员轻声地说："我建议您，如果放柠檬，就不要加牛奶，因为柠檬酸会造成牛奶凝结。"客人的脸一下子涨红了，匆匆喝完就走了。在场的其他客人笑问服务员："明明是他的错，你为什么不直说呢？他那么粗鲁地叫你，你为什么不还以一点儿颜色？"服务员回答道："正因为他粗鲁，所以要用婉转的方法对待。正因为道理一说就明白，所以用不着大声！"

思考：服务员的做法会让客人满意吗？

2. 影响感知服务质量的关键要素

（1）服务态度——服务人员对待顾客的态度或情绪，包括是否热情、周到、认真。比如，一个医生医术高超，但其对待病人态度冷淡，缺乏耐心，也许就会影响病人对其医疗质量的整体评价。服务行业往往是人对人的服务，服务提供者的主观态度是影响服务质量和顾客满意度的首要因素，因此要求服务人员具有热情友好、积极认真的职业态度，这样才可能做好服务工作。

（2）服务水平——服务人员在服务顾客过程中体现出来的专业水平。比如，某医生对待病人态度非常热情、耐心，不厌其烦，但就是找不出病因，病人久治不愈，这样也会导致病人对其医疗服务质量的糟糕评价，病人以后也不再找其看病。可见，要做好服务工作，没有良好的态度不行，只有好的态度但没有过硬的专业服务水平也不行。其他服务行业，如教育、信息、金融、物流、交通运输甚至餐饮行业都是如此。

例2-3

不同的导游带出了不同的"风景"

这些年每年暑假我都出去旅游，感受祖国的大好河山。两年前我去了新疆，那里给我留下了深刻难忘的印象：巍峨连绵的壮丽雪山、郁郁葱葱的草原、肥壮的牛羊和骏马、浩瀚的戈壁和荒漠，更有那香甜的瓜果和独特的西域风情，还有一件事让我久久不能释怀。

我们在乌鲁木齐的一家当地旅行社加入了一个北疆旅游十日团，先向西飞伊犁，前五天由该旅行社伊犁分公司负责接待，包括游那拉提草原、巴音布鲁克草原、赛里木湖等，然后坐大巴经过一天的跋涉到达奎屯。这五天遇到的是一个回族导游，30来岁，皮肤黝黑，性格温和，善解人意，特别是对老人、小孩很是关照，旅途中嘘寒问暖，很有职业素养，既为游客着想，也不乱收费和强带购物，团友们玩得很开心。这五天过得很快，大家觉得处处都是风景，与导游分别时都有种依依不舍的感觉。

之后换车换人，转由该旅行社另一个导游负责，往北经过魔鬼城等戈壁地带，又经过一天的颠簸到达布尔津，准备游喀纳斯湖、禾木村等经典景区。这个导游与之前的很不同，凶巴巴的，对游客毫不客气，一路都在喊叫。特别过分的是，有几个团友不愿意参加自费项目“捡石头”，就被放在了公路边的戈壁滩上，等了三个小时。试想，没有水，没有树，大热天的，多难受。这件事引起了团友们的不满，大家纷纷指责导游，但导游并不理会。我们说要到旅行社投诉她，她说旅游期短，不容易招导游，她不怕被投诉。大家在这个导游冷漠的安排下完成了后五天的行程。喀纳斯湖、禾木村虽然很美，但团友们似乎没有多少心情去欣赏。看来，真是不同的导游带出了不同的“风景”。

思考：你如何看待这两位导游的职业行为？

3. 服务质量不同视角的考量

（1）客观质量与主观质量。客观质量也就是技术质量，是可以通过技术手段测量的质量。如咖啡的纯度、浓度，电信公司信号的强弱、赠送的通话时长等。客观质量决定和影响服务质量。主观质量也就是顾客感知的质量。在服务实践中发现，客观质量通常是顾客满意的基础，但不绝对。因为顾客个性、偏好不同，对质量的判断存在差异。如同一咖啡浓度，有的顾客嫌太苦，有的觉得刚刚好；咖啡放糖一样多，有的顾客嫌太甜，有的觉得刚刚好。每个顾客心中都有一个质量标准，这正是服务质量难以把握和管理的原因。因此，服务企业的一项重要工作就是调研、了解目标顾客的服务期望与偏好，在保证客观质量的基础上，尽量做到投顾客所好。

例 2－4

某电梯维修企业的服务质量调查

某全球化的大型电梯维修企业，由于顾客关系管理方面出了问题，顾客意见很大，纷纷转投别家，因此该企业一直亏损。

为了找出顾客流失的真正原因，该企业进行了一次大规模的顾客调查。调查结果表明，这家企业不仅服务质量低劣，而且服务价格过高。无论是高层管理人员、销售人员，还是营销人员，对这个结论都难以接受。因为该企业的员工接受了最好的培训，企业拥有最好的检测设备、最好的维修工具和设备，维修所需的配件种类十分齐全，企业里的每个人都认为他们的服务是一流的，不明白顾客为什么会对企业服务质量有如此印象。于是该企业进行了第二次调查。虽然调查结果得到了一些修正，但是流失顾客所表达的意见基本一致："我们非常清楚贵公司拥有一流的设备和一流的技术，也知道大多数情况下你们的工作是令人满意的，但是我们对你们提供服务的方式感到不舒服，也无法相信贵公司的维修人员能像你们承诺的那样开展维修工作。虽然一些维修人员能够对顾客所关心的问题表示关注，但大多数员工态度冷漠，甚至扔下未修完的东西扬长而去。对这些行为我们无法忍受，做贵公司的顾客让人感觉很累。"

思考：上述案例说明了什么问题？从案例中你能得到哪些启示？

（2）过程质量与结果质量。顾名思义，过程质量就是服务过程中体现出来的服务内容、流程及水平，结果质量是对项目服务最终的要求和判断。因为服务的生产与消费同时进行，服务具有显著的过程性特征，所以，要注重服务过程中每一个关键接触点的质量管理，才能保证整体质量的提高，而其中任何一个环节的失误都会影响服务的整体质量评价。如在餐饮行业，迎客、点单、上菜、异议处理、结账，每一个环节都会影响质量评价。所以，服务企业要赢得顾客满意，不能只强调结果质量，还要注重过程质量，这是服务管理本身的特征。

例2-5

"真功夫"的流程标准化管理

我们都知道，同样的食材不同的人会烧出不同的味道。即便是同一个人，在不同时间、地点、心情甚至不同的火候下，也会烧出不同的口味。为此，中央厨房生产，提高机械化、数控化生产能力，有助于保证产品的稳定性、统一性。中式快餐品牌"真功夫"经过摸索建立起三大标准运营体系：后勤生产标准化、烹制设备标准化、餐厅操作标准化。

（1）后勤生产标准化。通过将后勤与店面分离管理，打破中餐厅前店后厨的传统，所有的原材料采购、半成品加工、冷藏、配送都由后勤独立完成，从而保证了从选料、加工到配送等各道工序的标准化。截至2019年，"真功夫"已在全国设立3个现代化后勤中心，通过科学严密的流程管理，实行统一采购、加工与配送，达到后勤生产标准化，为实现中餐操作标准化提供了有力支持。

（2）烹制设备标准化。我国生产的中式快餐机械设备较少，有的需要进口，而进口设备与中式快餐的实际生产要求又有差距，再加上很多服务机构不想或没能力进行机械化改造，影响了中式快餐质量标准的稳定。"真功夫"通过独创电脑程控蒸汽柜，巧妙地利用了蒸汽控压控温原理，使烹饪过程能保持统一的标准：1~2个大气压、101℃及统一的蒸制时间，保证了烹饪过程同压、同时、同温，解决了中式快餐无法量化烹饪的难题，做到了工业化生产，保证了食物品质的一致。烹制设备的标准化保证了食物口味的一致性，实现了“真功夫”追求的“80秒取餐”“千份快餐一个口味”的梦想。“真功夫”量化快餐制作的标准，保证了质量的稳定和口味的纯正。

(3) 餐厅操作标准化。“真功夫”通过10本运营手册对餐厅的每个岗位制定了操作标准，使餐厅运营更加有序，并大大简化了整个生产及运营的流程管理，使“真功夫”开连锁分店更加高效、迅速。

以上标准的实施，特别是烹制设备的标准化使“真功夫”在中式快餐中脱颖而出，保持稳定的增长。

资料来源：苏朝晖．服务营销与管理．北京：人民邮电出版社，2019.

三、服务质量的测量

顾客普遍认为质量不是一个单一维度的概念，也就是说，顾客对质量的评价包括对多个要素的感知。美国服务管理研究小组PZB对顾客感知服务质量进行了深入研究，确定了五个适用于复杂服务情境的具体测量维度。这五个维度包括：

- 可靠性（reliability）：企业准确可靠地执行所承诺服务的能力。
- 响应性（responsiveness）：及时帮助顾客及提供便捷服务的自发性。
- 安全性（assurance）：专业知识和态度，及其能使顾客信任的能力。
- 移情性（empathy）：对顾客的关心，提供能让顾客产生美好联想的个性化服务。
- 有形性（tangibles）：昭示服务特性、质量的有形设备、设施、工具、人员外表等。

1. 可靠性：按照承诺行事的能力

在五个服务质量维度中，可靠性被消费者一致认为是服务质量感知最重要的决定因素。可靠性是指准确可靠地执行服务企业所承诺服务的能力。从更广泛的意义上说，可靠性意味着企业有能力按照其承诺行事，包括送货、提供服务、解决问题及定价方面的承诺。顾客喜欢与信守承诺的企业打交道，特别是那些有能力保障顾客核心服务内容的企业。如某物流企业组建了自己的车队，承租了专列，承包了货运车站和码头，建立了货物分发中心等，这些都显示出该企业物流效率的可靠性。

2. 响应性：及时主动的服务提供

响应性是积极主动帮助顾客及提供便捷服务的自发性。该维度强调在处理顾客询问、要求、投诉和问题时的准确和快捷。响应性表现为顾客获得服务的时间效率。

为在响应性方面做到优异，企业应站在顾客角度而不是企业角度来审视服务传递过程的效率，考虑时间成本和精力成本。有时，企业内部要求的速度和快捷的标准可能与顾客对速度和快捷的要求有差异，因此企业需要了解顾客相关需求，尽量满足顾客意愿。为此，企业除了需要在所有顾客接触点配备能做出积极响应的一线服务人员，还需要一个强有力的顾客服务部门来实施调度和监理。

3. 安全性：激发顾客的信任感

安全性是员工的专业知识和职业态度，及其能使顾客信任的能力。在顾客感知的服务包含高风险或其不能确定自己有足够能力评价服务的产出时，如银行、保险、证券交易、医疗和法律服务，该维度特别重要。对于投资经纪人、保险代理人、旅游公司、房产代理、律师及商业顾问等，让顾客信任和有信心很关键，这可通过公司服务人员良好的专业知识和职业态度得到保证。

4. 移情性：良好的服务产生美好联想

移情性是企业给予顾客的关心和个性化的服务产生的美好联想。移情性的本质是通过个性化的良好服务，使每个顾客感到自己是唯一的和特殊的，自己的需求能得到理解，进而联想到以前的某种美好经历或感受，增加对服务提供者的好感。如小型服务公司的人员通常知道每个用户的姓名，并且与用户建立了密切联系以了解用户需求和偏好，在与大企业竞争时，小企业可能具有亲切感优势。

5. 有形性：以有形物来昭示服务

有形性是有形的设备、设施、工具、人员外表等。所有这些都可展示给顾客，特别是新顾客经常利用这一点来预测、评价未知服务的可能质量。强调有形展示的服务行业主要包括一些顾客到服务企业所在地接受服务的行业，如餐馆、酒店、零售商店和文化娱乐公司等。尽管有形物经常被服务企业用来提升形象以及向顾客展示服务质量，但是大多数企业还是把有形性和质量维度结合起来建立服务质量战略。

PZB 根据上述五个维度开发出服务质量的测量量表，即 SERVQUAL 量表。这个量表得到了全球服务营销界的广泛认可和使用，如表 2－1 所示。

表 2－1　SERVQUAL 量表

测量要素	具体考察内容
可靠性	1. 公司对顾客所承诺的事情都能及时完成。 2. 顾客遇到困难时，能表现出关心并提供帮助。 3. 公司是可靠的。 4. 能准时提供所承诺的服务。 5. 正确记录相关的服务。
响应性	6. 不能指望员工告诉顾客提供服务的准确时间。※ 7. 期望员工提供及时的服务是不现实的。※ 8. 员工并不总是愿意帮助顾客。※ 9. 员工因为太忙以至于无法立即提供服务，满足顾客的需求。※

续表

测量要素	具体考察内容
安全性	10. 员工是值得信赖的。 11. 在从事交易时顾客会感到放心。 12. 员工是有礼貌的。 13. 员工可从公司得到适当的支持，以提供更好的服务。
移情性	14. 公司不会针对不同的顾客提供个别的服务。※ 15. 员工不会给予顾客个别的关怀。※ 16. 不能期望员工会了解顾客的需求。※ 17. 公司没有优先考虑顾客的利益。※ 18. 公司提供的服务时间不能满足所有顾客的需求。※
有形性	19. 有现代化的服务设施。 20. 服务设施具有吸引力。 21. 员工服装和外表整洁。 22. 公司的设施与所提供的服务相匹配。

说明：1. 问卷采用 7 分制，7 分表示完全同意，1 分表示完全不同意。中间分数表示不同程度的同意。问卷中的问题随机排列。

2. ※表示对这些问题的评分是反向的，在数据分析前应转换为正向得分。

四、服务质量差距模型

既然服务质量是一种顾客感知，它与顾客的期望存在差距就在所难免，所以必须弄清楚这些差距表现在哪些方面，以便为服务企业改进和提高服务质量提供参考。为此，PZB 在深入研究服务质量要素及测量的同时，建立了服务质量差距分析模型，如图 2－4 所示。

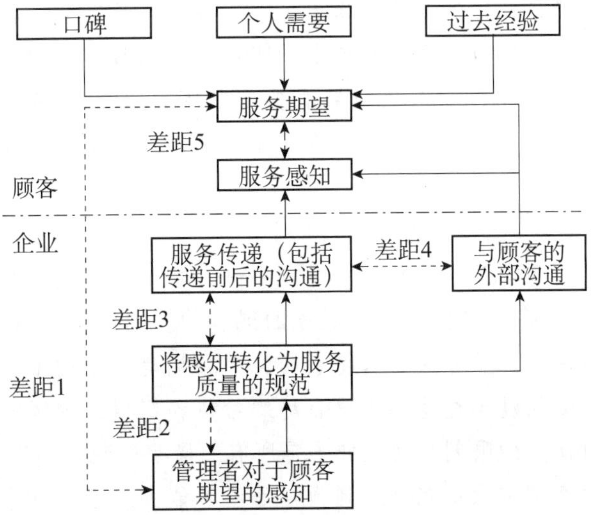

图 2－4　服务质量差距分析模型

从模型可以看出，服务期望与服务感知之间的差距（差距5）是由其他四个差距的大小和方向所决定的。

差距1：反映管理者对顾客期望的了解程度，即顾客期望与管理者对这些期望的感知之间存在的差距。减小差距的方法是管理者通过各种途径如市场调研、与顾客交流等，了解顾客的期望。

差距2：在管理者把对顾客的了解转化为服务质量规范时形成的差距。产生的原因是目标不明确、计划安排不周、内部员工意见不统一等。减小差距的方法是建立正确的服务质量标准，加强员工与管理层间的协调。

差距3：反映了服务的绩效，即服务传递者对服务质量规范的执行与服务质量规范之间的差距。导致该差距的原因很多，主要有服务角色不明确、流程设计不合理、缺乏团队精神、技术支持不够、服务理念未能很好贯彻等。减小差距的方法主要是在人员、技术、制度及机制等方面加强管理，构建良好的服务环境和氛围。

差距4：实际传递的服务与对外宣传的服务之间的差距。原因主要有两个方面：一是内部沟通不够，员工对相应的服务承诺了解不多；二是对外宣传中承诺过度，实际效果低于承诺的效果。减小差距的方法是尽量使承诺的服务与实际的服务效果相匹配，既不夸大宣传，也不有意隐瞒。

差距5：由上述四个差距综合而成。缩小差距5代表服务质量管理的终极目标及全部内容。

知识延伸

顾客容忍区

服务具有异质性，不同的服务提供商、同一服务提供商的不同服务人员，甚至相同的服务人员的服务绩效都会存在差别。1991年，PZB重新对感知质量进行了界定，引入了容忍区的概念，为深入研究服务质量管理奠定了基础。根据PZB的研究，按期望水平的高低，服务期望可分为理想服务、适当服务和介于两者之间的容忍区服务。

1. 理想服务

理想服务被定义为顾客想得到的服务水平——希望的绩效水平。理想服务是顾客认为“可能是”服务与“应该是”服务的混合物。例如，去海边度假入住酒店，顾客希望酒店设施一流，服务人员态度亲切，并且拥有干净的海滩。期望反映了顾客的希望和愿望，如果没有这些可能被满足的希望和愿望，顾客也许不会购买这项服务。但因为支付能力的限制，而且并不是所有酒店都能满足不同顾客的不同期望，在这种情况下，顾客常常承认完全达到预期是不可能的。由于这个原因，他们对可接受的服务的门槛有另外一个低水平的期望。

2. 适当服务

适当服务是顾客可接受的服务水平。适当服务是顾客愿意接受的较低的服务期望。这是顾客在理想与现实之间的选择，适当服务代表了“最低的可接受的期望”，即对于顾客来说，是可接受的服务绩效的最低水平，同时反映了顾客相信其在服务体验的基础上可得到的服务水平。如果顾客感受到的服务水平落在适当区域，顾客会因服务水平低感到不满意，不过还能勉强容忍和接受；如果感受到的服务水平落在适当区域的下方，那么顾客会感到难以容忍，不能接受该低水平的服务。

3. 容忍区服务

顾客承认并愿意接受的服务差异的范围称为容忍区，处在这个区间的服务就是容忍区服务，如图2-5所示。

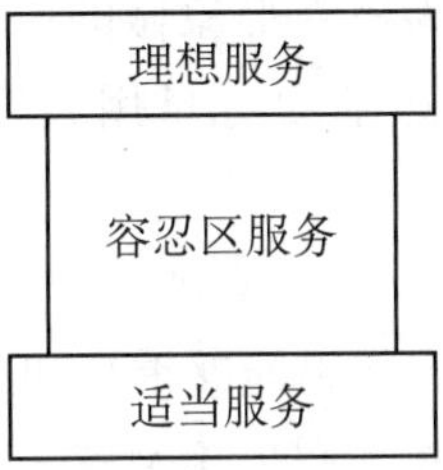

图2-5　容忍区服务

假如服务降到适当服务水平——被认为可接受的最低水平之下，顾客将感受到挫折并降低对公司的满意度；假如服务超过了容忍区的上限——绩效达到理想服务水平，顾客会非常高兴并可能感到意外。容忍区是一个范围或窗口，其中顾客并不特别关注服务绩效，但在容忍区外，一项服务就会以积极或消极的方式引起顾客的注意。

以顾客登记入住酒店或退房为例。大多数顾客对该项服务持有一个可接受的时间范围预期，即5～10分钟，假如服务在这段时间内完成，顾客就不会因等候引发烦躁。在容忍区（如10分钟）外等的时间越长，顾客就会越烦躁。实践表明：

（1）不同的顾客具有不同的容忍区。一些顾客的容忍区较窄，另一些顾客的容忍区则比较宽。例如，繁忙的顾客有可能时间紧迫，因此一般希望少等一些时间，对可接受的等候时间长度只有一个较小的范围。

（2）不同的服务要素导致不同的容忍区。要素越重要，容忍区有可能越窄。一般来说，顾客对不信赖服务（破灭的承诺、服务的出错）比其他服务失误有更低的容忍度，这意味着他们对该要素有更高的期望。

五、服务质量改进策略

服务质量的改进与提高是一个复杂、长期的过程，也是一项艰巨的工作，服务企业可采取以下措施改进和提高服务质量。

1. 创造良好的服务环境

服务环境对顾客感知的整体服务质量有很大影响。在服务消费过程中，顾客不仅会依据员工的仪表和行为给服务打分，同时也会受到服务环境的影响，环境因素影响顾客心中对于服务质量的判断。因此，服务企业应根据目标细分市场的需要和要求，做好每一项服务工作，为顾客创造良好的消费环境，以提高顾客感知的整体服务质量。

2. 树立良好的服务形象

树立和强化服务企业的良好形象也能提高顾客对服务的感知。提高服务企业形象，就是要靠诚信、热情、周到的服务行为，在顾客心中留下美好的印象，以增强顾客对企业的信任感。服务企业为树立形象做的广告、人员推销、公共宣传等沟通要真诚，才能持久。另外，服务企业要尽量用顾客真实的体验来强化自己的形象塑造。

3. 满足顾客的个性化需求

服务机构在为顾客服务过程中如果能够重视和适应顾客个性化的、特殊的需求，那么很容易使顾客获得正面的感知，产生愉悦感。但是，要做到符合顾客的个性化需求并不容易。一般情况下，大多数服务人员会对提出个性化需求的顾客很反感，并且会拒绝顾客的个性化需求，因为这样做会违反企业规定。因此，要想更好地满足顾客的个性化需求，服务企业在制定服务规范和对服务人员培训时应当协调规范性与适应性之间的矛盾。

4. 提供积极主动的服务

如果服务人员在为顾客提供服务过程中能够积极主动地提供一些创造性的“额外”服务，或者满足顾客某种潜在的和不好意思开口表达的需求，那么将会使顾客获得非常愉悦的感知。海底捞成功的关键就在于它的员工有很好的主动服务意识，能够在顾客提出需求之前提供完善的服务，超出顾客的期望。

5. 标准跟进策略

学习和超越竞争对手能使企业在市场竞争中立于不败之地，标准跟进是一种有效的策略。标准跟进策略是指企业将自己的产品、服务和市场营销过程与竞争对手尤其是最强劲的竞争对手进行对比，在比较和检查的过程中，逐步从策略、经营和业务管理等方面确立奋斗目标。值得注意的是，采取标准跟进策略也需要考虑自身的实际，包括企业的战略、实力、市场需求等因素，不可盲目跟进，否则会导致失败。

6. 蓝图技巧策略

蓝图技巧策略是改进服务的一种有效方法和技术。它借助流程图的方法分析从后勤到前台服务传递过程的各个方面，特别是分析服务人员同顾客的各个接触点，并把服务接触的若干“关键时刻”情景质量要求细化，将其绘制成服务蓝图，作为服务人员的行动纲领，主管跟进对照检查，从各个关键环节把握，改进服务质量。

7. 及时补救策略

服务企业在为顾客提供服务时难免有疏漏或过错。在发生服务过错时，如果服务企业能诚恳地认错并及时采取补救措施，就可能化解顾客的怨气，转“危”为安。例如，某航空公司因超售机票使旅客所订经济舱座位没有了，公司人员及时向旅客道歉，并给他安排了一个头等舱的座位，旅客原来一肚子的怨气消失了，还对航空公司的服务留下了良好的印象。

第 4 节　顾客满意与顾客忠诚

除了服务质量，顾客满意、顾客忠诚也是服务营销的核心概念。服务营销的核心价值观就是要追求顾客满意、培育顾客忠诚和挖掘顾客价值，进而获取顾客终身价值，实现服务企业的经营绩效提升。其逻辑关系如图 2－6 所示。

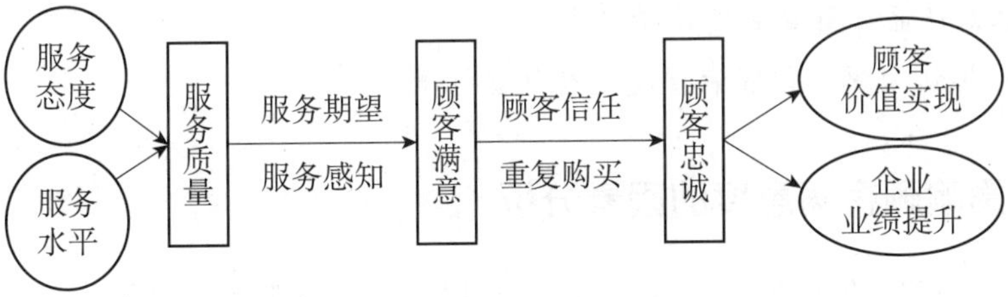

图 2－6　服务营销核心概念逻辑关系图

一、什么是顾客满意

泽丝曼尔认为，满意与不满意就是顾客根据其需要或期望是否被满足而对产品或服务进行的评价，没能满足需要和期望的产品或服务被假定导致不满意。满意还可以是一种消费者因享受良好服务而产生的愉悦感或者快乐感。除了顾客实现需求而产生的满足感外，满意还可能根据特殊情境或服务种类与其他类型的感觉相关。

满意可被看作一种满足——更多的是顾客对自己未多加考虑或日常时刻接受的服务所做的一种反应。对于那些令顾客惊喜的服务，满意即意味着高兴。在因排除消极因素而导致满意的情况下，顾客可能会把满意当作一种放松感。最后，当产品或服务中混合了积极和消极体验时，满意可能与积极和消极感情并存。

菲利普·科特勒提出，顾客满意是指“一个人通过对一个产品的可感知效果与他的期望值相比较后，所形成的愉悦或失望的感觉状态”。亨利·阿塞尔（Henry Assael）也认为，当商品的实际消费效果达到顾客的预期时，就导致满意；否则会导致顾客不满意。从上面的定义可以看出，如果可感知效果低于期望值，顾客就会不满意；如果可感知效果与期望值相匹配，顾客就会满意；如果可感知效果超过期望值，顾客就会非常满意、高兴，甚至特别欣喜。综上所述，顾客满意是一种心理活动，是顾客需求得到满足后的愉悦感或满足感。其中，顾客感知是顾客对产品质量、服务质量、价格水平、环境因素、人员因素等的感觉状态。顾客期望是顾客在购买决策前对所需求的产品或服务寄予的希望或预期。顾客满意度是顾客感知和顾客期望之间的差异的函数。

知识延伸

有人认为，顾客满意度的衡量标准应该是：

- 顾客重复购买次数及重复购买率；
- 购买的种类数量与购买百分比；
- 顾客购买时的挑选时间；
- 顾客对价格的敏感程度；
- 顾客对竞争产品的态度；
- 顾客对产品质量事故的承受能力。

思考：你认为评价顾客满意度还有什么标准？

二、影响顾客满意度的因素分析

对顾客满意度的评价是一个综合性的过程，产品或服务的具体特性、顾客对质量的感知、服务价格、服务品牌等因素都会影响顾客的满意度，而且一些个人特征，如顾客的情感状态、价值偏向以及家庭成员评价等情境因素，也会影响顾客的满意度。根据服务营销专家泽丝曼尔的研究，影响顾客满意度的因素包括以下几个方面。

1. 产品和服务本身的特性

顾客对产品或服务的满意度会受到他们对产品或服务特性评价的直接影响。对于服务业来说，如一家餐厅，首要的是菜品的质量、口味、卖相以及服务人员的态度及素质等。研究发现，大多数公司会通过焦点小组讨论等手段明确找出其服务的重要特征和属性，然后衡量顾客对这些特征和属性的感知及对服务整体的满意程度。研究结果显示，顾客将依据其对服务类型的评价和对服务特性的评论，在服务的各种不同特性（如价格、质量、人员的态度等）之间寻找平衡，产品和服务本身的品质是顾客满意的关键。

2. 顾客的情感原因

顾客的情感同样可以影响其对产品和服务的满意度。这些情感可能是稳定的、事先存在的，如情绪状态和对生活的态度、价值观等。试想那些你感到非常愉快的时刻（如生日、聚会、旅游、晋升等）、健康愉快的情绪和积极的思考方式，它们都会影响你对服务的情感体验。反之，当你处在一种恶劣的情绪当中，消极的情感将影响你对服务的享受和评价，会使你对任何小的失误都反应过度或极度失望。此外，消费过程本身（如一次小的服务失误）引起的一些特定情感反应也会影响顾客对整体服务的满意度，而员工的情感在展示和服务过程中会直接影响顾客的情感。

3. 顾客对服务成功或失败的归因

归因——事件感觉上的原因，也影响对满意的感知。当顾客被一种结果（服务比预期的好太多或差太多）震惊时，他们总是试图寻找原因，而他们对原因的评定能够影响其满意度。例如，某减肥公司的顾客没有按预期的那样减轻体重，她很可能在判定对这家减肥公司满意或不满意的程度之前先去寻找原因：是减肥计划无效，还是本人没有执行为其制订的减肥计划。归因前者表现为失望，归因后者则不会感到不满意。

4. 顾客对平等或公正的感知

顾客的满意度同样会受到对平等或公正的感知的影响。公平理论也是一种激励理论，古人早就有“不患寡而患不均”的警示。顾客希望得到公平对待，他们会经常问自己：与别的顾客相比，我是不是被平等对待了？别的顾客得到更好的待遇、更低的价格、更优质的服务了吗？与我花费的钱和精力相比较，我得到的服务足够好吗？顾客总是喜欢比较，公正的对待是使顾客对产品和服务产生满意感知的关键，特别是在做服务补救时。

5. 其他顾客、家庭成员的影响

人都有从众心理，因此，除了产品和服务特性以及顾客的个人情感与信念外，他人的评价也常常影响顾客的满意度。比如，对一次家庭旅行来说，满意度会受到旅行过程中每个家庭成员的反应和表达的影响，家庭成员之间对旅行情节的重述和事情选择性记忆又会影响其对旅行满意或不满意的表达。又如，对某培训机构的满意度评价，很大程度上受到接受过该培训的其他同学、朋友或亲戚的看法的影响。

知识延伸

顾客满意十诫

（1）永不欺骗顾客。

（2）决不要按毛利的百分比给员工支付薪水。

（3）决不要告诉顾客没法完成他要求的服务。

（4）决不夸口许诺。要始终出色地工作。

（5）永不为利润额而担心，顾客的满意会使你得到回报。

（6）永远待客如主顾，从顾客的需要出发。

（7）永远公平对待每一位客人。

（8）永远在绝对最低的管理层次关照顾客。

（9）永远努力使事情一次办成。

（10）接受偶尔失败，不要因偶尔失败而沮丧。

——鲍勃·塔斯卡（Bob Tasca），《蓝色绶带》

思考：从以上“顾客满意十诫”中你得到了什么启示？

三、提高顾客满意度的策略

现代服务企业实施顾客满意服务战略的根本目标在于提高顾客对企业经营的满意度。要真正做到这一点，企业必须制定和实施切实可行的策略。

（1）牢固树立以客户为中心的经营理念。以客户为中心的企业经营理念是服务营销的根本理念，也是为顾客服务的最基本动力，同时又是引导企业服务决策、联系企业所有部门共同为顾客满意而努力的目标动力。麦当劳成功的关键就在于始终重视顾客，让顾客满意。它的整体价值观念就是质量、服务、洁净和价值。

（2）努力开发令顾客满意的产品。顾客满意战略要求企业的全部经营活动都以满足顾客需求为出发点，把顾客需求作为企业创新服务的源头。因此，企业必须熟悉顾客，了解顾客，全面调查、研究他们的消费走向，深入分析他们的购买动机、行为偏好、购买能力和季节性特征。只有这样，才能科学地顺应顾客需求变化，提供满意服务。

（3）尽量热情、真诚地为顾客着想。企业必须不断完善服务系统，以方便顾客为原则，用热情、真诚的服务魅力和一切为顾客着想的导向意识去感动顾客。售后沟通是服务企业接近顾客的直接途径，它比通过发放市场问卷来了解顾客意见有效得多，因此，企业的行为必须以顾客利益为首要着眼点。

（4）谦虚、认真地倾听顾客意见。现代企业要实施顾客满意战略，必须建立一套顾客满意度的评价与分析处理系统，用科学的方法和手段检测顾客对企业服务的满意程度，并及时反馈给企业管理层，以不断改进过程服务质量，及时、准确地调整政策以满足顾客的需要。

知识延伸

顾客资产

顾客资产（customer equity）就是将企业与顾客的关系视作企业的一项可经营的资产，并认为企业的顾客资产就是企业所有顾客终身价值的折现值的总和。顾客资产包括企业与顾客、分销商和合作伙伴所形成的相互信任、合作的关系，是一种能为企业运用、产生长期现金流的风险资产。

思考：怎样理解顾客资产这一概念的内涵及其现实意义？

四、什么是顾客忠诚

顾客忠诚是指顾客对某一企业或品牌的产品或服务形成偏爱并长期重复购买的消费行为。顾客忠诚可以是一种心理状态，有些顾客非常忠诚于某一家公司或品牌，却可能只是偶尔购买；顾客忠诚也可以是一种行为，有些顾客可能经常购买某一品牌，但却频繁地更换服务提供者。

随着竞争日趋激烈，企业的顾客基础变得更加脆弱。因此，如何与顾客建立更稳固的关系、培养忠诚顾客就成为企业日益重视的主题。我们可以从行为层面和态度层面来理解忠诚的含义。根据学者奥立弗（Oliver）的观点，顾客忠诚可以划分为认知忠诚、情感忠诚、意向忠诚和行为忠诚。

1. 认知忠诚

认知忠诚是顾客建立在品牌信念基础上的忠诚，是由顾客之前拥有的关于替代品的信息，或者最近的消费经历建立起来的某种认知。因此，这种忠诚是针对某种特定品牌的。

2. 情感忠诚

往往在第一次使用满意之后，顾客就会形成对某种品牌的偏好。这时，即使受到负面信息的影响，顾客对于该品牌的情感也不会轻易发生改变，这个阶段的忠诚就是情感忠诚。如在肯德基发生“苏丹红”事件之后，仍有一些消费者去用餐，并且表示他们对于肯德基的态度不会改变。

3. 意向忠诚

意向是重复购买某一特定品牌的承诺。意向忠诚就是顾客承诺购买的一种深度忠诚，但它只是一种购买的意愿，还没有变成实际的购买行为。有学者研究过顾客多忠诚的问题，发现消费者对某一类产品或服务的忠诚不一定是唯一的，其意向忠诚存在波动和轮回。

4. 行为忠诚

顾客将意向忠诚转化为实际的购买行为，就进入行为忠诚阶段。如果企业能够兑现承诺，顾客就会形成一种购买或消费惯性，从而变成重复购买，对该产品或服务产生依赖。

综上所述，认知忠诚强调的是品牌的绩效，情感忠诚强调的是顾客对品牌的偏好，意向忠诚强调的是顾客对特定品牌的某种特殊承诺，而行为忠诚强调的则是顾客的重复购买行为。

五、促进顾客忠诚的营销策略

研究表明，只有满意的顾客才可能发展成为忠诚的顾客，顾客满意与顾客忠诚存在正相关关系，但是这种关系并不是线性的。也就是说，顾客满意是顾客忠诚的前提，但顾客满意不一定必然会带来顾客忠诚。不过，对企业所提供的服务非常满意的顾客会为企业传播好的口碑，并且更有可能成为企业的忠诚顾客。

研究发现，顾客多忠诚的情况实际上是存在的，即一个顾客对多个服务产品或品牌有好感、依赖感，并且同时或轮流购买这些服务企业的产品。顾客多忠诚的情况也是可以理解的，可以用顾客需求的个性化、差异性、变动性来解释。

西方学者研究发现，开发一个新顾客的成本是维持一个老顾客的8～12倍，可见留住老顾客对于服务企业的生存和发展至关重要。服务企业可通过以下举措促进顾客满意，培育顾客忠诚：

（1）坚持“以顾客为中心”的经营理念。例如，如家开发经济型酒店，满足了许多经济型个人旅行者和商务旅行者的需求，获得顾客青睐。

（2）不断开发创新服务提供品。例如，肯德基中国公司开发油条、米饭，引进王老吉凉茶，有效迎合了中国的饮食文化。

（3）提高服务过程质量的稳定性。重点培育服务人员的职业态度和专业水平。

（4）建立健全顾客服务保障体系。包括加强服务需求的研究和与顾客的沟通，强化服务过程的监督管理，完善服务分销网络以提供高质量稳定的服务等。

基本概念

服务质量　感知服务质量　顾客满意　顾客忠诚　顾客资产

简答题

1. 简述服务营销三角理论。
2. 简述服务利润链中“两个循环”的内容。
3. 哪些关键要素影响感知服务质量？
4. 什么是顾客资产？

论述题

1. 怎样看待“顾客永远是对的”这句话？
2. 怎样理解服务质量、顾客满意、顾客忠诚之间的关系？

案例分析

海底捞：让我们的服务超过顾客期望

海底捞品牌创建于1994年，以川味火锅为主，融汇各地特色火锅，现已在全球开设了 1 000 多家直营餐厅。海底捞始终秉承“服务至上、顾客至上”的经营理念，以创新为核心，改变传统的标准化、单一化服务，提倡个性化的特色服务，将用心服务作为基本经营理念，致力于为顾客提供“贴心、温心、舒心”的服务，赢得了良好的口碑，公司业务也得到迅速发展，成为我国服务业经营之典范。海底捞服务战略的特点主要体现在以下几个方面。

1. 海底捞的品牌主张

海底捞始终坚持“绿色、健康、营养、特色”，致力于火锅技术的开发与研究，在继承川渝餐饮文化原有的“麻、辣、鲜、香、嫩、脆”等特色的基础上，不断创新，以独特、纯正、鲜美的口味和营养健康的菜品，赢得了顾客的一致推崇，并在众多的消费者心目中留下了“好火锅自己会说话”的良好口碑。

2. 让顾客体验“超值服务”

尊重顾客，把顾客当家人看待，海底捞特别注重顾客就餐的体验。顾客在点餐时，服务员会送上围裙和热毛巾，给长发女士送上发夹和皮筋，给戴眼镜的顾客送上眼镜布，等等。同时，服务员会主动提醒顾客可以点半份菜，并提示顾客点餐的数量，避免浪费。等候区的服务也十分贴心，如提供免费水果、小吃、棋牌、杂志、美甲、擦皮鞋等服务，让顾客乐于等待。这就是海底捞的粉丝们所喜爱的贴身又贴心的“超值服务”，让人流连忘返。

3. 员工比顾客更重要

海底捞认为，员工才是企业的核心竞争力，他们的重要性远超利润，甚至超过顾客。企业把员工当家人看待，为员工准备了舒适的员工宿舍，宿舍一般离工作地点近，位于正规住宅小区，配备空调和电脑，有专人负责保洁，夫妻有单独房间。仅住宿一项，一个门店一年就要花费 50 万元。企业每月为店长级别的员工寄 200 ～ 800 元钱给家中的父母，让员工的家人也分享这份荣耀。在员工激励方面，海底捞设立了员工金点子排行榜，还设立奖项奖励个性化服务，流程的执行力以及接电话、化淡妆等员工严格的自我约束行为。所以，海底捞的员工都非常有归属感，他们心怀感激，能够在工作中报以发自内心的微笑。

4. 顾客满意的累积带来顾客忠诚

根据服务利润链理论，服务行业的利润主要取决于持续不断的满意而带来的顾客忠诚。海底捞的经营实践证明：员工的满意是基础，一线员工发自内心的个性化“超值服务”才是留住顾客的秘密武器。这正是海底捞成功的管理和营销的秘诀所在。所以，有人这样总结海底捞的成功公式：张勇内行的决策 + 比其他企业略高明一点的商业模式 + 管理团队不假思索的执行 + 以家乡人为骨干的员工队伍 + 双手改变命运的企业文化 + 海底捞“变态”服务的经营模式。

讨论： 1. 你怎样评价海底捞的服务营销理念？

2. 你同意“员工比顾客更重要”吗？为什么？

实训练习

1. 要求学生以某服务企业的某项具体服务为背景，以SERVQUAL量表为基础，设计服务质量的量表并进行模拟测量。

2. 要求学生针对某服务企业的某项具体服务，描述适当服务、理想服务以及容忍区服务的具体内容，并绘制容忍区的细化图形。

即测即评

扫描二维码可在线自测并查看答案。

第3章 服务营销战略

本章要点

- 了解服务市场细分标准
- 了解服务目标市场及其战略
- 掌握服务市场定位战略及策略

党的二十大报告提出“加快构建新发展格局，着力推动高质量发展”“高质量发展是全面建设社会主义现代化国家的首要任务”。现代服务业与服务营销的发展水平是一个国家、一个地区经济文明的标志，也是人民群众生活质量、幸福指数的一种象征，构成了新时期我国经济高质量发展的主要内涵。服务营销强调顾客导向，关注人们的愉悦感、幸福感与获得感，力求满足人民群众对美好生活的需要；服务营销还重视服务品牌建设，助力品牌强国战略。

引 例

香港银行的特色化经营

我国香港的金融业非常发达，可谓“银行多过米铺”，数千家银行散落在各个角落，竞争达到白热化。在这一狭小且竞争过度的市场中，为了生存并把自己的业务做大，各银行使出浑身解数，走出了一条细分市场、差异化定位的优势发展道路。以下是香港几家银行的不同定位。

汇丰银行：分行多，实力强，是香港最大的银行。曾经的定位是以自我为中心，展示实力。20世纪90年代以来，为拉近与顾客的感情距离，它改变了定位策略。新的定位立足于“患难与共，伴同成长”。旨在与顾客建立同舟共济、共谋发展的亲密朋友关系。

恒生银行：定位于成为充满人情味的、服务态度最佳的银行。恒生通过走感情路线赢得顾客的心，并突出服务，使它有别于其他银行。

渣打银行：历史悠久的英资银行。值得信赖的“老大哥”形象，传达了让顾客放心的信息。

中国银行：定位于有强大后盾的中资银行。直接针对信赖中资的目标顾客群，同时传递出它提供更多更新的服务。

廖创兴银行：定位在“助你创业兴家”的银行。以中小工商业者为目标对象，为他们排忧解难，帮助他们赢得事业的成功。香港中小工商业者是一个很有潜力的市场。廖创兴银行敏锐地洞察到这一点，并切准他们想出人头地、大展宏图的心理。据此，廖创兴银行将自身定位在专为这一目标顾客群服务，给予他们在其他银行所不能得到的支持和帮助，从而牢牢地占据了这一市场。

讨论：香港银行的特色化经营给了我们什么启示？

第1节　服务市场细分

一、市场细分的概念

市场细分的概念是20世纪50年代中期由美国市场营销学家温德尔·史密斯（Wendell Smith）提出来的。市场细分是指营销者依据消费者的需求、购买行为和购买习惯等方面的差异，把某一产品的整体市场划分为若干个子市场（消费群）的过程。每一个消费群就是一个细分市场，每一个细分市场都由具有类似需求倾向的消费者群体构成。因此，分属于同一细分市场的消费者，需求具有共性特征；分属于不同细分市场的消费者对同一产品的需求存在显著差异。

服务市场同样需要进行细分。比如，可以使用产品/市场方格图法对旅游市场进行细分，旅游企业由此可以对旅游者群体和旅游产品进行分类并开展选择性经营。旅游市场的细分如表3-1所示。

表3-1　旅游市场的细分

		旅游产品					
		观光游	休闲游	文化游	商务游	体验游	探险游
旅游者群体	学生						
	商人						
	家庭						
	白领						
	退休人员						
	……						

二、服务市场细分的意义

市场细分的理论基础在于消费者需求的多样性、企业资源的稀缺性和企业竞争的残酷性。服务市场细分的作用主要体现在以下几个方面：

（1）有利于发现市场机会，开拓新市场。通过市场细分，服务企业可以对每一个细分市场的购买潜力、满足程度、竞争情况等进行分析对比，探索出有利于本企业进入的市场机会，使企业及时做出生产、营销决策，或根据本企业的情况制订新产品开拓计划，以便掌握产品更新换代的主动权，以更好地适应市场的需要。

（2）有利于选择目标市场和制定营销组合策略。市场细分后的子市场比较具体，容易把握消费者的需求，服务企业可以根据自己的经营思想、方针及生产技术和营销力量，确定自己的目标市场服务营销策略。针对较小的目标市场，便于企业制定特殊的营销策略。同时，在细分市场上，信息容易了解和处理，一旦消费者的需求发生变化，企业可迅速改变营销策略，制定相应的对策，适应市场情况的变化，提高企业的应变能力。

（3）有利于集中企业的人力、物力投入目标市场经营。任何一个企业的人力、财力、物力等资源都是有限的，通过市场细分，服务企业选择了适合自己的目标市场，就可以集中人力、财力、物力等资源，采取集中化的经营策略，争取局部市场上理想的利益回报。

（4）有利于提高企业经济效益和增强企业竞争力。上述三个方面的作用都能使服务企业提高经济效益。此外，服务企业细分市场后，可以面对自己选择的目标市场，提供适销对路的服务，既能满足市场需求，又可提高服务质量，降低成本，增加企业的收入，从而全面提高服务企业的经济效益和市场竞争力。

三、市场细分的标准

服务市场上的顾客需求差异性非常大，受外界因素影响也很大，因此没有一个绝对的方法或者依据来对服务市场进行市场细分。各服务行业、企业应该根据自身以及外部环境采取不同的划分依据。一般而言，服务市场同样可以依据地理因素、人口因素、心理因素和行为因素四类标准进行细分，每类标准又分别包括一系列的细分变量，如表 3－2 所示。

表 3－2　市场细分的标准分类表

标准	细分变量
地理因素	地区、气候、人口密度
人口因素	年龄、性别、收入、家庭生命周期、职业、家庭规模、教育、宗教信仰、民族

续表

标准	细分变量
心理因素	生活方式、个性、自我形象
行为因素	时机与场合、追求的利益、使用者、使用率、品牌忠诚度、购买的准备阶段、态度

1. 地理细分

地理细分（geographical segmentation）就是按消费者所在的地理位置、地理环境等变量来细分市场。处在不同地理环境下的消费者往往会有不同的服务需求与偏好。例如，以饮食的口味偏好来说，云贵川地区的人喜爱吃辣椒，因为这些地区冬季阴冷、潮湿，辣椒有活血祛寒之功效，所以在这些地区经营辣味饮食比较合适。地理因素细分标准如表3－3所示。

表3－3 地理因素细分标准表

划分标准	具体细分
地理区域	东北、华北、西北、华南等
气候	南方、北方，亚热带、热带、寒带等
密度	都市、郊区、乡村、边远地区等
城市规模（人口）	特大城市、大城市、中城市、小城市等，或10万人以下、10万～100万人、100万～1 000万人、1 000万人以上

2. 人口细分

人口细分（demographic segmentation）就是按性别、年龄、职业、收入、家庭人口、家庭生命周期、民族、宗教信仰、国籍等人口变量，将服务市场划分为不同的细分群体，不同人群具有不同的服务需求。由于人口统计因素特征显著，又比其他变量更容易测量，且适用范围比较广，因而人口统计因素应该是服务市场细分的主要标准和思路。人口统计因素细分标准如表3－4所示。

表3－4 人口统计因素细分标准表

划分标准	具体细分
年龄	婴儿、学龄前儿童、学龄儿童、少年、青年、中年、老年等
性别	男、女
民族	汉族、满族、维吾尔族、回族、蒙古族、藏族、瑶族、土家族、白族等
职业	职员、教师、科研人员、文艺工作者、企业管理人员、私营企业主、工人、离退休人员、学生、家庭主妇、自由职业者等
收入（年）	1万元以下、1万～10万元、10万～50万元、50万～100万元、100万元以上

续表

划分标准	具体细分
家庭人口	1～2 人、3～4 人、5 人及以上等
家庭生命周期	年轻单身；年轻已婚，无小孩；年轻已婚，小孩 6 岁以下；年轻已婚，小孩 6 岁以上；已婚，儿女 18 岁以下；中年夫妇；老年夫妇；老年单身等
受教育程度	小学以下、小学、初中、高中、本科、研究生及以上等
宗教信仰	佛教、道教、基督教、天主教、伊斯兰教、犹太教等
国籍	中国、美国、英国、加拿大等

3. 心理细分

心理细分（psychographic segmentation）就是将消费者按其生活方式、人格特征、购买动机等心理变量细分成不同的群体。具有不同心理特征和消费心态的群体往往会有不同的服务需求。心理因素细分标准如表 3-5 所示。

表 3-5　心理因素细分标准表

划分标准	具体细分
生活方式	实用型、时髦型、知识型、名士型等
人格特征	外向型或内向型、理智型或冲动型、积极性或保守型、独立型或依赖型等
购买动机	满足温饱型、自我提升型、追赶潮流型等

4. 行为细分

行为细分（behavioral segmentation）是按照消费者购买或使用某种产品的购买频率、购买数量、追求的利益、使用者情况、对品牌的忠诚度、购买态度等行为变量来细分服务市场。行为因素细分标准如表 3-6 所示。

表 3-6　行为因素细分标准表

划分标准	具体细分
购买频率	日常购买、特别购买、节日购买、规律购买、不规律购买等
追求的利益	廉价、时髦、安全、刺激、新奇、豪华、健康等
使用者情况	从未使用者、曾经使用者、潜在使用者、初次使用者、经常使用者等
使用率	很少使用者、中度使用者、大量使用者等
忠诚度	完全忠诚者、适度忠诚者、不忠诚者等
购买态度	狂热、喜欢、无所谓、不喜欢、敌视等

这里需要说明的是，不管采用什么标准进行服务市场细分，都应考虑细分的有效性或效益性，防止过度细分。由此，服务市场细分应该遵循可进入性、可衡量性、可盈利性、稳定性等原则。

第2节　服务目标市场战略

服务目标市场是服务企业打算进入的目标地域或希望服务的目标顾客群。服务企业通过评估细分市场，决定进入哪些细分市场，即选择目标市场。

一、评估细分市场

不同细分市场往往具有不同的市场潜力与特征，服务市场细分揭示了服务企业面临的潜在市场机会，因而需要在市场选择和定位前对细分市场进行评估。对服务细分市场进行评估需要从以下几个方面考虑。

1. 细分市场的规模和发展潜力

潜在的细分市场只有具备一定的市场规模和发展潜力，才能为企业提供生存和持续发展的空间。服务企业的市场细分需要在差异化和规模化之间寻找平衡，确保细分市场既有个性化的服务需求，同时又具有较为稳定的规模。除了考虑细分市场的存量规模，还要考虑细分市场的增量潜力。

2. 细分市场的获利水平

好的细分市场不但需要具备理想的规模和增长率，还要能提供理想的获利水平。细分市场的竞争状况、经济发展水平、居民消费特征、购买力、顾客的议价能力、当地的经济发展政策等，将决定该细分市场的获利水平。

3. 企业的经营目标与资源优势

根据资源基础理论，企业的发展目标和资源水平是决定企业进行细分市场选择的关键内部条件，服务企业只有选择与自身发展目标相匹配且自身资源能力可以达到要求的细分市场，才能确保经营成功。

二、目标市场覆盖模式选择

服务企业在选择目标市场时，有五种可供考虑的市场覆盖模式：市场集中化、产品专业化、市场专业化、选择专业化、市场全面化。

1. 市场集中化

市场集中化是一种最简单的目标市场覆盖模式。企业只选取一个细分市场，只生产一类产品，供应某一单一的顾客群，进行集中营销。如滑雪装备等。

选择市场集中化模式一般基于以下情况：限于资金能力，只能经营一个细分市场；企业具备在该细分市场从事专业化经营或取胜的优势条件；该细分市场中没有竞争对手；准备以此为立足点，取得成功后向更多的细分市场扩展。

2. 产品专业化

产品专业化是指企业集中生产一类产品，并向各地区各类顾客销售这种产品。例如，高露洁只生产牙膏、牙刷等口腔清洁用品，向全球若干个国家和地区销售。

产品专业化模式的优点是企业专注于某一种或一类产品的生产，有利于形成和发展产品优势，在该领域树立专业形象。其局限性是当该领域被一种全新的技术与产品所代替时，销售量有大幅度下降的风险。

3. 市场专业化

市场专业化是指企业专门经营满足某一特定顾客群体需要的各种产品。比如，有的贸易公司专门经营酒店用品，专注于为大酒店、快捷酒店、招待所等酒店服务机构提供床上用品、洗漱用品、方便食品等必需品。

市场专业化经营的产品类型众多，能有效地分散经营风险。其局限性是由于集中于某一类顾客，当这类顾客的需求下降时，企业会因此面临收益下降的风险。

4. 选择专业化

选择专业化是指企业选取若干具有良好的盈利潜力和结构吸引力，且与企业的经营目标和资源情况相匹配的细分市场作为目标市场进行选择性经营。其优点是可以有效地分散经营风险，即使某个细分市场盈利情况不佳，仍可在其他细分市场取得回报。当然，采用选择专业化模式的企业应具有较丰富的资源和较强的经营实力。

5. 市场全面化

市场全面化是指企业生产多种产品去满足各类顾客群体的多种需要。一般来说，这种模式对公司资源与能力是巨大的挑战，只有实力雄厚的大型企业选用这种模式，才能收到良好效果。一些大型跨国集团，如通用电气、联合利华等采取了这种战略。

例3-1

南湖国旅的西部假期：西部线路旅游专家

广州有一家旅行社叫南湖国旅，很受当地旅游者青睐。南湖国旅是一家集旅行社、航空服务、旅游风景区、度假村、酒店、车队为一体的大型综合旅游企业。该旅行社凭借专业、专注、大胆创新，打造出旅游精品“西部假期”品牌，专营云南、贵州、四川、陕西、甘肃、宁夏、青海、新疆等西部地区旅游线路，该品牌成为广东市场上最早专注于西部线路并运营最成功的旅游品牌。南湖国旅用短短十年时间，就从一个只有十几人的小旅行社发展成为中国旅游企业前30强。

鉴于我国的很多旅游资源分布在西部，该公司的“西部假期”品牌专注于西部线路旅游产品，抓住了重量级旅游产品市场，通过提供更专业的西部旅行指导和导游，拿到更低的西部旅游项目消费折扣，成为名副其实的西部旅游专家。一句话，它更专业、更实惠，当然更受欢迎。

三、目标市场营销战略选择

服务企业为选定的目标市场制定营销战略时，有三种典型的战略可以选择，如图3－1所示。

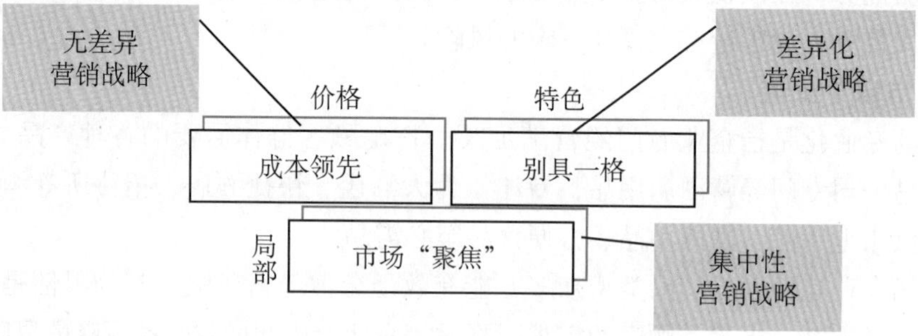

图3－1　三种目标市场营销战略示意图

1. 无差异营销战略

无差异营销战略是把整体服务市场看作一个大的目标市场，不进行细分，对整体服务市场只提供一种服务和统一的服务解决方案。

实行无差异营销战略的一种情况是，从传统的产品观念出发，强调需求的共性，忽视需求的差异。强调服务企业为整体市场生产、提供标准化的服务产品，并实行无差异的市场营销战略。比如，每年的考研培训、公务员培训，以及学前体检、入职体检等，都属于无差异的服务产品提供。实行无差异营销战略的另一种情况是，服务企业经过市场调研之后，认为某些特定服务的消费者需求大致相同或差异较少，因此可以采用无差异市场营销策略。比如幼教、零售连锁经营等。

采用无差异营销战略的优势包括：（1）最大优点是成本的经济性，大批量的生产销售能够降低单位产品成本；（2）无差异的广告宣传可以减少促销费用；（3）不进行市场细分，相应减少了市场调研、产品研制与开发以及制定多种市场营销战略、战术方案等带来的成本开支。

采用无差异营销战略的局限是对市场上绝大多数服务产品都不适用，因为消费者的需求偏好极其复杂且有差异，服务产品或品牌能够受到市场普遍欢迎的情况很少见，缺少了服务或经营的创新必然没有市场活力。

2. 差异化营销战略

差异化营销战略是把整体服务市场划分为若干个细分市场，然后根据服务企业的资源与营销实力选择部分细分市场作为目标市场，并为各目标市场制定不同的市场营销组合策略的经营战略。

差异化营销战略的最大优点是，可以有针对性地满足具有不同特征的顾客群的个性化服务需求，能够提高服务产品的市场竞争力和顾客的满意度。

差异化营销战略的最大缺点是，由于服务种类、分销渠道、广告宣传的扩大化与多样化，市场营销费用会大幅度增加，所以，无差异营销战略的优势也造成了差异化营销战略的劣势。同时，采用该战略在成本和销售额上升时，市场效益并不一定同步上升，因为存在新技术应用、新服务开发和新市场教育的风险。

差异化营销战略可以通过服务、品牌、分销渠道以及人员等的差异来体现：

（1）服务产品差异化。提供与众不同的服务，如海底捞的免费增值服务等。

（2）品牌定位差异化。提出不同的品牌主张，如动感地带，“我的地盘我做主”等。

（3）分销渠道差异化。通过不同的渠道分销服务，如服务定制等。

（4）人员差异化。通过不同形象、素质的员工塑造差异，如某餐馆全聘用中年女性。

例3-2

“茶颜悦色”的差异化营销

“茶颜悦色”是长沙一家非常火爆的专营茶饮的连锁企业。在长沙，茶颜悦色的门店实现了街巷、景区、购物中心、机场、高铁站全覆盖。甚至一条美食街的街口左边一家店，右边一家店。更让人吃惊的是，尽管门店分布得如此密集，但丝毫没减少排队的人流。每一家都在排队，有时甚至需要排一两个小时。一条路上要是开了茶颜悦色，其他奶茶品牌基本上就没有“活路”了，就连红遍大江南北的喜茶都处于劣势，生意惨淡。如今各种品牌跨界经营，营销方式也是五花八门，尤其是饮品界。而茶颜悦色在众多茶饮品牌里却仿佛是一股清流，它拥有一种“让别人主动帮我宣传”的神奇魔力，看似低调却自带热搜属性。

如今饮品品牌层出不穷，大部分品牌看似不同但实则大同小异。相似的风格、相似的色彩、相似的装潢，让受众越来越感到视觉疲劳。在此现状下，茶颜悦色选择独树一帜，填补了饮品界中国风市场的空白。恰逢国潮兴起，茶颜悦色借着这股东风，瞬间变得“显眼”。与其他品牌不知疲倦的外向型营销不同，茶颜悦色一副“我不想火，我只想安心做好产品”的云淡风轻，让很多人被它的“佛系”吸引。之前茶颜悦色直接在官方微博上“咨询”粉丝对自己线上运营的意见，这种“深入群众，听取顾客最直接的想法”的做法十分可取。也正是因为这种与众不同，它收获了一波好人缘。

产品品质是一个品牌立足的基础。在这一点上，茶颜悦色的用心收获了大众的认可。首先在原材料方面，茶一定是新鲜的，奶油则选择天然的动物奶油，奶油中加入坚果，这样顾客先吃坚果时就吃掉了一些奶油，进而可以自行控制茶中奶的比例，充分考虑到了用户体验。其次，在口味的研究上不断推陈出新，给予顾客更多的选择。与其他动辄二三十元的饮品品牌相比，茶颜悦色只需十几元，性价比高也使得它被更多的受众选择，因此茶颜悦色的粉丝们纷纷主动帮忙宣传和推广。

作为一家中国风的茶饮品牌，茶颜悦色的内部装潢坚持中式路线。这种古朴又简洁的新中式风格，也使其在视觉上区别于其他饮品品牌。茶颜悦色不仅在店铺整体设计上贯彻了品牌风格，也将中国风带到了杯身设计上，将精致的中国传统名画印到了杯身上。

除此之外，茶颜悦色还推出了自己的子品牌和许多周边产品，如杯子、茶叶、明信片……通过品牌延伸增加品牌的厚度，品牌形象越来越饱满和深入人心。尤其是之前的"妖精"款帆布包，大道至简的风格使其在粉丝中引起热烈的反响，甚至挖掘出了部分潜在客户。再如购买琉璃系列茶品即可获赠夏日凉扇，凉扇出彩的设计也成功带动了一定的茶品销售。

不得不说，在遍地开花的饮品行业，茶颜悦色另辟蹊径，通过锁定年轻消费群体、实施差异化营销取得了显著成效。它坚持一贯的特色，"佛系"成长，通过亲民化的策略，保持与粉丝间的黏性，打造适合自己风格的包装形象，重视对外的公关互动，从而使得品牌形象深入人心。由此可见，茶颜悦色采用如此与众不同又富有魅力的营销策略，确实是十分明智的。

思考： 1. 茶颜悦色的差异化营销主要体现在哪些方面？
2. 你认为茶颜悦色的主要成功因素有哪些？

3. 集中性营销战略

集中性营销战略是指服务企业集中所有力量，以一个或少数几个特征相似的子市场作为目标市场，力图在较少的子市场上占据较大的市场份额和形成竞争优势的战略选择。

实行集中性营销战略的企业，一般是资源有限的中小服务企业，或是初次进入某一服务市场的服务企业。由于服务对象比较集中，企业对一个或几个特定子市场有较深入的了解，而且在服务的生产和经营方面容易实行专业化，可以比较容易地在这一特定市场取得有利的地位。如果子市场选择得当，服务企业实行集中性营销战略可以获得较高的投资收益率。

但实行集中性营销战略也有较大的风险，因为目标市场范围比较狭窄，一旦服务市场情况突然变差，企业可能陷入困境，甚至倒闭。

第 3 节　服务市场定位战略

在今天的服务市场上，同质化竞争越来越严重，提供物增多，视觉混乱，加上信息大爆炸和信息泛滥，消费者的注意力分散且具有显著的选择性，因此，服务市场定位尤为重要。

一、定位的概念

定位理论在 20 世纪 70 年代由艾·里斯（Al Ries）和杰克·特劳特（Jack Trout）提出。根据他们在《定位》一书中的界定：市场定位就是确定产品或品牌最终要在消费者心目中建立的位置，显示出与竞争对手不同的特性。因为“在这个传播过度的丛林里，获得极大成功的唯一希望是要有选择性、缩小目标、分门别类。简言之，就是定位”。

具体来讲，市场定位就是企业根据目标市场上同类产品的竞争状况，针对顾客对该类产品某些特征或属性的重视程度，为本企业产品塑造强有力的、与众不同的鲜明个性，并将其形象生动地传递给顾客，求得顾客认同。事实上，定位是一种营销战略。通过优势定位和差别化定位可以与竞争对手形成区隔并建立优势，从而在顾客心目中占有特殊的位置。

里斯和特劳特认为，“定位并不是要你对产品本身做什么事情，定位是你使产品在潜在顾客的脑海里确定一个合理的位置，也就是把产品定位在你潜在顾客的心目中”，因为“营销是一场战争，竞争对手是我们的敌人，我们要占领的阵地是消费者的头脑”，而“定位是一种观念，它从产品开始，可以是一种商品、一项服务、一家公司、一个机构，甚至是一个人，也可能是你自己”“定位适用于政治、战争和商业”。

二、定位的依据

在现实的营销实践中，服务企业可以根据其服务产品的属性、利益、价格、质量、用途、使用者、产品档次、竞争情况等多种因素或其组合进行市场定位。具体来讲，服务市场定位的依据主要包括以下几个方面。

1. 属性特色定位

构成服务产品内在特色的许多因素都可以作为市场定位依据的原则，这种定位方法是将服务产品或品牌与其用途、应用情况相联系来进行定位。例如，如家的“经济型酒店”、麦当劳的“西式快餐食品”、西部假期的“西部旅游专家”都属于此类定位。

2. 顾客利益定位

产品提供给顾客的利益是顾客最能切实体验到的，也可以用作定位的依据。例如，沃尔玛连锁超市强调“天天平价”“顾客满意、一站式购物”的经营理念，吸引了很多精打细算的顾客。利益定位包括：（1）功能型利益定位，如小米的“智能家居专家”；（2）情感性利益定位，如哈根达斯的“爱她，就请她吃哈根达斯”；（3）自我表现利益定位，如中国移动的“我能”等。

3. 使用者定位

使用者定位就是针对不同的服务消费者进行定位，从而把服务引导给某一特定顾客群。比如，家政市场中的“月嫂”，医疗市场中的男科医院、女子医院、儿童医院等。

4. 使用场合定位

为老产品寻找一种新用途是为产品创造新的市场定位的好方法，这种定位方法是将服务产品或品牌与其使用场合联系起来。如婚庆公司经营服装租赁等。

5. 竞争情况定位

突出本企业服务产品与竞争者同档服务的不同特点，通过评估选择，确定对本企业最有利的竞争优势并加以开发。

知识延伸

典型的服务市场定位

服务市场定位是服务企业就其服务产品（品牌）的功能、服务人群、档次、范围及服务方式的选择。典型的服务市场定位如表3-7所示。

表3-7 典型的服务市场定位

服务机构名称	行业类型	典型的定位策略
如家	酒店	经济型酒店
麦德龙	零售	批发型大卖场、连锁经营
7-11	连锁	24小时便利店、连锁经营
肯德基	餐饮	西式快餐食品、连锁经营
星巴克	餐饮	咖啡等时尚饮品的体验营销
宜家	家居	家居产品的体验营销、连锁经营
深圳万科	地产	专注住宅地产
大连万达	地产	专注商业地产：“大连万达就是城市中心”
阿里巴巴	电子商务	构建网络信息与商品交易平台

三、定位的步骤

市场定位的关键是服务企业要塑造自己的服务产品或品牌相对竞争者更具有竞争优势的特性。服务企业市场定位的过程可以通过以下三大步骤来完成。

1. 确立本企业的竞争优势

中心任务是回答以下三大问题：（1）竞争对手的产品定位如何？（2）目标市场上足够数量的顾客需求满足程度如何以及还需要什么？（3）针对竞争者的市场定位和潜在顾客真正需要的利益要求，企业应该做什么以及能够做什么？通过回答上述三个问题，服务企业就可以从中确定自己的竞争优势。

2. 选择相对竞争优势

相对竞争优势表明的是企业优于竞争者的现实和潜在能力。准确地选择相对竞争优势是一个企业各方面实力与竞争者实力相比较的过程。服务企业定位通常需要分析、比较企业与竞争者的优势与劣势，以便准确地选择相对竞争优势作为定位的落脚点。

3. 明确显示独特的竞争优势

通过一系列的宣传促销活动，将服务企业独特的竞争优势准确传达给潜在顾客，并在顾客心目中留下深刻印象。为此，企业首先应使目标顾客了解、熟悉、认同和偏爱本企业的市场定位。其次，企业应通过加倍努力保持目标顾客的认同态度，加深目标顾客的偏好感情。最后，企业应时刻关注目标顾客对其市场定位的理解可能出现的偏差或由于其他原因造成的认识混乱或误会，及时纠正与市场定位不一致的认识偏误。

四、服务市场定位的层次

事实上，定位有多个层次，服务企业提供的产品和服务的定位只是其中之一，即产品层次的定位，而作为一个系统的服务市场定位组合一般包括以下几个层次：

- 服务行业定位，即把整个行业当作一个整体进行定位。
- 服务企业定位，即把服务企业作为一个整体进行定位。
- 产品组合定位，即对组织提供的一系列相关产品和服务进行定位。
- 个别定位，即定位于某一特定的产品或服务。

1. 服务行业定位

在考虑企业位置以及产品位置之前，服务企业必须首先考虑自己要选择进入什么样的行业，这是企业经营的大前提，然后再确定自己在整个服务产业中的位置，这是服务企业营销定位的逻辑。如可以根据服务行业的现代性（传统服务业、现代服务业）、服务行业的科技含量（高、低）以及服务行业的特色，将各个典型服务行业放入适当的位置，以便企业进行战略选择。也就是说，服务企业首先要选择经营什么服务行业，之后才可能进行服务企业及服务产品组合的定位。服务行业三维定位如图 3－2 所示。

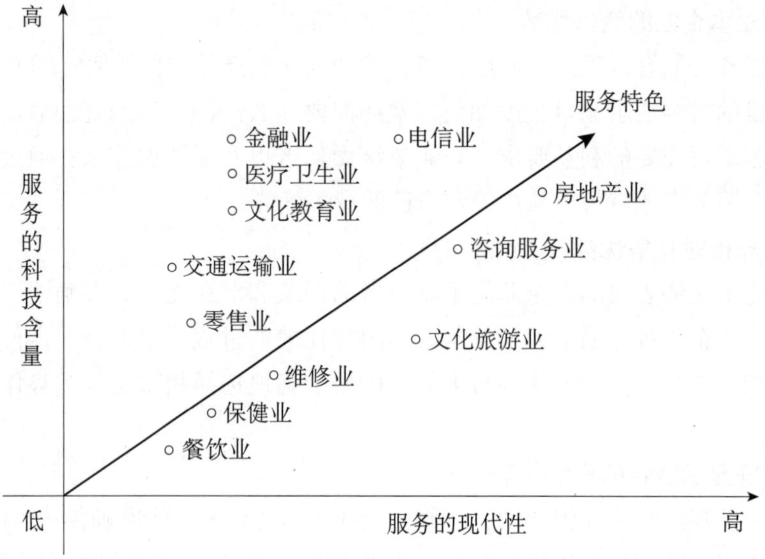

图 3－2　服务行业三维定位图

2. 服务企业定位

服务企业定位与它的产品定位是相辅相成的，企业定位处于产品定位的上层，企业定位对产品定位起着强化作用。一旦企业定位成功，获得了良好的社会声誉，则企业的产品定位也会相应得到巩固，并为企业带来长期效益。一般而言，根据自身的资源状况和市场中的竞争状况，服务企业可在如下定位中进行选择。

（1）市场领导者，即在行业中处于领导地位。这样的企业既是市场竞争的主导者，也是其他企业挑战、效仿或回避的对象。如零售业中的沃尔玛、快餐业中的麦当劳等。

（2）市场追随者，即在市场上处于次要地位，一时不能成为行业领导者的企业。根据其追随领导者的程度可以分为紧密跟随者、距离跟随者和选择性跟随者三种定位。

（3）市场挑战者，即首先定位在同行业中次要地位，但准备随时发起与领导者的竞争并迅速后来居上的企业。

（4）市场补缺者，即在市场中某些细分市场实行专业化、差异化经营，以避免与重要企业发生冲突，仅为市场提供某些有效的专业化服务的企业。这种定位属于拾遗补阙、夹缝中生存，一般适用于那些实力较弱的中小企业。

例 3－3

7－11 的市场定位

7－11 从特许经营起家，是全球最大的便利店连锁公司。其对服务市场的定位表现在以下三个方面：

（1）作为服务领先者的定位。7－11 营业员的服务态度很好，店内的各种细节也体现出对顾客的关怀。例如，中午的便当，营业员会将饭和菜盛在一起，而晚上的便当，饭和菜是单独装的，就是考虑到顾客可以带回家食用。7－11 还有便捷的自动缴费机等。

（2）作为质量领先者的定位。7－11 的商品以食品、日常生活必需品为主，它只卖高鲜度、高品质、高附加值的商品。在食品安全事故频发的现在，它让顾客放心。每天要废弃的东西，到了时间全部丢掉，各种机器的清洗从来都不含糊，绝不会忽悠顾客。

（3）作为连锁便利店的标杆。不管在哪个城市，7－11 都有类似的店面布置、类似的贩售商品、一如既往的商品品质。7－11 选址的出发点是便捷，在消费者日常行动范围内开设店铺，如办公商圈、高校、人流集中的住宅区和交通枢纽。7－11 的店铺面积通常为 50 ～ 100 平方米，但经营着 3 000 多种商品。7－11 尽最大可能为消费者提供便利与安全感。

3. 产品组合定位和个别定位

服务可以是有形的东西，如饭店的各种饭菜、酒水等，也可以是无形的东西，如美发、音乐会等。服务企业定位的目的就是让这些有形、无形的东西在顾客心目中留下深刻的印象，因此，产品的各个要素都要与企业定位相符合。

服务企业必须先定位它们的产品，然后才能在公众中树立起良好的企业形象。产品组合定位和个别定位是先使某个具体产品在顾客心目中定位，只要顾客产生了相关需求，就会自然而然地想到这种服务，从而达到先入为主的效果。服务企业产品组合定位需要明确，企业主要提供哪几类产品、什么档次和特色的产品，主要为哪一部分人群服务等。例如，华住集团旗下就有汉庭、全季、海友等酒店品牌，各品牌差别定位、错位经营。其中汉庭定位于快捷酒店，瞄准的是追求价廉物美的居家出行者、一般商务出差人群；全季定位于商务酒店，瞄准的是追求体面舒适的旅行者、中高端商务人士；海友定位于廉价酒店，瞄准的是对价格敏感的年轻出行者、在校大学生群体。

这里需要说明的是，企业并不需要在上述所有层次进行定位。如出租车公司和饭店，只需在服务企业层次和个别层次定位即可，而且定位决策也相当简单。但对于一些规模大、开展多项业务的服务机构，上面几个层次的定位都是必要的。

有两点需要明确：（1）服务企业定位和个别定位必须有清晰的相关性并有内在的逻辑关联；（2）品牌既可以是产品组合层次，也可以是个别产品层次。服务市场定位的逻辑（以某商业银行为例）如表3-8所示。

表3-8　某商业银行市场定位的逻辑

<table>
<tr><td>● 服务企业定位</td><td colspan="8">某商业银行（金融业、跟随者）</td></tr>
<tr><td>● 产品组合定位</td><td colspan="2">贷款产品
和服务</td><td colspan="2">交易产品
和服务</td><td colspan="2">保险产品
和服务</td><td colspan="2">投资产品
和服务</td></tr>
<tr><td>● 个别产品定位</td><td></td><td></td><td></td><td></td><td></td><td></td><td></td><td></td></tr>
</table>

五、服务企业成功定位的原则

企业在确立自己的市场位置之后，应当努力维持或提升其相对于竞争者的市场优势。成功的市场定位应具备以下特征。

1. 定位应当是有意义的

企业不应该只将定位当成华丽的口号，定位应当具有实际意义。比如，苹果公司一直把自己树立成一个年轻的、具有自由和创新精神的、立志于改变世界的高科技公司，这种形象在家庭和教育市场上颇受欢迎；又如“至真至诚，苏宁服务”“IBM就意味着服务”等定位都很好地传达和诠释了企业的经营理念。

2. 定位应当是可信的

一些公司声称能为所有人提供所有服务，这显然是难以令人信服的。即使是行业中的领先者，也不可能无所不能。好的定位应该是集中于某一特定服务领域，做一个可信任的服务企业。虚假夸大的定位往往会适得其反，给企业带来不利影响。

3. 定位应当是独特的

定位的目的是让自己的服务或品牌与竞争对手的相区别，以吸引消费者的“眼球”，赢得消费者的青睐。因此，服务企业应当在既定的目标市场上发掘能使自己保持领先地位的市场定位。市场上存在许多不同的差异化途径能够使企业赢得消费者和成为领先者，服务企业可以通过独一无二的特色定位打造自己的竞争优势。一些独特的定位选择及其具体含义如表3-9所示。

表3-9　服务企业独特的定位选择

定位选择	具体含义
市场份额领先者	最大的规模
质量领先者	最好的或最可信的产品或服务
服务领先者	最迅捷地为顾客解难

续表

定位选择	具体含义
技术领先者	最早发现新技术
创新领先者	在技术应用上最具创造性
灵活领先者	最具适应性
关系领先者	最致力于顾客的成功
特权领先者	最具排斥性
知识领先者	最好的功能和技术
全球领先者	在国际市场上占据最佳位置
折扣领先者	最低的价格
价值领先者	最高的“性价比”

六、服务市场定位的策略

从服务企业发展战略的视角，可以选择以下三种主要的市场定位策略。

1. 迎头定位

迎头定位意味着服务企业与强势的竞争对手进行针锋相对的较量，以强对强。虽然这种策略风险较大，但是能够激励企业时刻用较高的目标要求自己奋发向上，一旦成功，企业就可获得巨大的市场份额和竞争优势。如肯德基与麦当劳就采用迎头定位策略，肯德基推出香辣汉堡，麦当劳马上推出麦香汉堡，良性竞争，共同发展。

但采取这种定位策略的服务企业务必要充分认识到自己的实力和潜力，做到知己知彼才能战无不胜，没有必胜的把握不可盲目行事。迎头定位的服务企业必须关注如下三点：

- 市场容量是否足以承载两大服务商的服务供应；
- 企业的服务是否有不同于其他服务商的特色，如式样更新、流程更便利、人员更专业、环境更幽雅、实力更强等；
- 这种定位与本企业的资源、实力、声望、战略目标和应变力是否相匹配。

2. 避强定位

避强定位意味着服务企业避开强大的竞争对手，转而去抢占市场的薄弱环节。这种策略可以避免激烈的正面冲突，能够获得较好的市场回报，有利于巩固企业当前的位置，在市场中站稳脚跟，形成差异化竞争优势，也会给顾客留下较为明确的印象，因此，避强定位在服务企业竞争中被广泛认可和采用。比如，中国邮政储蓄银行提供的小额贷款服务，不仅避免与多家大银行的直接竞争，而且在顾客的脑海里树立了企业在贷款服务方面的独特形象。

实行避强定位的服务企业必须具备如下三个条件：

- 具备提供高质量特色服务的技术、设备和人员条件；
- 在低价进入的前提下，仍能实现最低限度的利润目标；
- 通过宣传能够有效地传递这样的市场信息——本企业服务“性价比”要高于其他服务商。

3. 重新定位

重新定位就是企业根据市场变化的需要进行企业定位的改变或调整，涉及产品、品牌、经营性质、领域等方面。当市场环境发生变化，服务企业的原有定位不正确或不能达到企业营销目标，需要发展新市场或要满足企业的竞争新需要时，企业都需要进行重新定位。但企业进行重新定位具有一定的风险，这不仅需要企业在内部达成共识，还要重新获得顾客对定位的认可。顾客需求和环境发生改变时要求企业必须定期进行重新定位，以便应对市场的变化。

服务企业重新定位的前提如下：

- 原来的定位不准确或没有体现出服务产品或品牌的特点，需要重新提炼；
- 服务企业经营环境、竞争对手或目标消费群发生了变化需要进行定位调整；
- 由于科技、经济的发展或进入别的竞争领域的需要，且找到了更有意义的新定位。

例3-4

珠海机场的重新定位

因为远离市区，珠海机场一度旅客较少，而且珠海机场曾因欠下巨额工程款面临巨大的财务危机。珠海机场根据专家的建议，抓住由商品生产与供应的全球化发展引发的物流全球化发展趋势，将珠海机场重新定位为国际航空货运枢纽港。传统的航运是“重客轻货”，而珠海机场周围拥有大量满足货运枢纽需要的仓储等配套设施，其每年10万架次的营运保障能力也可以满足货运机场的需求，旅客少的劣势反而变为优势。珠海机场的重新定位既避免了与珠江三角洲其他客运机场的正面竞争，也可与其他机场形成互补，为珠海机场赢得生存空间。现在的珠海机场已发展成为东南亚地区国际化物流航空港。

思考：企业为什么要进行重新定位？

从为消费者提供利益的视角，可以将定位策略分为如下三类。

（1）功能型利益定位。服务产品在功能上创新，主要从功能上吸引消费者、针对消费者进行重新定位，这是服务企业常用的定位策略。如四川成都大熊猫繁育研究基地由原来单纯的生物科研机构转变为教育基地和旅游基地，不仅普及了关于国宝大熊猫的基础知识，也吸引了一大批国内外游客前去观光游览，带动了当地旅游业的发展。

（2）情感型利益定位。在服务和产品都日趋同质化的今天，越来越多的服务组织依靠情感利益（亲情、友情、爱情）与竞争者形成差异。例如，许多酒店都由原来的“豪华”定位转变为“居家感觉”的市场定位。中国人家庭观念浓厚，让顾客感觉在酒店入住就像在家一样随意自在，这不仅缓解了顾客内心的疲惫，拉近了酒店与顾客之间的距离，而且还节省了大量的服务成本。

（3）自我表现型利益定位。当服务品牌成为消费者展示个人价值观、财富、身份、地位、自我个性与生活品位的一种载体与媒介的时候，服务产品、服务企业就具有了独特的自我表现型利益。比如，中国移动为年轻群体量身打造的“动感地带”就定位于“我的地盘我做主”，满足了现代青少年的价值需求，受到年轻人的追捧。

基本概念

服务市场细分　服务目标市场　服务市场定位

简答题

1. 服务市场营销战略的制定主要包括哪些步骤或内容？
2. 为服务企业或服务品牌定位有哪些主要思路？
3. 服务企业重新定位的理由有哪些？

论述题

1. 服务企业或服务品牌的定位对于企业的发展有什么意义？
2. “有的企业像是在爬梯子，拼命地往上爬，最后发现梯子靠错了墙。”谈谈你对这句话的看法。

案例分析

如家酒店：靠精准定位赢得市场

1. 公司简介

（1）酒店简介。如家酒店集团创立于 2002 年，作为中国酒店业海外上市第一家，如家始终以顾客满意为基础，以“成为大众住宿业的卓越领导者”为愿景，向全世界展示中华民族宾至如归的“家”文化服务理念和民族品牌形象。如家酒店集团旗下拥有如家、和颐、莫泰、云上四季等品牌，是国内最大的连锁酒店网络体系。

（2）企业文化。

如家愿景：成为大众住宿业的卓越领导者。

如家理念：把我们快乐的微笑、亲切的问候、热情的服务、真心的关爱献给每一位宾客和同事。

如家使命：用我们的专业知识和精心规划，使我们的服务和产品的效益最高，从而为我们的客户提供“干净、温馨”的经济型酒店产品；让我们的员工得到尊重，工作愉快，因在“如家”而自豪；使得我们的业主能够获得稳定、有竞争力的投资回报；由此创造我们的“如家”品牌。

如家目标：为顾客提供快捷简便、标准化、一致的服务。

2. 公司经营战略

（1）精准的市场定位。创经济型连锁酒店名牌，提供标准化、干净、温馨、舒适、贴心的酒店住宿产品，为海内外八方来客提供安心、便捷的旅行住宿服务，传递适度的简约生活理念，这就是如家给自己的定位。

豪华的星级酒店价格偏高，廉价的旅馆又不够舒适，因此满足高端商务需求的五星级以下酒店大多处于亏损状态，而面对低端消费人群的小旅店始终得不到消费者的认可。价格、舒适对顾客来说同样重要，找到合适的平衡点，就能提升酒店服务的性价比，更好地满足客户的需求，如家就是通过精准的市场定位找到了这个点。

如家把主要目标顾客定位为中小企业客户，并为其提供质优价廉的服务。房价远低于星级酒店，同时为了保证高质量、低价格的服务，剔除了豪华酒店当中的桑拿、KTV、酒吧等设施，装修风格简单温馨，不追求奢华。其所倡导的“五星服务、四星大堂、三星品质、二星价格”深深吸引了大批消费者。

（2）将低成本原则应用于组织管理。作为一家经济型酒店，如家在成本控制方面有着非常高的要求，也积累了丰富独到的经验。为了能够在二星的价格下提供高品质服务，如家可谓“锱铢必较”。如家硬件的标准化、低成本已经为业界和消费者所熟悉，然而如家的另一个法宝并不广为人知，那便是贯穿人力资源管理全程的、具有如家特色的员工关系建设。从某种意义上说，硬件上的节省是容易做到的，并且只要标准化便能够实现快速复制。但人工成本如何节省、节省人工成本之后如何做好人力资源管理、如何通过人的因素支撑如家的高速扩张，这些问题却不容易解决。如家的第一个秘诀是削减组织层级。这一做法不仅是为了打造一个“经济型”的组织结构，同时也是如家企业文化的体现。

（3）以情感营销取胜。如家的情感营销不仅体现在品牌命名上，也渗透到了每个服务细节之中。如家的一个营销宣传语是“净洁似月，温馨如家”。“如家”就是要让顾客感受到“家”的温馨、整洁与舒适，这种命名容易使消费者产生积极的品牌联想。同时，如家对细节的关注也让顾客时时感受到被重视与关怀。例如，如家推出了“书适如家”服务，在客房摆放精心挑选的经济管理类畅销书，顾客可以随意翻看，如果喜欢还可以购买，如此贴心、周到的服务特别容易获得顾客的认可。又如，卫生间的毛巾、牙刷等洁具是两种不同的颜色，这使得同时入住的两位顾客方便区分，避免混用。酒店如此用心，顾客能不动心?

(4) 连锁化经营快速扩张。酒店业的特殊性使得连锁的价值更大。连锁扩张方式可以提高企业的竞争优势，充分发挥连锁品牌效应。如家酒店采取的正是多样化连锁形式，如直营店、管理合同、加盟连锁、特许经营四条路线同时并进。经济型连锁酒店的门店数量决定了企业销售网络的成熟程度，也直接关系到营业收入的增长速度。实际上，创立于1997年的锦江之星是国内第一家经济型酒店，而如今如家的门店扩张速度已远远超过锦江之星，后来者居上。为了保证酒店连锁品牌形象的一致性和竞争优势，如家制定了一套符合实际操作的标准服务手册，以规范连锁酒店的过程管理。

(5) 利用网络营销。如家是中国快捷酒店网络营销的先行者之一。如家早在2002年诞生之初，就充分利用携程的网络资源迅速发展壮大，借助网络的力量，如家的名字迅速传遍中国。"如家+携程"的模式曾经创造了中国快捷酒店史上发展速度的奇迹。经过二十多年的网络推广，如家已经占据了消费者心目中"经济型酒店"的重要位置。

讨论： 1. 如家是怎样界定自己的经营范围和特色的?

2. 你认为如家的成功因素主要有哪些?

实训练习

找一个定位不是很清晰的服务企业或服务品牌，尝试为其进行重新定位。首先要分析其定位不成功的地方，调查了解相关的经营竞争环境和目标消费者的需求特点，确立它的主要竞争对手并分析其定位特征，提出自己独特的重新定位主张。

即测即评

扫描二维码可在线自测并查看答案。

第4章 服务产品及品牌策略

| 本章要点 |

- 了解服务产品的整体概念
- 了解服务包与服务之花的内容
- 了解服务品牌的定位与塑造
- 掌握服务品牌的管理策略

习近平总书记指出："让老百姓过上好日子是我们一切工作的出发点和落脚点。"① 目前我国正处于全面建成小康社会的新时代，服务企业应该与时俱进，着力开发、提供老百姓喜闻乐见的有益于健康生活的服务产品，如旅游、文化、医疗保健、科技智慧产品，丰富人们的精神生活，提升百姓的生活品质，使百姓获得更多的幸福感与满足感。品牌是一种无形资产，品牌化有利于配置资源和提升企业竞争力，所以品牌建设也是一条兴国、强国之道。我国服务业应当有志于打造一批有国际影响力、吸引力的服务品牌，服务于品牌强国战略，以增强民族自信，助力中华民族伟大复兴与现代化强国建设。

引 例

菜鸟裹裹的服务产品

菜鸟裹裹是一款提供查快递、寄快递等功能的应用软件，主要适用于全网包裹查询，支持淘宝、京东、苏宁等网购包裹的自动跟踪，同时覆盖国内外140多家快递公司的订单查询及跟踪。其主要服务包括：

（1）扫码查件：扫码录入单号，支持包裹备注，一目了然。

① 中共中央宣传部．习近平新时代中国特色社会主义思想学习纲要．北京：学习出版社，2019：157.

（2）寄件服务：免费预约上门取件、寄件，承诺北上广深等城市寄件，若未按时揽收，可获得相应赔付。

（3）附近快递员：一键查找附近的快递员，寄快递、查快递直接联系快递员效率更高。

（4）菜鸟驿站：网购包裹免费代收，包裹全程跟踪，到驿站自动提醒，取货操作简便；同时驿站还提供便捷的寄件服务。

此外，菜鸟裹裹还支持上门退货。只要在线下单，快递员就会上门取走要退的货品，十分方便，快捷省时，因此很受欢迎。

讨论：菜鸟裹裹的服务产品还有哪些拓展空间？

第 1 节　服务产品

现代产品概念具有泛化的趋势，包括有形产品、无形服务、体验、事件、人物、地点、财产权、组织、信息、观念等。有时，提供物、供应品、解决方案会成为产品的代名词。

一、服务产品的整体概念

服务产品是指以提供某种形式的服务为核心利益的整体产品。整体服务产品由许多服务要素组成，从管理的角度看，完整的服务产品由核心服务、便利性服务、辅助性（支持性）服务三个层次组成。

例如，旅馆的整体产品概念包括：核心服务即核心利益，是顾客真正需要的基本服务或利益，如休息与睡眠；便利性服务，是实现核心利益所必需的基础产品或载体，如床、浴室、毛巾、衣柜、卫生间等；辅助性服务，即提供超过顾客期望的服务和利益，以与竞争者的提供物区别开来，如电视机、网络接口、洗衣服务、结账快捷、美味的晚餐、优质服务等。

理解整体服务产品需要把握三个层次：

（1）服务产品往往依附于有形物品，有形物品也包含服务的成分，而服务在服务产品里处于绝对的核心地位。

（2）对服务产品整体的理解必须建立在学习其三个层次内涵的基础之上。

（3）服务产品狭义上包括服务业的服务项目，从广义上讲，还包括实物产品市场营销活动中的服务。

应树立服务产品的整体概念，因为这种整体概念的意义如下。

• 向企业表明确定和满足消费者所追求的核心利益是十分重要的，也是最基本的。

• 提醒企业可以围绕核心服务适度扩大服务的范围，拓展便利性服务，以突出自身服务的差异性，利于与对手展开竞争。

• 可以提示企业在多个层次上展开竞争，尤其是通过增加附加服务（辅助性服务）来创造差异，提高价值，赢得服务竞争优势。

二、服务包

1. 服务包的概念

服务包表达的是服务产品的整体概念。服务包的概念是由格罗鲁斯提出来的。根据格罗鲁斯的服务包模型，服务作为一种产品，被认为是一个包裹、一个有形服务或无形服务的集合。基本的服务包可分为三个层次，即核心服务（core service）、便利性服务（facilitating service）和支持性服务（supporting service），如图4－1所示。

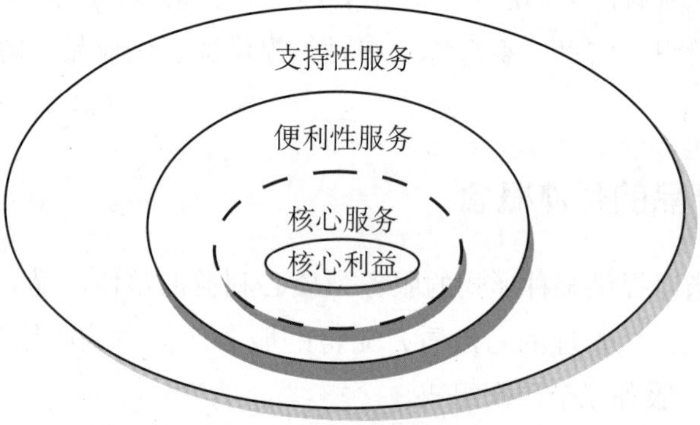

图4－1　服务包的层次

核心服务体现企业为顾客提供服务的最基本功能，也是企业进入市场并得以存在的原因。比如，酒店提供住宿，银行吸收存款、提供贷款等。一个企业可以有多种核心服务，如航空公司既可以提供旅客运送，也可以提供货物运输。

便利性服务是方便核心服务使用的活动，如果没有这种服务，顾客将不能方便地使用核心服务，如航空公司的订票服务，银行的银行卡业务、网上银行等。支持性服务是增加服务的价值或者使企业同其他竞争者的服务区分开来的一系列活动。例如，酒店向顾客提供旅游地图、银行的查账业务等。

便利性服务同支持性服务之间的区别有时并不十分明显。一些服务在某些场合是便利性服务，在另一些场合则为支持性服务。二者的区别主要如下：便利性服务是不可或缺的，是必要条件；支持性服务的缺少只会导致服务缺乏竞争力，也就是说，缺少便利性服务对服务的影响更大。

例 4－1

四川航空的“免费接送”服务

有一年夏天，我携家人去云南大理、丽江、香格里拉旅游，游玩约十日后从丽江取道成都回家。我买了四川航空公司的机票，价格比较合理。飞机飞到成都，出了出站口正准备搭乘机场大巴去成都市区，突然看见有一个佩戴“四川航空公司”标识的礼仪小姐在向客人介绍“免费接送”业务，当时我们一家三口将信将疑，因为以前没见过其他航空公司这么做过，但出于好奇，还是决定去探个究竟。到了停车场一看，有几台喷绘着“四川航空公司免费接送”字样的中巴车排列于此，正在根据顾客到达目的地的不同安排拼车，我们也顺利地坐上免费车，安全到达了市内的酒店，这事儿让我不能忘记。

今年暑期又有机会到成都出差，想到成都双流机场离市区较远，我特意买了四川航空公司的机票去享受“免费接送”服务。出了双流机场，还是有四川航空公司贴心的“免费接送”。在车上我向工作人员了解了四川航空公司的“免费接送”服务。公司考虑到外地人来到成都人生地不熟，坐车不是很方便；本地人去赶飞机也很麻烦，因此决定提供该项服务，凡是购买四川航空公司五折以上机票的客人都可享受这一服务。如果从市内目的地到机场，需要先预约，公司合理安排接送。四川航空公司免费接送客人的服务获得客人好感，有利于培育顾客忠诚。

问题思考：从服务包视角来看四川航空公司的“免费接送”属于什么服务？

2. 服务包的规划

服务企业在制定战略规划时，首先要回答一个问题：企业要用什么样的服务来满足目标市场的需求？服务包决策将使这一问题得到全面、系统的回答。服务包决策要解决服务是什么的问题，所以必须将服务抽象地分为不同的层次。比如，对一个有形产品而言，可以描述它的包装、款式、规格等外在形象，也可以描述它的性能、功用、内容结构等。遵循这一思路，服务包决策可以分为两大模块：服务包规划和服务形象规划。

（1）服务包规划。服务包规划涵盖两个方面的内容。其一是服务整体统筹，即认识顾客感知质量的各个触发点，从整体的角度加以把握，不断扬长避短，力图从整体上提升服务质量或促进服务更新换代。其二是服务包确定，即根据服务企业自身的经营能力（包括资金、技术，尤其是人员、设备、商誉）和服务市场的需求，寻求适合本企业和市场需要的组合宽度、长度、深度和相关性，并根据市场环境的变化不断进行调整，在全面考虑并兼顾自身长期发展和眼前利益的基础上完成服务的更新换代和深度开发。

（2）服务形象规划。由于不存在有形产品的包装、款式及规格等硬件问题，可以说，制定服务形象规划要比制定有形产品的形象规划简单一些。但从软件方面看，由于服务自身的特性，服务品牌、服务标准都无法附着在服务提供上，因此服务形象的塑造、服务品牌的树立要比有形产品复杂得多，因为服务形象规划既要克服服务的无形性，又要借助一些有形载体和媒介。

3. 服务包的扩展

格罗鲁斯认为，基本服务包由三种要素构成，即核心服务、便利性服务和支持性服务。詹姆斯·A. 菲茨西蒙斯和莫娜·J. 菲茨西蒙斯深化了服务包的内涵，认为服务包是一个各种有形和无形要素的集合，它包括支持性设施（supporting facility，SF）、辅助物品（facilitating good，FG）、显性服务（explicit service，ES）、隐性服务（implicit service，IS）四个要素。

（1）SF是指在提供服务前必须到位的物质资源，一般指服务发生的场所、设备、耐消耗物品等。SF在建立之前就有明确的目的性，为特定服务提供支持，如酒店、机场、学校、运输工具等。SF一旦建立其结构就不容易改动。SF为服务生产提供必要的场所和设备，可视为生产服务产品的平台。评价SF优劣的标准包括地理位置、设施布局、内部装潢、内在结构适当性等。

（2）FG是指顾客购买和消费的物质产品，是服务依托的载体。FG一般表现为易耗物品，在服务过程中将被消耗掉，如美容院用到的护理产品、酒店提供的餐饮等。相对于SF来说，顾客在接受服务时对FG的选择性更为灵活，顾客的选择性越强，越表现出服务的定制化属性。评价FG优劣的标准包括可选择性、物品质量、一贯性等。

（3）ES是指那些可以用感官察觉到的和构成服务基本或本质特征的利益。ES所代表的意义是多方位的，如医疗服务使患者的病痛消除或缓解、舞台上的表演所带给观众的愉悦感、干洗店所洗衣物的效果等。ES是顾客消费的最主要的目的，也是影响顾客满意度最直接的因素。ES的质量主要是由服务人员的技能和服务设备的先进性决定的，因此，ES可以被认为是无形的“硬件”，其知识含量和技术含量最高。

（4）IS是指顾客能够模糊感到服务带来的附带感觉或非本质特征。IS所代表的意义也是多方位的，如顾客到达的便利性、服务环境的舒适性、服务人员的态度、个人隐私与安全感等。与ES的“硬件”特征相比，IS只能算是“软件”。尽管如此，IS在决定顾客满意度中的作用不可小视，有的时候IS比ES更重要。例如，酒店为顾客提供一桌丰盛、可口的宴席能够极大地满足顾客的食欲，但是如果服务人员态度恶劣，顾客的满意度就大大降低。

4. 服务包的管理

（1）扩大服务包。该策略包括拓展服务包的宽度和加强服务包的深度。前者指在原服务包中增加一条或几条服务线，扩大经营范围；后者指在原有服务线内增加新的服务项目。一般而言，扩大服务包可使企业充分利用人、财、物资源，分散风险，增强竞争力。

（2）缩减服务包。当市场不景气或原材料、燃料供应紧张时，缩减服务包反而能使总利润提升。这是因为从服务包中剔除了那些获利能力差的服务线或服务项目，使企业可集中有限的资源发展获利多的服务线或服务项目。如近年来不少航空公司（天津航空等）取消了机上餐食饮品，减少了乘客随身携带的行李量，试图向低价航空发展。

（3）服务包的定位延伸包括向下延伸、向上延伸、双向延伸三种方式。

① 向下延伸。这种策略是把原来定位于高档市场的服务线向低档方向延伸，目的在于利用高档服务的声誉来吸引购买力水平低的顾客光顾新设的低档服务项目。采取向下延伸的策略虽然比较容易成功，但存在一定的潜在风险。如新的低档服务项目也许会蚕食公司原有高档的服务市场，因为低档服务可能会吸引原高档的客户。公司向低档市场延伸可能会激发竞争者将服务重心转移到高档市场，使公司的高档服务项目陷入被动。更为可怕的是，向下延伸还可能降低服务品牌的顾客认知价值，影响服务企业的形象与持续发展。

② 向上延伸。即原来定位于低档服务市场的服务企业，在服务线内增加高档服务项目。向上延伸同样存在风险：管理者和服务人员可能会因能力不足，不能很好地为高档市场服务；在低档市场上赢得的形象可能无法吸引高档市场的客户，竞争力不足等。

③ 双向延伸。即定位于中档服务市场的企业在获得中档市场优势后，同时向高、低档两个方向延伸，以增加销售额和扩大市场份额。

（4）服务包现代化。在某些市场条件下，虽然服务包的宽度、长度和深度都十分合适，但服务包在生产形式和服务理念上已全面落后于竞争对手或顾客期望，这时就必须与时俱进，引进新技术、新工艺，通过服务创新或技术改造适应新的竞争形势。

三、服务之花

近年来，一些学者提出在选择服务策略之前应进行服务整体统筹，即从整体的角度加以把握，力图从整体上提升服务质量或促进服务更新换代。通常认为一个完整的服务组合应当涵盖八项内容，即洛夫洛克提出的“服务之花”，如图 4－2 所示。

服务竞争已不再是单纯的核心服务竞争，而是服务的整体竞争。从图 4－2 中可

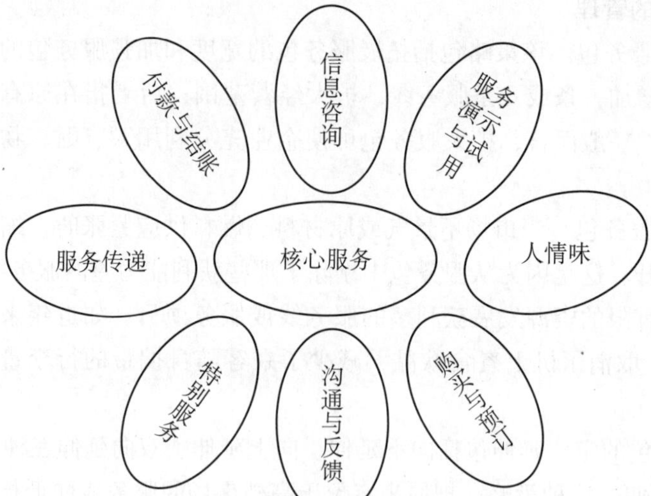

图4-2 “服务之花”示意图

以看出，核心服务与八个边缘服务之间相互依托，相互汲取力量。成功的服务整体统筹能使“花瓣”与“花心”相得益彰，并使八种边缘服务成为利润和感知质量的双重触发点。

“服务之花”的内容如下。

（1）信息咨询。一般情况下，顾客只有得到他们认为充分的服务信息后，才能在内心形成消费安全感，进而实施购买行为。比如，服务的特点、服务销售地的路线指示、服务的时间、服务价格等信息。

（2）服务演示与试用。大多数顾客希望在通过服务演示提前获知服务流程和服务效果后再去消费该服务。若无法做到这一点，他们希望通过低成本的部分或全部服务试用来确认服务品质。

（3）人情味。人情味指的是服务人员对顾客表示欢迎和关怀的行为。许多关怀行为，如雨天为顾客提供雨伞或热情地向老顾客打招呼，都会刺激顾客购买。

（4）购买与预订。在现代网络经济和信息技术环境下，让顾客轻松、快捷、准确地完成订购服务，尽可能少花时间和精力是提前带给顾客满意感的有效手段。

（5）付款与结账。服务是一种过程性的产品，包括售前与售后服务。如果服务企业认为服务售出后的付款和结账无关紧要，那就大错特错了。由于员工疏忽而使顾客拿到了错误的账单，顾客的不满可想而知。排队等候结账或结账时的不愉快同样影响服务效用。

（6）服务传递。服务传递主要是指服务网点的易进入性、服务环境的舒适性以及服务设施布局的高效性。有时，这些会被顾客看作是核心服务的重要组成部分，影响顾客满意度。

（7）沟通与反馈。在服务售出后主动与顾客沟通，并对顾客提出的问题做出及时反馈，对顾客满意度、忠诚度的提高以及服务关系的维持与发展大有裨益。

（8）特别服务。特别服务是处于常规服务传递过程之外的一组附加服务，或者个性化服务。比如，帮顾客照看孩子或宠物、送醉酒的顾客回家等。服务提供者应该对特别情况做出预测并制订可变通的应急计划和处理办法，以防顾客在寻求特殊帮助时员工不知如何应对。

以上八种服务构成了“服务之花”的八个“花瓣”。要想让“服务之花”更加灿烂，在服务整体统筹中必须贯彻这样的思维：这八种服务与核心服务是相互联系的，而不是彼此独立的。任何一项服务优势都会强化其他服务感受，而任何一项服务失误都可能使其他服务努力付诸东流。所以，用团队精神去塑造整体服务，把服务看作一个系统的工作是服务企业应该树立的态度，也是服务竞争力的源泉所在。

四、服务产品组合

菲利普·科特勒提出，产品组合又称产品花色品种配合，是指企业生产经营的全部产品的结构，包括企业提供给市场的全部产品线和产品项目。

一些服务营销学者在参考有形产品组合的基础上提出了服务产品组合的概念，即服务产品组合是服务企业提供给购买者的一组服务产品，这组产品包括所有的产品线和产品项目。因此，服务产品组合类似于有形产品组合，也具有宽度、长度、关联度等要素。表4－1展示了某酒店服务产品组合的宽度和长度。

表4－1　某酒店服务产品组合的宽度和长度

	服务产品组合宽度			
	客房服务	餐饮服务	会务服务	购物休闲
服务产品组合长度	单人间 标准间 双人间 套间 总统套房	中餐服务 西餐服务 风味食品服务 酒吧服务 咖啡厅	贸易展销会 化装舞会 宴会 冷餐会 鸡尾酒会	日用品商店 服装、箱包店 美容美发店 足疗店 卡拉OK 夜总会

1. 服务产品组合的宽度

服务产品组合的宽度指服务企业的服务产品线总数。服务产品线又称服务大类、服务产品系列，是指一组密切相关的服务产品项目。在表4－1中，客房服务、餐饮服务、会务服务、购物休闲均属于该酒店的服务产品线，也就是说，该企业服务产品组合的宽度为4。服务产品组合的宽度说明了服务企业的经营范围以及跨行业经营甚至实行多元化经营的程度。增加服务产品组合的宽度，可以充分发挥服务企业的特长，使企业的资源得到充分利用，获取范围经济效益。

2. 服务产品组合的长度

服务产品组合的长度指服务产品组合中各类服务产品线所包含的服务产品项目总数。在表4－1中，客房服务、餐饮服务、会务服务、购物休闲各条服务产品线包含的项目数分别为5、5、5、6，所以整个企业的服务产品组合长度为21。服务产品组合的长度是由企业战略目标决定的。服务产品组合的最佳长度并没有一个固定的标准，它因企业而异，因时而异。如果某一企业能够通过增加服务产品数获得销售额和利润提升，则说明其服务产品线太短，需要对服务产品组合的长度进行延伸；如果削减产品数能提高企业效益，则说明其服务产品线太长，需要精简。

3. 服务产品组合的相关策略

对于广义服务产品组合而言，类似于有形产品组合，也存在服务产品组合策略的选择。

（1）扩大服务产品组合策略。指对服务产品组合的宽度进行拓展，即增加产品线的数量。以表4－1为例，可以在酒店原有服务基础上增加票务服务及其他旅游代理项目，如酒店可以代售火车票、飞机票、旅游景点门票等。

（2）精简服务产品组合策略。指根据服务企业自身发展需要，对服务产品组合的宽度进行精简，即减少服务产品线的数量。以表4－1为例，如果会务服务这条线不赚钱或者为了削减成本，可以考虑去掉。

（3）向上延伸策略。指服务企业由中低档服务产品向高档服务产品延伸，进入高档服务产品市场。一般来讲，向上延伸可以有效地提升服务品牌资产价值，改善服务品牌形象。此种策略适合一些原来定位于中低档服务市场的服务产品。如某连锁超市升级为大卖场或者建购物中心。

（4）向下延伸策略。指企业基于高档品牌推出中低档服务产品，通过品牌向下延伸扩大市场占有率。一般来讲，采用向下延伸策略的企业可能是因为中低档服务产品市场存在空隙，销售和利润空间较为可观；也可能是在高档产品市场受到冲击，企图通过拓展低档服务产品市场来反击竞争对手；或者是为了填补自身服务产品线的空白，防止竞争对手的攻击性行为。例如，格林豪泰酒店集团就采用向下延伸策略，以二、三线城市为重点目标，大力拓展经济型酒店，获得了可观的经济效益。上海联华集团投资发展联华便利店，覆盖便利店市场，也属于向下延伸的范例。

（5）双向延伸策略。指同时向上向下延伸，服务产品原来定位于中档品牌，随着市场的发展，企业对服务产品做上下两个方向的延伸，以求最大限度覆盖目标市场。比如，电信企业、金融服务企业通常是一边着力开发高端VIP客户，一边大力拓展农村乡镇市场，采用不同的营销组合策略，追求市场份额的最大化。

五、新服务开发

由于服务产品同样存在生命周期，而且由于消费者服务需求的变化和服务企业参与市场竞争的需要，服务企业必须不断开发新服务，才能有效满足市场的新需要，赢得顾客的青睐，并创建市场竞争优势与活力。

1. 新服务的特点

市场竞争的激烈性与顾客的期望在所有服务行业都与日俱增。因此，服务企业要想获得成功，不但要很好地向顾客提供现有的服务，还要不断开发新的服务。对于服务提供商来讲，可以采用多种不同的方式方法进行服务创新，从简单的服务风格变化到主体服务的颠覆性创新。新服务体现出以下几个方面的特点。

（1）服务风格变化。这是一种最简单的创新方式，通常不会涉及流程或服务表现的变化。然而，风格变化的影响通常是非常明显的，创造新鲜感能有效激发顾客兴趣，甚至能调动员工积极性。例如，重新装修零售店面、重新设计企业网站，或为员工配备新的工作服。

（2）服务质量改进。这是最普遍的服务创新方式，主要是对现有产品进行轻微调整，包括对于核心产品或者现有附加服务的改进。这通常是小事，但是顾客可以体会到。

（3）附加服务创新。这指的是为现有核心产品增加新的支撑性或增强性的服务要素，或大幅革新现有的附加服务。低技术含量的创新较为简单，如零售店增加一个停车场或开始接受一种新的支付方式。

（4）流程线延伸。它通常代表了一种新的服务传递过程。这种延伸的目的是增加便利性，为现有顾客提供一种不同的服务体验，同时也可吸引那些对原有服务不感兴趣的新顾客。

（5）主要流程创新。主要是指使用新的服务流程，通过能提供额外收益的新模式来提供现有的核心服务，使服务流程更简洁、更高效、更经济。

（6）主体服务创新。这类创新是针对之前尚未确定的市场而创造全新的核心产品，通常包括新的服务特征和崭新的服务流程。企业进行主体服务创新相对来说比较少，更普遍的是运用新技术以崭新的方式向顾客提供现有的服务，增强或者创造新的附加服务，并且通过对服务流程的重新设计提高现有的服务表现。

2. 新服务开发的意义

没有创新，企业就没有发展。新服务开发是服务企业实现差异化营销策略的根本途径。因此，服务企业开发新服务势在必行，其主要意义如下。

（1）保持市场竞争力的需要。维持现有销售成果以及获得足够资金，以适应市场变动的需要。

（2）在服务组合中以旧换新，及时取代已经不合时宜且营业额锐减的服务。

（3）利用闲置的服务生产能力。如多余的剧院座位或体育中心未充分利用的健身设施等，引入新服务可以创造优势利益。

（4）抵消季节性波动的影响。许多服务业存在季节性销售波动，新服务的引入有助于消除销售上的季节性波动。

（5）降低风险。企业的销售形态可能高度依赖于极少数的服务，新服务的引入可以平衡目前失衡的服务销售形态。

（6）创造新机会。新服务的规划和开发对服务企业而言是重要的发展问题，它不仅需要企业建立一个防卫性的竞争地位，而且要向顾客提供搭配均衡的创新服务类别。

虽然目前新服务开发问题还没有引起大多数服务企业的足够重视，更没有建立起正规的新服务开发部门，但随着服务业的不断发展，市场竞争日趋激烈，服务企业要想取得成功，绝不能太过依靠现有服务，必须开发新服务。

3. 新服务开发的方式及策略

服务企业要想在激烈的市场竞争中生存和发展，必须不断地拓展新服务，以适应不断变化的市场需求和参与激烈的服务市场竞争。例如，海尔、苏宁等投入电子商务，万达投身文化产业，爱奇艺自制生态圈等，如今各行各业的精英都在服务市场寻找新的突破口，寻找尚未充分开发的“蓝海”。

根据新产品理论，新服务开发或服务创新包括多种方式及策略。

（1）完全创新的服务，即采用全新的方法来满足顾客的服务需求，给他们更多的选择。采用这种方式回报会很高，但风险较大，企业需慎重采用。如太空旅行项目。

（2）进入新市场的服务，即一些已有的成熟服务项目进入新的市场销售。

（3）服务扩展，即增加现有服务的品种、内容。如某商业技能培训学校增设一个新的培训班，美容店增加美甲、美睫项目，餐饮店增加配送、外卖服务，等等。这种方式投资较少，技术和营销方式已经具备，但创新效果不会很突出。

（4）服务改善，即用新技术、新工艺对现有服务的功能进行改进和提高，它实质上是对服务核心层以外的服务进行改善，以调整产品的期望价值，增加服务的附加价值。

（5）风格变化，即对现有服务的特征进行改进，如重新装修服务场所、对原有网站进行改版、改变原有的分销及配送方式等。

（6）辅助服务创新，即为核心服务增加新的增值型的辅助服务，或者显著提升现有辅助服务水平。这种创新不需要太多科技含量，因此较为简单，如在店面附近增加停车位，或者引入在线支付、酒店延时退房等。

（7）交付渠道拓展，即在服务不变的情况下使用新的交付方式，从而为顾客提供更多便利和不同体验，通常是增加低接触度的交付方式。如加油站增加自动、自助服务选项，让顾客可以通过 App 自主充值、支付，享受便利的在线服务等。

（8）重大模式创新，即用新流程、新模式交付现有的核心服务产品，并带来额外的优势。例如，金融科技、机器人顾问、远程诊疗、在线课程、网络教育等正在通过尖端科技、互联网和智能设备颠覆原有产业和行业规则。

实践中，服务企业应根据企业经营状况、市场竞争需求及资源优势，与时俱进进行服务产品及服务策略的创新，以增强竞争力。

例 4－2

亚朵酒店：以“阅读”+“摄影”打造特色主题酒店环境

亚朵酒店主要客户群的年龄集中在 35 岁左右，他们大多为中等收入群体，为生活、为事业忙忙碌碌，奋力打拼，经常出差，生活工作节奏快，压力大，内心向往和追求有品质的生活，也有较强的消费能力。

随着我国经济的飞速发展，中等收入群体的队伍在不断壮大，已成为一个庞大的群体，他们尝试通过各种方式来彰显自己的与众不同。早期是炫耀式的奢侈品消费，从名贵首饰、箱包到豪车，但这些商品正在逐渐失去标榜身份的功能。今天能区分社会地位的变成了“谈资”，也就是人们身上沉淀的文化资本。基于此，亚朵酒店着力打造属于这个群体的第四空间——“在路上”，这也是继星巴克提出“第三空间”（第一空间指家、第二空间指办公室、第三空间即星巴克）的再次延伸，将亚朵酒店打造成人们在旅途中的伙伴、第四空间。采用跨界思维，除将顾客的睡觉、洗澡、上网三大核心需求做到极致以外，融入了阅读和摄影两大文化主题，精心设计顾客的人文生活体验。

每个亚朵酒店都有一个超大的阅读会友书吧，名为“竹居”，提供 24 小时借阅服务。在亚朵酒店的大堂中，顾客也能随手在一面书墙上或书柜中拿起一本感兴趣的读物，可免押金借阅。为了让顾客有完整的阅读体验，亚朵酒店提供异地还书服务。“书”式体验融入亚朵，让顾客的心多了几分宁静与思考。

摄影是亚朵酒店的另一大文化主题。具有“属地文化”的摄影作品展示在亚朵酒店的每一个角落。顾客在每一个城市的亚朵，都能通过摄影作品开启一段不同的历史。入住亚朵酒店，你能免费品尝到送到房间的美食，随食物还会附送一张小卡片，卡片上介绍了美食的制作方法和功效。一杯羹、一张卡片正是亚朵酒店追求生活品质、认真对待生活、认真体验生活的态度，这也正是吸引顾客，让顾客产生思考的一种生活方式。

因此，亚朵酒店提供的不仅是一个可休憩的场所，更是一个可学习、可社交、可放松心境的有温度有颜色的空间。与大部分酒店不同的是，亚朵酒店提供给顾客的不仅是外在的产品和服务，更重要的是内在的体验。所以当目标群体遇上亚朵酒店时，神奇地产生了情感的共鸣和归属感，亚朵成功地引发了顾客对生活方式的思考。

资料来源：李巍．服务营销管理：聚焦服务价值．北京：机械工业出版社，2019.

4. 新服务开发的流程

与有形产品的开发一样，新服务的开发也要遵循科学合理的流程。一个新服务（这里指完全创新的服务）从构思到进入市场，大体要经历七个阶段，如图4－3所示。

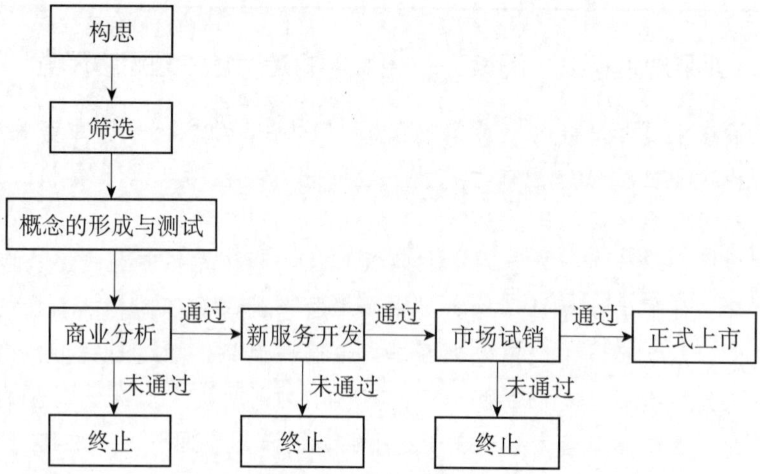

图4－3　新服务开发的流程

资料来源：黎开莉，魏锦．服务市场营销．2版．大连：东北财经大学出版社，2015.

（1）构思。指的是对未来新服务的基本设想，它是新服务开发的基础和起点。这些设想可能通过企业内部也可能通过企业外部获得，既可以通过正规的市场调研渠道也可以借助非正式的渠道获得。从外部看，顾客、竞争对手、科研机构、大学和海外企业的经验等都是企业获得灵感的主要来源；从内部看，企业研究人员和市场营销主管是主要的创意来源。

（2）筛选。指的是对所获得的产品构思进行筛选，考虑企业自身的资源、技术和管理水平等因素。有些构思也许并不一定能付诸实施，通过筛选可以较早地放弃那些不切实际的构思。筛选过程主要包括两个步骤：首先，建立标准以比较各个不同的构思；然后，确定标准中不同要素的权数，再根据企业的实际情况打分。

（3）概念的形成与测试。经过筛选之后的构思要转变成具体的服务产品概念，它包括概念形成和概念测试两个步骤。在概念形成阶段，主要是将服务的构思转换成服务概念，并从职能和目标的角度界定未来的服务内涵。然后是概念测试阶段，其目的是测定目标顾客对服务概念的看法和反应。

（4）商业分析。也就是经济效益的可行性分析，即了解这种服务概念在商业领域的吸引力及其成功和失败的可能性。具体的商业分析包括很多内容，如推广该服务所需的人员和额外的物质资源、销售预测、成本和利润预算、顾客对该创新服务的看法以及竞争者的可能反应。

（5）新服务开发。这个阶段意味着企业要增加对该项目的投资，招聘和培训相关人员，购买各种服务设施，建立有效的沟通运作系统。此外，还要建立和测试新服务的有形要素。

（6）市场试销。在新产品研制出来之后通常要经过市场试销，以检验市场反应。因为顾客对产品的设想与实际产品的评价可能会存在偏差。由于服务的无形性特征，服务企业并无实体产品可供测试，因此，更需要通过实际的服务试销检验新服务产品的优劣。

（7）正式上市。新服务通过了市场试销测试后，服务企业开始正式推广。新服务业务的经营应选择适当的规模，同时企业在新服务上市以前必须做出定位决策，即确定适当的时间和地点，采用适当的推广方式，向适当的顾客推广其新服务。

第 2 节　服务品牌

随着社会经济的发展和消费者素质的提高，人们的品牌意识普遍增强。服务品牌的建立有助于推广服务新产品、建立顾客偏好和培养顾客忠诚、确立服务企业的市场竞争优势，因此，不少服务企业都着力于服务品牌的塑造。

例 4－3

中国移动的“三驾马车”

中国移动通信共有“全球通”“动感地带”“神州行”三大个人客户品牌，其中“全球通”主要针对高端商务人士设计，“动感地带”主要针对喜欢新潮的年轻一代设计，“神州行”主要为喜好经济实惠的普通百姓设计。

当“全球通”的资费超出低端客户的心理上限时，“神州行”应运而生；当眼花缭乱的移动新业务层出不穷时，“动感地带”精彩亮相。以品牌战略统领企业的所有经营行为，是企业保持市场领先、巩固主导地位的必然选择。中国移动在细分市场的基础上对强势品牌进行整合，开发出面向中低端客户的“神州行”，让这些客户从“全球通”的品牌中自然剥离，从而主动维护了“全球通”的高端定位，突出了其“专家品质，值得信赖”的卓越气质，使产品的溢价能力并没有随价格的变动而降低。

如果说“全球通”“神州行”是按照业务类别进行的品牌划分，那么“动感地带”则是以客户诉求点为依据开发的新服务品牌。具体来说，“全球通”突出了国际漫游、网络优越、服务到位、业务齐全并有丰厚的积分回报等诸多特点，其麾下聚集了相对稳定、忠诚度较高的社会精英群体，他们伴随着中国移动一起走向成功。

“神州行”面世的直接原因是受到了来自竞争者的冲击和挑战。免入网费、免入网手续、免月租费的“三免”政策确实达到了让客户省钱、省事、省心的“三省”效果。根据客户需要，“神州行”还可以提供多个亲情号码的通话优惠，在中低端市场上迅速打开了局面。“神州行”与“全球通”高低搭配、相互呼应，对于中国移动巩固市场份额、扩大客户规模贡献卓著。

“动感地带”的推出则标志着中国移动的品牌战略向纵深拓展，它糅合了最时尚的增值业务，以更为超值的功能组合直指 15 ～ 25 岁的年轻一代用户。一句“我的地盘我做主”赋予了“动感地带”时尚个性的品牌形象，受到了青少年客户的青睐。

思考：怎样理解中国移动的品牌组合设计？

一、品牌的概念

品牌是整体产品的一个重要组成部分。根据美国市场营销协会的定义，品牌是一个名称、术语、符号或图案设计，或者是它们的不同组合，用以识别某个或某群出售者的产品或劳务，使之与竞争对手的产品和劳务相区别。

其实，品牌并不只是一个名称或象征，品牌表达了消费者对一个产品或一项服务及其性能、特征的认知和感受，表达了这个产品或服务在消费者心目中的意义。最终，品牌存在于消费者头脑中。因此，建立强势品牌的价值在于获得消费者的偏好和忠诚。

知识延伸

品牌是什么

中国画里的山水是实，云是虚，没有虚的缥缈就无法衬托实的灵性。

产品是实，品牌是虚。只有实没有虚，产品卖不好。产品好不一定卖得好，产品不好不一定就卖得不好。产品与产品之间日趋同质化，但贴上品牌的标签，命运就截然不同了。

品牌在运作时是理性的，品牌所产生的效应却是感性的。

品牌其实就是一种感觉，就像音乐和风，看似无形，却又实实在在地存在着。

——叶茂中营销策划机构

思考：你认为品牌是什么？请举例说明。

其实，品牌是高质量发展的重要象征，品牌强国是经济强国的重要途径，品牌建设是满足人民群众美好生活需要的重要方式。应该积极推动我国企业实施品牌战略，扎实开展品牌建设行动，融入中华优秀文化元素，打造中国百年老店品牌，形成中国特色品牌营销解决方案，为世界贡献中国营销智慧。

二、服务品牌的要素构成

服务品牌是服务提供者向购买者长期提供的一组特定的利益和服务。从一个品牌能辨别出服务提供者，最好的品牌传达了质量的保证。换句话说，服务品牌顾名思义就是服务企业或服务产品的品牌名称和标志，它代表着该服务企业或服务产品的特征以及与竞争性的服务企业或服务产品的区别。

1. 品牌名称

品牌名称是指服务品牌中可以用语言称呼的部分，它是品牌构成的基础，通常由字词和图像构成，如迪士尼、招商银行、中国国际航空等。好的品牌名称应易于发音、容易识记，同时与服务产品有清晰的内在关联。

2. 品牌标志

品牌标志是服务品牌中可以被顾客识别，但无法用语言表达的部分，即品牌中的字样、颜色、符号、图形或其他独特的视觉设计。品牌标志是品牌的“视觉语言”，它能帮助顾客分辨和识别。品牌标志应该有特色、有个性、醒目且便于区别。

3. 品牌联想

品牌联想是指顾客根据服务品牌的名称和标志联想到的特定功能、属性和利益。服务品牌联想帮助服务企业构建品牌与特定功能及情感利益之间的关联，通过将品牌与特定属性进行关联，强化服务品牌在目标顾客心目中的形象。例如，当提及顺丰速运或顺丰的标志时，顾客便会联想到顺丰高效、便捷的快递服务。

4. 品牌情感

顾客在服务品牌的认知过程中会将品牌利益认知转化为一定的情感认同。同时，顾客在服务消费过程中会将服务的功能利益转化为特定的情感属性。服务品牌联想更多地与服务的客观属性、效用和利益相联系，而品牌的情感属性则主要与顾客的主观感知、评判与偏好相关联。

5. 品牌个性

品牌个性强调本品牌与其他品牌的特色与区别。品牌的个性形象越突出，顾客对该品牌的认知越深刻，该品牌越可能在市场竞争中占据有利的位置，因此，服务企业在品牌传播与品牌塑造时，不仅要强调品牌自身所具有的功能、利益或情感特性，还应着力赋予服务品牌以鲜明的个性形象（外在形象与品牌价值主张），以增强服务品牌的吸引力。

三、服务品牌的价值

正如调研专家伊丽莎白·纳尔逊（Elizabeth Nelson）所说的那样：品牌像一扇

玻璃门，通过这扇门消费者可以感觉到公司的真正价值。一如那些世界著名服装品牌，它们均代表一定的属性，或高贵，或典雅，或前卫，或古典。当这些品牌的时装被顾客拥有时，顾客感觉他们也同时拥有了品牌背后所隐含的东西，他们自己也因此而变得或高贵，或典雅，或前卫，或古典。这就是品牌的价值。

许晖认为，服务品牌是顾客对服务有形部分的感知与服务过程体验的总和，是企业对顾客提供一致性服务的承诺。品牌服务提供给顾客的品牌承诺是无品牌服务所不具备的，顾客是愿意为品牌服务支付溢价的。因此，服务品牌建设也是服务企业发展的必由之路。

服务品牌对于服务企业的价值主要体现在：

（1）服务品牌能起到展示服务概念、质量和价值的作用。服务的提供与否、服务质量的高低以及服务价值的大小都将影响顾客对现有品牌的认知。因此，服务企业需要不断创造服务并提高服务质量，以提升企业的品牌形象。

（2）服务对于品牌策略具有影响。虽然良好的品牌形象能帮助服务企业创造新顾客，但当顾客实际享受到的服务与公司最初的承诺不相符时，顾客的经历将使他对公司持否定态度，从而使借助品牌策略打开的大门重新关闭。

（3）强势品牌给企业带来市场优势。品牌是一种工具、一种展示形式，它对管理得当的服务企业帮助最大。品牌能突出企业所提供的与众不同但对顾客来说至关重要的服务，从而确立企业的市场优势。实践证明，强有力的服务品牌有助于顾客认识、理解、信任服务提供；而对于难以评估的服务，品牌减少了顾客购买时在经济、社会和安全方面的顾虑。

知识延伸

服务品牌建设的意义

对于服务提供者：

- 有助于促进服务销售，占领市场；
- 有助于获得溢价，稳定价格；
- 有助于市场细分，市场定位；
- 有助于新服务开发，节约成本；
- 有助于抵御竞争者的攻击，保持优势。

对于服务消费者：

- 有助于辨认、识别及选购服务；
- 有助于维护自身的利益；
- 有助于享受便利的服务；
- 有助于避免购买风险；
- 有助于形成品牌偏好，满足精神需求。

思考：你认为服务品牌建设还有什么意义？

四、服务的品牌效应

品牌效应是指产品或企业创造的品牌所产生的经济或社会等方面的影响。从社会角度讲，品牌可以提高企业的声誉，增强自信心和自豪感。从经济角度讲，品牌效应是其因满足社会需要而获得的经济效果，是品牌的信誉、声望产生的影响力。

（1）磁石效应。服务企业所创造的优势品牌具有很高的知名度、美誉度，必然会在现有顾客的心目中建立起较高的品牌忠诚度，使他们对该服务反复购买并形成习惯，不容易再转向竞争对手。服务品牌如磁石一般吸住顾客，并使之成为企业的忠实顾客。此外，使用同类服务的其他顾客也会被品牌的名声、信誉所吸引，转而购买该服务。总之，品牌对顾客的强大吸引力会使服务销量增加，市场覆盖率扩大，市场占有率提高，最终使该服务企业的地位更加稳固。

（2）扩散效应。服务企业的某种服务如果具有品牌优势而成为招牌服务，则会赢得顾客及社会对该服务及企业的信任和好感。如果企业通过巧妙的宣传，将这种信任和好感提升到品牌或企业整体层面，就可以充分利用这种宝贵的无形资源推出同品牌的其他服务或进入其他领域经营。如果策略得当，就能利用服务品牌的扩散效应，将人们对该品牌原有的信任和好感逐步延伸到新的服务上，以有效实现服务品牌的延伸。

（3）聚合效应。知名品牌不仅可以使企业获得较高的经济效益，而且是企业不断发展壮大的动力源泉。随着企业实力增强、品牌影响力提高，就可以将许多提供相关业务的供应商牢牢地聚合在本企业周围，建立稳固的合作伙伴关系；也可以通过入股、兼并、收购等方式控制其他企业；同时，在竞争中失败的中小企业也会转而依附于名牌企业，促进企业的集团化成长。

（4）时尚效应。在特定的时期，由于某种品牌服务知名度很高，美誉度很好，顾客争相购买和消费，内心觉得消费这种品牌服务很新潮、时髦，因此不但自己购买和消费，还会劝告别的顾客购买和消费，并向其述说该服务品牌的好处、消费感受。为了跟风追随大众消费，其他顾客也前来消费，形成了一种消费趋势和时尚，结果是提高了服务企业及其品牌的社会认同度、信任度和市场吸引力、影响力。

知识延伸

品牌资产

品牌资产（brand equity）一词于20世纪80年代被广泛使用。营销大师大卫·艾克（David Aaker）的定义如下：品牌资产是这样一种资产，它能够为企业和顾客提供超出产品或服务本身利益的价值；同时品牌资产又是与某一特定的品牌紧密联系的；如果品牌文字、图形做了改变，则附属于品牌之上的财产将会部分或全部丧失。品牌资产不是一个空泛的概念，而是由诸多因素决定和反映的。大卫·艾克的品牌资产理论认为，构成品牌资产的重要因素有品牌知名度、品牌认知度、品牌忠诚度、品牌联想和其他资产（如专利、商标和渠道关系），如图4-4所示。

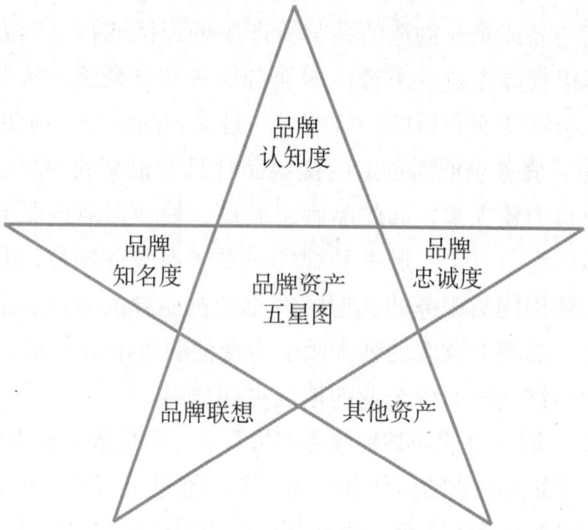

图4-4　品牌资产五星图

品牌资产给企业带来的附加利益，归根结底来源于品牌对消费者的吸引力和感召力。品牌资产实质上反映的是品牌与顾客（包括潜在顾客）之间的某种关系，或者说是一种承诺。

全球知名品牌咨询公司Interbrand发布了2023年全球最具价值品牌100强排行榜，苹果以5 026.80亿美元的品牌价值位居榜首，进入前十名的还有微软、亚马逊、谷歌、三星电子、丰田汽车、梅赛德斯-奔驰、可口可乐、耐克和宝马。其中科技、金融、商业、汽车等服务品牌占据一半以上席位，品牌价值增长势头强劲。2023年全球最具价值品牌排行榜（前20名）如表4-2所示。

表4-2　2023年全球最具价值品牌（前20名）

排名	品牌名称	国家	行业	品牌价值（亿美元）	品牌价值增长率（%）
1	苹果（Apple）	美国	科技	5 026.80	4
2	微软（Microsoft）	美国	科技	3 166.59	14
3	亚马逊（Amazon）	美国	零售	2 769.29	1
4	谷歌（Google）	美国	科技	2 602.60	3
5	三星电子（Samsung）	韩国	科技	914.07	4
6	丰田汽车（Toyota）	日本	汽车	645.04	8
7	梅赛德斯-奔驰（Mercedes-Benz）	德国	汽车	614.14	9

续表

排名	品牌名称	国家	行业	品牌价值（亿美元）	品牌价值增长率（%）
8	可口可乐（Coca-Cola）	美国	饮料	580.46	1
9	耐克（Nike）	美国	体育产品	537.73	7
10	宝马（BMW）	德国	汽车	511.57	10
11	麦当劳（McDonald）	美国	餐饮	509.99	5
12	特斯拉（Tesla）	美国	汽车	499.37	4
13	迪士尼（Disney）	美国	媒体	482.58	-4
14	路易威登（Louis Vuitton）	法国	奢侈品	465.43	5
15	思科（Cisco）	美国	科技	433.45	5
16	Instagram	美国	科技	393.42	8
17	Adobe	美国	科技	349.91	14
18	IBM	美国	商业服务	349.21	2
19	甲骨文（Oracle）	美国	科技	346.22	—
20	SAP	德国	科技	330.78	5

思考： 在全球排名前20的品牌中，哪些属于服务品牌？其价值增长态势如何？

五、服务品牌文化

品牌文化包括两类要素，一类是展现在顾客面前的看得见、摸得着的一些表层要素，如品牌名称、品牌标志等；另一类是品牌表层要素中蕴涵的该品牌独特的内层要素，如品牌的利益认知、情感属性、文化传统和个性形象等。因此，服务品牌是服务形象和服务文化的象征，一个具有丰富文化内涵的服务品牌具有持久的生命力。

品牌文化的表层要素主要包括：

（1）品牌名称。品牌名称是品牌中可以读出来的部分，是形成品牌概念的基础。

（2）品牌标志。品牌标志是品牌中可以被识别，但不能用语言表达出来的部分，也可以说是品牌中的图形记号，常常表现为某种符号、图案或其他独特的设计。

品牌标志能引发品牌联想，是品牌文化的集中体现。品牌标志的形象能使顾客产生喜爱的感觉，进而萌发情感联系，使顾客成为品牌的忠实使用者。例如，迪士尼富有冒险精神、正直诚实、充满童真的米老鼠不仅得到了儿童的喜爱，也是许多成年人喜欢的对象；华为的太阳花、腾讯的企鹅都会给人美好亲切的联想。

品牌标志是品牌的视觉语言。它能使顾客马上识别出该品牌，使顾客成为品牌的忠实用户，并在顾客头脑中留下深刻的印象。

品牌文化的内层要素包括：

（1）品牌利益认知。品牌利益认知是指顾客认识到某品牌产品的功能特征所带来的利益，它是品牌认知的一部分。品牌通过利益认知向顾客传递了产品能满足一定的需求并在某方面具有较强满足能力的价值信息。

（2）品牌情感属性。顾客在对品牌的认知过程中，会将品牌的利益认知转化为一定的情感上的认知。顾客在购买产品的功能利益时，也在购买产品带来的情感属性。例如，麦当劳的质量和服务可转化为“在这里感觉到受人尊重、舒适以及开心”。

（3）品牌文化传统。品牌的背后是文化，品牌代表了一种文化传统。文化传统有时会成为品牌的强大力量源泉，品牌因而有更持久的生命力和市场优势。比如，孔府家酒的广告词“孔府家酒，让人想家”就因击中了中国传统的“家”文化，引发了消费者的共鸣。

（4）品牌个性形象。品牌具有一定的个性形象，因此，对品牌的宣传还应说出其独特之处，以树立品牌鲜明的个性形象。个性形象更强调品牌与其他品牌的区分，无论顾客是否看到该品牌的标志和文字，都能意识到该品牌所代表的利益和价值主张。品牌的个性形象越突出，顾客对品牌的认知越深刻，该品牌在市场上的优势就越明显。否则顾客对品牌的认知就会比较肤浅，难以形成深刻、难忘的印象。

例4-4

从“双种子”到“真功夫”

中式快餐“真功夫”原名“双种子”，是广东东莞长安镇的一家餐饮企业，以做中式快餐为主。它的做法是将所有的主料、配料都准备好，需要时蒸3～5分钟就可以食用了。这种做法发扬了粤菜喜蒸的特点，很好地保留了营养，而且卫生、快捷，适合连锁经营。

“双种子”有这么好的做法，这么美味营养的快餐，可是生意就是不好，在东莞开的几家连锁店很不景气，面临倒闭，这让创始人想不通。不就是名字有点土嘛，于是他到北京找到当时炙手可热的营销策划人叶茂中支招。叶茂中先将店名“双种子”改为“真功夫”，取谐音“蒸功夫”，突出产品特点，开展连锁经营；又绘制了一个中国功夫人的形象作为品牌标志，便于传播、识别且暗示真的有功夫。此标志让人产生功夫联想，印象深刻，也增加了顾客的亲近感和认同感。“真功夫”凭借这一策划得以快速扩张，连锁门店开到国内外很多地方，生意非常火爆。

叶茂中的解释是：“真功夫”傍上功夫文化，就会给消费者一种历史的错觉，甚至让消费者自觉地将他们对中国功夫人的感情投射到这个餐饮品牌上来。

"真功夫"做的是中式快餐，傍上功夫文化，从某种意义上透露出企业的野心，即通过"真功夫"打造全球华人餐饮品牌。

《北大商业评论》说："真功夫"巧傍了中国的功夫文化，强化了消费者的品牌认知和认同，体现了策划功力。

思考：你怎么评价这一策划？

六、服务品牌的管理策略

1. 服务品牌的定位

品牌定位是指确定品牌属性、功能、顾客利益及其市场位置。进行品牌定位的基本原则就是与企业的市场定位相符合，在市场定位的基础上赋予品牌核心理念。品牌的定位并不是宣传产品或服务本身，而是挖掘出包容或覆盖其产品与服务的理念和价值主张。比如，香格里拉代表美好的世外桃源，希尔顿代表家的感觉，这种核心理念往往代表了品牌赋予顾客的核心利益点，并能引起顾客的共鸣。同时还应该注意塑造品牌形象，使品牌人性化。例如，如家酒店定位于一般商务、居家旅行的经济型酒店，这种品牌定位使之与豪华星级酒店和招待所区别开来，迎合了特定消费者的需求。

例 4－5

星巴克的品牌定位

星巴克从一家小小的咖啡豆零售店成长为一家大型国际咖啡连锁店的历程得益于其准确的市场定位。星巴克将自己定位为独立于家庭、工作地点以外的"第三空间"，它的目标市场是注重享受、休闲、崇尚知识的富有小资情调的城市白领。同是"第三空间"的概念，星巴克在海外和中国的定位有着很大的不同。在海外，星巴克"第三空间"概念的落脚点是"您的邻居"——是家庭客厅的延伸、价廉物美的社交场所、工作和家庭之外的第三个最佳去处，而绝非白领阶层的专属。在西装革履的金融区，在普通的社区，都可以看到它的踪影。而在中国，星巴克的目的是为人们提供一个风格清新的时尚社交场所。在星巴克，人们在购买咖啡的同时，也买到了一种体验、一种生活方式。

2. 服务品牌的命名

品牌名称是品牌中可以用语言文字表达、可以读出来的部分。一个好的品牌首先要有一个好的名称，才能被消费者接受和喜欢，才利于传播并形成品牌效应。菲利普·科特勒在其《营销管理》一书中指出，一个好的品牌名称应该具备如下特点：

- 表明产品的功能或特征。
- 易于发音、识别和记忆。
- 独特、鲜明并便于扩展。
- 易于翻译。
- 能够注册并得到法律保护。

根据国内外的相关研究，结合我国服务企业的经营特点，本书认为好的服务品牌名称有如下基本特征：

- 独特性。如通信品牌动感地带、全球通等。
- 朗朗上口。如家居连锁企业宜家、红星美凯龙等。
- 简单易记忆。如蛋糕连锁店好利来、味多美等。
- 美好联想。如餐饮企业必胜客、肯德基、常湘聚、川国演义，商业银行民生银行，保险企业平安保险等。
- 不触碰习俗法规禁忌。如但凡涉及当地风俗习惯、宗教文化、民族禁忌、封建迷信、色情暴力以及不正当竞争的品牌名称皆不应使用。

3. 服务品牌的传播

营销的核心在于定位与传播，传播是塑造品牌和产生品牌效应的关键环节。

首先要使用整合营销传播的工具和方法提高品牌的知名度。通常的做法是进行媒体分析，了解哪些媒体能最有效地传递信息给顾客，然后用同一个声音说话，与顾客加强沟通。如果有一个好的品牌广告语，就可以帮助树立服务品牌形象，成为影响大众的力量。例如，动感地带，“我的地盘我做主”；麦当劳，“我就喜欢”；中国移动，“我能”；等等。

4. 其他服务品牌管理策略

- 服务品牌改造。一个服务品牌经历了一定的发展后，可能面临改造的问题。品牌改造通过市场营销创新、技术创新、管理创新等手段进行，如改变视觉形象广告，推出新服务，赋予新价值等，使品牌保持新的活力。一些具有悠久历史的服务企业往往容易忽视这一点。
- 服务品牌的危机处理。如果企业与顾客发生纠纷，应该按照危机管理程序冷静处理，尽可能化解危机，重塑服务品牌形象。如果品牌在顾客心目中的形象已经无法挽回，或者处理危机的成本超过新建品牌的投资，企业就应该采用品牌放弃策略，建立新的品牌。
- 其他相关管理策略。例如，注重服务的个性化、特色化；利用“名人效应”提升品牌；积极参与服务机构的评级、评奖；主动参与服务行业的估价、排名；注重服务品牌的视觉形象塑造与媒介推广。

基本概念

服务产品　服务包　服务品牌　品牌定位　品牌资产

简答题

1. 新服务开发包括哪些主要的流程？
2. 服务品牌包括哪些构成要素？
3. 服务品牌会带来哪些经济效应和社会效应？

论述题

1. 树立服务产品整体概念对于服务企业经营有什么现实意义？
2. 你更赞同哪种新服务开发的方式及策略？为什么？

案例分析

携程旅行网的服务组合扩展策略

携程旅行网是 1999 年初成立的一家高科技旅游服务公司。总部设在上海，在北京、广州、深圳、香港设有分公司，并在全国几十个大中城市设有分支机构，是国内最大的旅游电子商务网站。携程从酒店、机票预订起家，业务拓展到旅游服务、会展服务等泛旅游服务领域。主要业务包括：

（1）酒店预订。与携程旅行网合作的酒店在其网站上可一览无余，客户可在网上查看酒店的介绍、图片、价格以及用户评价，并且可进行详细的比较；预订入住之后客户可在预订页面对自己所住的酒店进行评价，从而实现信息互动。携程旅行网还推出了酒店实景视频，客户在网上可“亲临”房间。

（2）机票预订。携程旅行网已与国内三大航空集团以及主要航空公司和机票代理商建立了良好的合作关系，并建有全国统一的预订服务中心，提供国际、国内所有航线的机票预订服务，并在北京、上海、广州、深圳等 35 个城市开展了送票上门服务。同时，携程旅行网还提供火车票、汽车票、船票预订以及专车、租车等交通服务。

（3）休闲度假安排。携程旅行网为客户提供了可以从全国各地出发的各种国内外独家旅游产品，可以按客户的需求设计行程、安排旅馆、组织会议等。携程旅行网还为客户提供优惠门票、目的地攻略、邮轮旅行、定制旅行等业务。近几年，携程旅行网还拓展了会议、婚庆等会展服务项目，为一些行业机构代理办会业务，为一些个人代理婚庆服务。特约客户可通过奖励升级与直接购买方式获取携程 VIP 卡，持有该卡的客户可在北京、上海、广州等全国十大城市的 3 000 多家特约商户享受

7～9折的优惠，内容涵盖餐饮、健身、购物、生活等多个方面。

（4）旅游咨询服务。①目的地攻略：携程旅行网的目的地攻略栏目涵盖了中国及世界的知名旅游景点，提供包括餐饮、交通、住宿、天气等多方面的实用信息。②社区：社区频道深受网民欢迎，携程社区为旅游者提供了交流和获取信息的场所，这里有许多兼具趣味性和实用性的栏目，如“结伴同游”“有问必答”等。携程俱乐部在一些主要城市与当地一些著名的户外活动或体育俱乐部合作，推出特色旅行活动。③《携程走中国》：携程旅行网还根据网民的需要推出了一套专业纸质旅游丛书《携程走中国》，书中涵盖了全国所有省、市、自治区的知名景区景点，还收录了众多携程专家和网友的亲身经历，为旅游者出谋划策。

讨论：怎样评价携程旅行网的服务组合扩展策略？

实训练习

1. 描绘你所熟悉的某服务企业的服务产品组合图，试说明其在市场竞争中的定位、有效性并分析其优势和劣势。

2. 设想并绘制某新服务开发流程图，并制订一套完整的新服务推广方案。

即测即评

扫描二维码可在线自测并查看答案。

第5章 服务定价策略

| 本章要点 |

- 了解服务定价的特殊性及特点
- 了解影响服务定价的因素
- 掌握三种导向的服务定价方法
- 掌握服务定价的应用策略

价格要素是所有营销要素中最为敏感的，因为绝大部分消费者都是价格敏感者。价格是价值的货币体现，服务定价应该客观、真实地反映产品或服务的价值。诚信是中华民族的传统美德，反映在服务产品定价领域则表现为企业应该坚持公平公正、童叟无欺、实事求是的定价原则，反对价格欺诈，反对暴利、价格歧视，争取以货真价实、物美价廉的服务赢得消费者的信任。

引 例

上海航空的“常旅客计划”

上海航空公司（以下简称上航）“请”一位旅客免费打了一次高尔夫球。在某高尔夫球场练习场地，这位旅客痛痛快快地挥杆打了90个球，交通费、打球费均由上航“买单”。上航之所以“请客”，是因为这位旅客乘坐上航航班的飞行里程达到了一定标准，而他早已注册成为上航的“常旅客”，因此得到了这次奖励。

其实，假如你是上航的“常旅客”，只要飞行里程数达到一定标准，除了免费打高尔夫球之外，还可得到免费机票、免费升舱位等级、免费住宿等待遇。旅客申请上航的“常旅客计划”十分简单，只要买机票乘坐上航班机，再填写一张申请表，便可成为上航的常旅客。从此，只要你乘坐上航班机，便可获得相应的奖励里程，奖励里程计入你的账户中累积。当达到一定累积数，便可享受到各种免费服务。

“常旅客计划”是全球民航界常用的方式，有助于培育越来越广阔的忠诚消费群体，有助于航空公司与旅客实现双赢。

讨论：上航的“常旅客计划”属于哪一种定价策略？

第1节 服务定价的特点

服务定价，顾名思义就是服务企业对其所提供的服务的定价。受服务特征的影响，服务定价较传统有形产品定价来说有其特殊性，服务企业在进行服务定价决策时，应重视服务定价的特殊性，以便制定合理的服务定价格策略。

一、服务定价的特殊性

1. 服务定价表现形式的多样性

由于服务有其独特性，所以，服务价格的表现形式与有形产品有很大不同，在服务业，很少用“价格”这个术语，服务供应商采用了不同的价格表现形式，如运费、学费、出场费、医疗费、电话费、房租等。服务行业的复杂性决定了服务价格表现形式的多元化，同时这种多元化又反映了服务价格市场评价的结果。这些服务价格的表现形式是在市场交易中约定俗成的，如表5－1所示。

表5－1 常见服务行业定价术语

服务行业	定价术语
广告业	佣金
咨询业	酬金
教育业	学费
金融服务业	利息、费用、佣金
健身、保健	会费
法律	酬金
酒店住宿	房费、租金
道路使用	通行费
房地产	佣金、中介费
证券服务	中介费、手续费、佣金
娱乐服务	门票、入场费
交通	机票、车票、船票

资料来源：黎开莉，魏锦．服务市场营销．2版．大连：东北财经大学出版社，2015.

2. 服务定价影响因素的复杂性

服务定价除了受到服务成本、服务需求和竞争者三个主要因素的影响，还受到定价目标、服务营销组合特征、政治、法律、人员、时间、地点、过程、气候、季节、便利性等众多因素的影响，因此服务定价难度加大。

3. 服务定价时间的滞后性

由于服务的过程、时间和内容在很多情况下都是不同的，即使同种服务也是如此，所以服务提供者不可能在服务提供之前就制定出准确的价格，而是要在了解了顾客的全部情况、顾客所需要的服务内容后，才能制定价格，有时甚至要到服务过程结束后，才能制定准确的价格。如医疗服务、咨询服务、法律服务、休闲娱乐服务的顾客经常在预先不知道服务最终价格的情况下消费。

4. 服务定价幅度的弹性

服务的无形性特征使得服务的定价比有形产品更困难。在购买服务时，顾客不能客观地、准确地检查服务，只能猜测服务的大概特色，然后同价格进行比较，但对结论没有信心。这就解释了为什么服务价格的上限和下限之间的定价区域一般要比有形产品宽，且最低价和最高价的差距极大。因此，顾客在判断价格是否合理时，更多的是受服务过程中实体要素的影响，从而在心目中形成一个“价值”概念，并将这个价值同价格进行比较，判断是否物有所值。所以企业定价时所考虑的就是顾客对服务价值的认识，而不是服务的成本。

一般来说，实物成分越高，定价越倾向于使用成本导向方式，而且越倾向于采取某种标准；反之，实物成分越低，则越多地采用需求导向定价，而且价格也越缺少标准可循。服务的非实体性也意味着提供服务比提供实体产品要有更多的变化，服务水平、服务质量等都可以依照不同顾客的需要进行调整。因此，价格必然也可以通过买主和卖主之间的协商来确定。

5. 服务价格调整的频繁性

服务的不可储存性及服务的需求不稳定性，产生了不同时期有差别的服务价格。服务的易逝性、不可储存性使服务的供求始终难以平衡。当供大于求时，服务企业可能必须使用优惠价及降价等价格折扣的方式，以充分利用剩余的生产能力，因而在服务企业中，差别定价和边际定价策略得到普遍应用。

频繁使用价格折扣最典型的行业当数航空业、旅游业等。由于顾客对这类服务的需求有明显的季节性，如果不进行降价销售就会导致生产能力的大量剩余，如客机舱位的闲置、景区游乐设施的闲置等，从而影响企业的收入。但是，企业如果频繁使用价格折扣策略往往会增强顾客的期待心理，他们可能会故意不消费某种服务，因为他们预期必然会降价。为了防止产生这种现象，服务企业就要给予提前订购服务的顾客优待性价格。

6. 服务价格管制严格

一般而言，越是独特的服务，卖方越可以自行决定价格；反之，如果服务是同质性的，那么价格竞争就可能很激烈。因此，服务企业往往想方设法使自己的产品与众不同。在这种情况下，价格成为判断服务质量的标准，当然这里的价格往往是高于竞争者的。同时，由于服务与服务之间没有统一的质量标准比较，所以，服务厂商的价格就有很大的自主性，会出现一些过高的服务价格，在这种情况下，就需要行业协会或政府部门出面，对价格进行规范和管制。如果服务本身很难实现差异化，企业之间就会展开价格竞争，此时，行业协会和政府部门的价格管制也是非常必要的。

7. 服务的差异性和不可分离性影响服务统一定价

服务的差异性以及生产与消费的不可分离性，使得服务受到人员因素、地理因素或时间的限制。而且，消费者只能在一定的时间和区域内才能接受一定人员的服务，这种限制不仅加剧了企业之间的竞争，而且直接影响服务的定价方式，因此很难采取统一的、标准的定价模式。例如，有些便捷酒店，尽管是全国甚至全球连锁，但各个地方的消费水平不一，这就必然会影响酒店在当地的价格，导致各地定价有差别，无法做到统一定价。

二、影响服务定价的因素

根据定价的规律，成本因素、市场需求、竞争因素以及其他因素都会影响服务的定价。

1. 成本因素

成本是服务价值的基础组成部分，它决定了服务价格的下限。其中，固定成本指不随产出变化的成本，在一定时期内表现为固定的量；变动成本指随着服务产出的变化而变化的成本。许多服务行业中变动成本在总成本中所占的比重往往很低，甚至接近零。虽然服务作为无形产品，成本难以准确测量，但成本要素在定价时仍然不能忽视。

2. 市场需求

市场需求影响顾客对服务价值的判断，进而决定服务价格的上限。服务定价显著地受服务需求弹性的影响，因为不同服务产品的需求弹性不尽相同。如果顾客对该服务的需求是有弹性的，如旅游品、休闲产品、健身等，那么定低价就特别重要；如果顾客对该服务的需求没有弹性，如住房贷款、消防器材及安装等，就可以制定相对较高的价格。而服务作为无形产品，在成本不便核算的前提下，大多参照需求因素实行认知定价。

3. 竞争因素

市场竞争状况调节着价格在上限和下限之间波动并最终确定产品的市场价格。服务市场大多是完全竞争市场，竞争日益激烈，服务企业要生存并且应对市场竞争，必须考虑竞争者的服务价格，才能制定出具有竞争力的服务价格。

4. 其他因素

影响服务定价的因素还有很多，如品牌因素、替代品的价格、所在地区的经济环境、目标消费群体的购买力以及国家或地区相关价格政策等。显然，知名服务机构的服务提供具有品牌效应，可以制定较高价格；在富裕地区提供服务可以考虑较高利润回报；像房地产之类的定价还会受到当地经济发展水平、经济政策的显著影响。

第 2 节　服务定价的方法

服务企业在为其服务产品定价时通常采取成本导向定价法、需求导向定价法和竞争导向定价法等三类基本的定价方法或定价策略。

一、成本导向定价法

成本导向定价法是指企业依据提供服务的成本，在成本基础上通过利润加成来决定服务价格的定价方法。成本导向定价法主要包括成本加成定价法、边际成本定价法和投资回报率定价法等。

1. 成本加成定价法

成本加成定价法是以服务产品的单位成本为基础，加上预期利润，结合销售量等有关情况，确定服务产品价格水平。成本加成定价法是按照单位产品总成本加上一定百分比的加成率来制定价格。产品单价的计算公式为：

$$\text{产品单价} = \text{单位产品成本} \times (1 + \text{加成率})$$

这种方法的优点是计算简便，而且如果同行业都采用这种定价方法，同行业制定出的价格也相差不大，能够避免出现价格过度竞争的情况，企业都能够获取稳定的利润。但是，这种定价方法是从企业的角度出发来考虑定价问题的，往往忽视了市场需求、竞争情况和消费者的心理因素，所以制定出来的价格可能不一定合适，不利于服务产品的销售。

2. 边际成本定价法

边际成本定价法又叫边际贡献定价法，是抛开固定成本，仅计算变动成本，并以预期的边际贡献补偿固定成本以获得收益的定价方式。边际贡献是指企业增加一个产品的销售，所获得的收入减去边际成本后的数值。如果边际贡献不足以补偿固定成本，则出现亏损。其定价公式为：

$$\text{价格} = \text{变动成本} + \text{边际贡献}$$

边际成本定价法的实际意义在于：在保持固定成本不变、企业总收入不减少的情况下，可以通过增加服务销售量的办法来降低价格，以低价格策略增强服务的市场竞争力。这是一种稳健的追求薄利多销的服务定价方法。

3. 投资回报率定价法

投资回报率定价法是指服务企业为了确保按期收回投资并获得利润，在总成本中加入预期的投资回报率来确定价格的方法。这个价格在投资回报期内不仅包括单位产品分摊的投资额，还包括单位产品分摊的固定成本和变动成本。

这是一种只站在企业角度设计价格、不考虑消费者需求及市场竞争因素的理想化的服务定价方法，在服务竞争不激烈的情况下可以采用，在竞争激烈的环境下则面临挑战。

综上所述，成本导向定价法是一种比较传统、基本的定价方法。由于服务成本的准确核算较实物产品更为复杂，所以成本导向定价法只是在制造业或者实物性较强的传统服务领域较为常见，如餐饮、零售等行业。但为什么还有那么多企业仍然坚持采用成本导向定价法呢？理由如下：

- 成本导向定价法的主要优点在于定价简单明了，卖方可以简化定价任务。即便需求变化，也无须频繁调整价格，还能保证合理利润。
- 当行业的所有企业都使用这种定价方法时，价格就会趋于相似，因而价格竞争就会降到最低，可以避免掀起行业的价格战。
- 许多人认为成本加成定价法对买方和卖方来讲都比较公平。在买方的需求变得急迫时，卖方不利用这一有利条件谋求额外利益，且仍能获得公平的投资报酬。

二、需求导向定价法

需求导向定价法是一种以市场需求强度及消费者的价值感知为主要依据的定价方法，包括理解价值定价法、需求差异定价法、反向定价法等。

1. 理解价值定价法

理解价值定价法又称感知价值定价法，是企业按照消费者在主观上对该产品所认知的价值水平来定价的方法。这种方法不是以产品的成本费用水平来定价，而是一种顾客导向的基于市场需求状况的定价方法。

理解价值定价法的关键在于准确地把握和估算消费者对该产品的理解价值，估计过高，就会定出偏高的价格；估计过低，则会定出偏低的价格，这就需要借助市场调研的方法和技术。如摄影行业、婚庆行业、家政行业、旅游行业、医疗卫生行业、文化教育行业等，大多采用理解价值定价法，因为这些行业很难核定生产成本。

2. 需求差异定价法

需求差异定价法是指服务企业根据市场需求的时间差、数量差、地区差、消费水平差及心理差异等来制定产品价格的方法。这种定价方法，对于同一产品制定两个或两个以上的价格，可以最大限度地满足市场需求，促进商品销售，有利于企业获取更多经济利益。

根据需求特性的不同，需求差异定价法主要有以下几种形式。

（1）基于时间差异的差别定价。同一种服务，成本相同，在不同时间段的效用却是完全不同的，顾客的需求强度也不同。在需求旺季，需求价格弹性较小，可以提高价格；在需求淡季，需求价格弹性较大，可以采取降低价格的方法吸引更多顾客。如一些旅游景点，在国庆、春节等节假日，门票价格较平时会提高；而在淡季，则会适当降低门票价格。电影院在白天和晚上、平时和周末的票价也会有所不同。

（2）基于不同地理位置的差别定价。由于地区间的差异，同一服务产品在不同地区销售时，可以制定不同的价格。例如，飞机上不同舱位对消费者的效用不同，因而价格不一样；影剧院或体育场不同座位的观看效果不同，价格也不一样。

（3）基于顾客差异的差别定价。这是根据不同消费者消费性质、消费水平和消费习惯等差异，制定不同的价格。如新老顾客的价格差别，儿童和成人的价格差别，长期客户和短期客户的价格差别等。这种定价方法就是根据不同消费者的购买能力、购买目的、购买用途的不同，制定不同的价格。

（4）基于交易条件差异的差别定价。交易条件主要是指交易量大小、交易方式、购买频率、支付手段等。交易条件不同，企业也可能对服务制定不同的价格。比如，交易批量大的价格低，零星购买价格高；预付订金、连续购买的价格一般低于偶尔购买的价格。

由于需求差异定价针对不同的需求采用不同的价格策略，可以为企业谋取更多的利润，在实践中得到广泛的运用。但是，实行需求差异定价法必须具备一定的条件。首先，要对市场进行细分，即购买者对产品的需求有明显的差异，因而需求弹性不同，不会因差别定价导致购买者的反感。其次，细分后的市场在一定时期内相对独立，互不干扰。

3. 反向定价法

反向定价法是指企业依据消费者能够接受的产品终端销售价格，扣除中间流通环节的成本和利润后，逆向推算出该产品的出厂价和批发价的定价方法。

这种定价方法不以实际成本为主要依据，而是以市场终端能够接受的价格水平为定价出发点，力求使产品价格能够为消费者所接受，所以，这种定价方法也属于充分考虑消费者需求的定价，目前不少具有先进营销理念的公司都采用此种方法。这种方法的挑战在于准确把握服务产品的终端零售价格和各中间环节的利润水平。例如，现在的航空公司、高铁公司就可以使用反向定价法，使其所定的价格能够被目标顾客接受并具有市场竞争力。

三、竞争导向定价法

竞争导向定价法是一种根据市场竞争状况确定产品价格的定价方法。竞争导向定价法通常有两种，即随行就市定价法和投标定价法。

1. 随行就市定价法

随行就市定价法，又称通行价格定价法，是指公司根据主要竞争者产品价格或一般市场价格制定自己产品价格的方法。企业按照行业的平均现行价格水平来定价，不太考虑成本或市场需求状况。

此方法常用于下列情形：企业打算与同行和平共处；产品本身难以估算成本；如果另行定价，难以估计购买者和竞争者的反应，或者有可能定价过高，也有可能过低从而引起价格战。不论是完全竞争的市场，还是寡头竞争的市场，随行就市定价法都是同质产品企业的惯用定价方法。这种定价方法能够避免因恶性竞争导致的价格战，在行业和谐发展的基础上保证相当的行业利润和企业利润。

2. 投标定价法

投标定价法是通过投标争取业务的公司通常采取的竞争导向定价方法。竞标的目的在于获得合同，因此公司制定的价格应该考虑竞争性，原则上应比竞争者的低。当然，公司必须事先确定一个最低的获利标准来投标：如果价格低于成本将有损利益而不便投标，如果价格高于成本虽然保证了利润但不利于竞争，所以投标价格既要考虑利润又要考虑竞争性。

例如，中央电视台的黄金广告时段招标采用的就是投标定价法，每年11月下旬在央视梅地亚中心举行，20世纪90年代曾采用暗标方式，因大肆渲染，引起恶性竞争；后来改为明标，不对外宣传，但媒体价格年年看涨。

竞争导向定价法的最大优点在于考虑了产品价格在市场上的竞争力。其主要缺点在于过分关注价格的竞争性，容易忽视其他营销组合可能形成的竞争优势；容易导致恶性降价竞争，降低行业利润水平并且使公司的利润受损；还容易引起竞争者报复。

例5-1

好又多公文包的“特价促销”

我在广州好又多旗舰店见过一个奇怪的特价。有一天，我到该店闲逛，见到一款黑色的公文包在搞特价促销。这款包虽然不是名牌，但样子挺耐看，质感也不错，特价75元。我正想买一个公文包，有些心动，但因为还要买其他东西，逛着逛着就给忘了，回家后感觉有些遗憾，心里老惦记着。

过了一个多月，我又去逛那家店，想起了那个公文包，过去一看，该产品又在搞特价促销，不过价格已经变为150元，我买下了它，但心里十分后悔上次没买。

三个月后的一天，我再次去逛那家店，又想起了那个公文包，过去一看，情况让我疑惑：还是特价促销，可价格已变为198元。我想不明白，为什么“特价”总是变而且越变越高呢？

思考： 1. 你认为好又多公文包在三次定价（促销）过程中都采用了哪些定价方法？

2. 从好又多公文包的“特价促销”现象出发，评价大卖场的定价组合策略。

第 3 节　服务定价的主要策略

一、折扣定价

折扣定价是指对基本价格做出让步，直接或间接降低价格，以争取顾客和扩大销量，同时也是为了调动各类中间商和其他用户的购买积极性。其中，直接折扣的形式包括现金折扣、数量折扣、功能折扣、季节折扣等；间接折扣指的是提供一些额外的市场支持等。

（1）现金折扣又称付款期折扣，这是企业给予当场付清款项的一种让价。在允许买主延期付款的情况下，如果买主提前交付现金，可以在原价的基础上给予一定的折扣。这有利于鼓励顾客提前付款，加速资金回笼。比如，一些美发机构、健身会所，办理会员卡充值即可享受一定折扣；一些加油站、汽车维修机构、专业培训机构的预存费用以及物业费、暖气费的提前缴费，都采用现金折扣的定价政策。

（2）数量折扣主要是根据中间商和用户的购买数量，采用不同的价格折让，以鼓励多次大量订购或者一次性大量购买某种服务产品。这种折扣是企业给那些大量购买或消费某种服务的顾客的一种减价，目的是刺激大量购买，具体有累进折扣和一次性折扣等方法。数量折扣在鼓励终端顾客大量购买时广泛使用。例如，某酒楼开展消费满 100 元送 20 元代金券的活动，多买多送，一时间顾客盈门，效果很好；某超市实行会员积分，一定时期累计达到一定积分获得某种优惠。

（3）功能折扣又叫贸易折扣，是企业给某些为服务提供商承担了特殊工作任务（如物流配送、信息收集、市场推广、维护等）的批发商或代理商的一种额外折扣。提供商会根据中间商在市场推广中担负的不同业务功能，给予不同的价格折扣。

（4）季节折扣是企业给那些购买过季产品的顾客的一种减价，目的是使企业的生产和销售在一年四季都能保持相对稳定的水平。比如，旅游产品在淡季的大幅度降价就属于典型的季节折扣。

二、心理定价

1. 声望定价

所谓声望定价，是指企业利用产品在消费者心目中的声望、信任及其仰慕心理来确定相应的价格，往往把价格定为整数或高价的定价策略。声望定价可以满足某些消费者的优越感，如地位、身份、财富、名望和自我形象等。一些传统的名优产品、特色服务产品，以及高端的服务产品适用这一策略。

2. 尾数定价

尾数定价又称奇数定价、非整数定价，即利用消费者数字认知的特殊心理制定带有零头的价格，使消费者产生价格便宜的感觉，还能使消费者认为有尾数的价格是经过认真的成本核算才得出的结果。如99之于100，499之于500，1 999之于2 000等，这样，就容易使消费者对定价产生信任感。

3. 整数定价

对于那些无法明确看出其内在质量的产品，消费者往往通过价格的高低来判断质量的好坏。这类产品通常采取整数定价，以“0”做尾数。例如，精品店的服装往往定价为800元、2 000元，而不是799元、1 998元。整数定价策略适用于价值较高的产品，服务产品一般都采用整数定价。

4. 招徕定价

一些零售商利用部分顾客的好奇心理，特意将某几种产品的价格定得特别低或者特别高以吸引顾客关注，这就属于招徕定价行为。值得注意的是，实施招徕定价的产品，必须是品种新、质量优的适销品，而不能是低劣、过时的产品。否则，不仅达不到招徕顾客的目的，反而可能使企业声誉受损。

例5-2

老人卖苹果的高招

有个老人在水果一条街卖苹果，平时卖4元1斤。由于卖苹果的小贩多，生意并不理想。有一天，老人突发奇想，将卖的苹果分为两堆，较好的放在一堆，标价20元1斤；另一堆是普通的苹果，还是4元1斤。从此，老人的水果摊人气很旺，顾客议论纷纷，老人的生意也好了起来，卖的苹果比以前多了许多。其他摊主都觉得有些奇怪，但也说不出个所以然。

思考： 怎样解释老人的定价行为？你从中能得到什么启示？

三、组合定价

当企业同时经营多种产品时，定价需着眼于整个产品组合的利润最大化目标，而不是单个产品利润最大化。组合定价策略主要包括以下几种。

1. 选择品定价

许多企业在提供主要产品的同时，还会附带一些可供选择的产品或特征。但选择品的定价却是一件棘手的事。例如，饭店的顾客除了订购饭菜外也购买酒水。许多饭店的酒价很高，而食品的价格相对较低。食品收入可以弥补基本成本，而酒水可以带来利润。

2. 互补品定价

当企业同时生产与主要产品一起使用的附属或补充产品时，可以有意识降低弹性大、购买频率低的产品的价格，同时提高弹性小、购买频率高的产品的价格。例如，有的汽车销售店整车销售便宜，但零配件和维修较贵，保养也不便宜，店里主要靠售后业务盈利。

3. 分部定价

服务企业经常采取分部定价，先收取一笔固定费用，其余实行自由的弹性收费。例如，游乐园一般先收门票费，里面特定的游玩项目需要再交费，这一方面照顾了顾客的自由选择，另一方面也使顾客一开始不会感觉价格昂贵。

4. 捆绑定价

捆绑定价又称组合产品定价，是指将一种产品与其他产品组合在一起以一个价格出售的定价或促销方式。企业经常以某一优惠价格出售一组产品，这一价格即打包价格，一组产品的价格往往低于单独购买其中单个产品的费用的总和。例如化妆品、计算机、旅游公司等常常为顾客提供一系列的解决方案或活动方案。组合产品定价一方面照顾了顾客购买的便利性，为顾客节约了时间；另一方面使顾客获得了优惠。虽然这种定价需要公司适度让利，但总利润会随销量提升。根据捆绑定价的性质，可以将其划分为几种形式：同质产品捆绑定价、互补式产品捆绑定价、非相关性产品捆绑定价。

5. 必需附带品定价

必需附带品定价也叫附带产品定价，附带品与主要产品密不可分，并且利润主要来自附带品。比如，软件公司经常运用这种定价策略，将新开发的软件低价卖出甚至赠送，但是可以从程序不断升级中获取高额利润。

第 4 节　服务的特别定价方法

一、服务新产品定价

服务新产品定价的难点在于无法确定消费者对于新服务的理解价值。定价高了难以被消费者接受，影响新产品顺利进入市场；定价低了则会影响企业收益。新产品定价要结合产品特点和企业的战略目标。一般来讲，服务新产品定价有以下主要策略可以选择。

1. 撇脂定价

撇脂定价是指在产品生命周期的最初阶段，把产品的价格定得很高，以攫取最大利润，尽快收回投资，然后伺机降价的定价策略。撇脂定价可以让企业在全新产品或换代产品上市之初，通过制定较高的价格来提高产品身份，创造高价、优质、名牌的印象；同时还可以在未来有较多的调价空间。

一般而言，对于具有高科技含量的产品、受专利保护的产品、需求价格弹性小的产品、时尚产品等，都可以采用撇脂定价策略。目前市场上许多电子产品、家具、时装产品均采用这种定价策略。对于一些稀有的服务新项目，同样可以采用撇脂定价的策略。

如某服装店经常采用撇脂定价策略。刚进来的新款式，标高价追求高利润回报；卖一段时间以后调低价格，这时成本已经收回，转为薄利多销；再过一段时间，发现还有尾货积压，干脆亏本清仓，即低于成本价甩卖。

2. 渗透定价

渗透定价策略与撇脂定价相反，是指服务企业把它的创新服务的价格定得相对较低，以吸引大量顾客和提高市场占有率的定价方法。渗透定价采用的是薄利多销的思路，只能获取微利，但能收获较大的销量和市场份额。渗透定价的好处是：低价可以使产品尽快为市场所接受，并借助大批量销售来降低成本，获得长期稳定的市场地位；薄利可以有效阻止竞争对手进入，增强自身的市场竞争力。如肯德基、麦当劳就经常采用渗透定价方法推广其新开发的品种。

二、弹性定价

弹性定价又称差别定价，是一种“依顾客支付意愿”制定不同价格的定价方法，主要适用于两种情况：一是建立基本需求，尤其是对高峰期的服务最为适用；二是用以缓和需求的波动，降低服务易逝性的不利影响。

差别定价的形式包括：基于时间的差异定价（如公用事业及电话服务在假期使用的价格）、基于顾客支付能力的差异定价（如管理顾问咨询、专业服务业、银行贷款利率）、基于服务产品品种的差异定价（如使用不同套餐的手机话费）、基于地理位置的差异定价（如连锁酒店不同城市客房的定价以及剧院的座位定价）。

采用差别定价的条件是市场可以根据价格进行细分。使用差别定价有可能产生下列问题：第一，顾客可能延缓购买，一直等到差别价格的实施；第二，顾客可能认为采用差别定价的服务产品属于“折扣价格”，是一种惯例。

由于以上原因，有些服务企业故意拒绝使用差别定价，干脆采用单一价格制度，不论时间、地点或支付能力，对所有的顾客都收取相同的价格。

例 5－3

某影城的差别定价

某影城将顾客消费群体分为学生、钻石卡会员、金卡会员、银卡会员、普通会员和非会员顾客，不同的会员资格可获得不同的价格折扣。学生只需要出示学生证即享受最优惠价格；而会员需要申请并缴纳一定费用，与影城达成协议，才能享受相应优惠价格。因此，虽然在同一时间同一放映厅看同一场电影，不同的顾客所付费用是不同的。如会员一次性充值 200 元即送 200 元代金券；钻石卡会员可享受全天 5 折优惠；金卡会员可享受日场 5 折，夜场 6 折；银卡会员可享受日场 5 折，夜场 7 折；普通卡会员可享受日场 5 折，夜场 8 折。这种差别定价会在一定程度上促使顾客购买会员服务，引发更多消费，同时也带动学生这一巨大的消费群体因能享受最大优惠而前来消费。

资料来源：苏朝晖．服务营销管理：服务业经营的关键．3 版．北京：清华大学出版社，2023.

三、关系定价

关系定价策略是一种适合服务商与顾客之间有持续接触的定价思路，是一种考虑了顾客终身价值，基于价值的、市场取向的定价方法。这种定价策略能够刺激顾客多购买本公司服务而抵制竞争者提供的服务。一般来说，关系定价策略可以采取长期合同和多购优惠两种方式。

1. 长期合同

服务企业营销人员可以运用长期合同向顾客提供价格和非价格刺激，使双方进入长期关系之中，或者加强现有关系，或者发展新的关系。这可以从根本上转变服务企业与顾客之间的关系，将一系列相当独立的服务交易转变为稳定的、可持续的交易。每笔交易都提供了有关顾客需求方面的信息，由此公司可获得认知与效率方面的利益。同样，顾客也可随着关系的深入发展而从中受益。来自长期合同的客观、稳定的收入使服务企业可以集中更多资源拉开与竞争对手的差距。

2. 多购优惠

多购优惠策略的目的在于促进和维持顾客关系，包括同时提供两个或两个以上的相关服务。一次性购买几种相关服务比分别单独购买要便宜。服务企业将从多购优惠策略中获取两个方面的利益：

（1）多购能降低成本。大多数服务企业的成本结构是在一种服务的基础上提供另一种附加服务的成本比单独提供两种服务要低。

（2）多购优惠能够有效增加服务企业与服务对象之间接触点的数目。接触点越多，企业获取顾客信息的途径越广，对顾客需要偏好的了解也就越深入。在如今的大数据时代，这类信息如能得到充分利用，将有助于服务企业的顾客关系管理。

基本概念

成本导向　需求导向　竞争导向　心理定价　折扣定价　组合定价

简答题

1. 哪些因素会影响服务产品的定价？
2. 什么是理解价值定价法？
3. 什么是撇脂定价？它适合哪些产品？
4. 什么是招徕定价？它有什么心理效果？

论述题

1. 成本定价法有哪些合理的地方？适用于哪些行业？
2. 怎样理解组合定价的思想？试举例说明。

案例分析

春秋航空的低价策略

春秋航空是我国首家低成本民营航空公司，靠低成本战略不断取得优异的经营业绩。

搭乘春秋航空的飞机遨游蓝天要容忍这样的事实：比老牌航空公司略微狭小的座椅空间；餐食要自掏腰包；行李箱的重量要格外留意，这里的免费行李额度通常比其他航空公司少5千克……但也许你仍然会选择它，原因很简单，它能提供与火车硬卧一较高低的票价：99元、199元、299元。如果运气好，还能买到1元钱的飞机票。此外，还有美丽大方的空姐的跪蹲式服务，这是在老牌航空公司头等舱才可能享受到的待遇。

作为国内首家打出低成本概念的民营航空公司，春秋航空通过采取高客座率、高效率，低营销费用和低管理费用，单一机型和单一舱位等策略来体现成本优势。为了鼓励旅客网上购票，春秋航空在每条航线上都推出了99元系列特价票，票价相当于全价票的两折左右，该特价票仅限网上或手机订购。其他票种网上购票也低于门市价30元。

省钱有道，那么春秋航空的赚钱秘诀又是什么呢？总经理王正华说，春秋航空的目标客户定位在三个层面：旅游客户——这是春秋国旅（春秋航空的母公司）的老客户；自掏腰包的商务旅客——这部分群体对价格敏感；年轻的都市白领——他们赚得多，但是花钱的地方也很多，而且他们上网购买机票的能力很强。第一部分主要依赖春秋国旅年组团 200 万人次的庞大客源网络，每年可以为春秋航空贡献 40% 的旅客量；余下的 60% 则依靠春秋航空廉价的机票政策和优质的服务去争取。为了体验旅客的心理、提高服务质量，王正华和管理团队经常自己装卸行李包和推行李车。他说："只有离客户近了，才能与竞争对手拉开距离。"

讨论：服务企业究竟应该采用低价策略还是高价策略？取决于哪些因素？

实训练习

据了解，服装零售企业的定价方式灵活多变，请学生自主调查一家服装零售店，详细了解其盈利模式及相关的定价策略，撰写调研分析报告，分析其定价策略可能的优势、劣势，并提出合理化改进建议，集中汇报分享。

即测即评

扫描二维码可在线自测并查看答案。

第6章 服务分销策略

| 本章要点 |

- 了解服务分销的类型
- 了解服务分销的特点
- 了解直销与连锁经营
- 掌握特许经营的原则与技术
- 掌握电子渠道分销及其优势

从企业角度看，分销渠道的功能在于帮助企业实现产品或服务的销售，传递、实现产品或服务的价值。从顾客角度看，分销渠道的作用在于为消费者购买、消费产品或服务提供场所和机会，解决消费者购买的便利性问题。鉴于服务的无形性、生产与消费不可分离性等特点，服务分销渠道多为短渠道、直接渠道。服务分销渠道的建设与完善担负着能否及时、快速、有效地满足人民群众服务需求的责任，影响着老百姓的生活质量及幸福感。

引 例

韵达快递的“主动服务”分销

为了在日趋激烈的市场竞争中打造品牌优势，韵达快递在“重投资、抓改革、促发展”的同时，进一步在服务上下功夫，提出了“主动服务”的分销理念，提高了服务质量。

首先，这种“主动服务”的分销理念体现在不断丰富和完善的服务产品上。在门到门、桌到桌的服务中，韵达快递根据市场发展趋势和客户需求，先后推出了以同城当天件、区域当天件、国内次晨达、国内次日下午达和电子商务件为主的普通快件系列产品，同时也推出了以到付件、签单返还等为主的增值快件系列产品，方便和满足了消费者对快递产品不同层次的需求。

其次，这种“主动服务”的分销理念也体现在韵达快递全网络贯彻落实快递服务国家标准的行动上。2012 年 5 月 1 日，快递服务国家标准正式实施，韵达快递全网络层层召开会议，进行宣讲和部署落实。特别是在快递营业场所的建设上，韵达快递从方便客户收寄的角度出发，先后在上海设立 100 余家规范化快递营业场所，并在全国分阶段推进建设万余家标准门店，让韵达快递的营业网点走近小区、校区和园区，为客户提供贴心服务。

最后，韵达快递的“主动服务”还体现在每一位韵达人的服务意识由被动服务向主动服务的转变上。为此，韵达快递通过强化管理，在内部推行服务承诺制度，特别是在快件揽收、中转、运输和派送的每一个环节，通过利用手持终端设备和车辆 GPS 监控系统、视频远程监控系统等科技化手段，对快件运行的每一个环节进行主动、实时追踪，方便客户查询、咨询。技术和态度的创新帮助韵达实现了“主动服务”的目标。

在未来的发展中，韵达快递将继续秉承“韵达让我们更便利”的企业使命，进一步强化“主动服务”的分销理念，在努力提高服务能力、质量和水平的同时，为广大客户提供更优质、更贴心的快递服务。

讨论：韵达快递的“主动服务”有什么过人之处？

第 1 节　服务分销

伯特·罗森布罗姆（Bert Rosenbloom）认为“分销渠道的本质即使消费者能够方便地在任何时间、任何地点，以任何方式购买到他们想要的产品与服务”。服务作为一种无形产品，一样有赖于分销渠道的分销以实现其顾客价值。服务企业通过分销建立“与消费者的接触”，渠道在其中发挥了“桥梁”和“纽带”的功能。

一、服务分销的特点

由于服务产品具有无形性、生产与消费的同时性、不可储存性等特性，因此，和有形产品的分销渠道相比，服务产品的分销渠道几乎总是直接的、短的渠道，如直销、代理、连锁经营、特许经营、自动售货等，表现为由服务提供商直接提供服务给顾客，直接和顾客产生交互作用，如航空旅行、医疗保健、餐饮旅游、零售和咨询服务等。

因为服务是无形的，而且不易持久，所以不存在库存，使得仓储不再是一个必需的功能。又因为服务不能被占有，所以大多数服务的归属权利无法在分销渠道之间转移。总之，服务不能像产品那样生产、储存，然后批发、销售，许多适合产品生产者的渠道对服务企业来说是不可行的。由于传统分销渠道提供的许多主要功能，如储存、保管以及取得商品所有权，在服务分销中没有意义，因此，由服务提供商直接提供或通过短渠道提供服务给顾客成为服务分销的主要形式，这是由服务产品本身的性质和特点决定的。

二、服务分销的主要职能

随着服务需求的不断膨胀和服务业发展要求的不断升级，围绕服务分销职能展开的探讨越来越多。服务分销的主要职能如下。

（1）引入职能。引入职能是指服务出现在顾客更方便购买的时间和地点，将更多的顾客引入服务的销售系统中。这一职能可以由服务的中介机构来完成。中介机构地域分布的广泛性能够使服务在更多的地方、更长的时间内进行销售。如在音像店中销售音乐会、歌舞剧的门票以及足球比赛的门票等。

（2）信息职能。要使潜在购买者了解服务的特点，仅仅依靠媒体广告是远远不够的，还需要销售人员与顾客直接进行服务沟通。依靠中介机构的参与可以缓解服务提供者人员不足的问题，以便向潜在的购买者提供更全面的信息。

（3）陈列职能。通过分销渠道进行服务的有形展示，能够增强顾客对服务的直观感受，引发顾客的购买冲动，进而促进服务的销售。相对于直销而言，中介机构可以代理多种服务，包括竞争性、互补性的服务，甚至可以将主要服务、附加服务打包出售，从而形成很强的消费吸引力。

（4）承诺职能。服务提供者关于服务质量保证的承诺能够通过分销渠道有效地传递给顾客，并且因为顾客容易接近而增加了质量承诺的可信度。中介机构的介入保证了服务的可靠性。

（5）支持职能。对服务提供者而言，流通环节的外移节约了其固定成本的投入和管理精力，通过中介机构进行销售在某种程度上弱化了服务提供者的市场风险。

（6）后勤职能。对中介机构而言，在提供正式服务前的一些准备工作，如旅游团的集合、分组等工作可以由它们来进行。

（7）跟踪服务职能。后勤职能通常表现为服务前的准备工作，跟踪职能则表现为服务后的一些善后工作，包括解答疑问、取得反馈信息等。中介机构的加入能大幅弥补这一职能的欠缺，比如在保险服务中这一点体现得非常明显。

三、顾客对服务提供渠道的不同偏好

对服务提供者而言，使用不同的渠道来传递同样的服务不仅意味着不同的成本，而且对顾客服务体验的评判也有显著的影响。虽然自助服务的电子渠道比较节约成本，但并不是所有的顾客都喜欢这种方式。这就意味着要使顾客从原有渠道转换到电子渠道，需要在不同的细分市场上采用不同的策略。同时还需认识到，有部分顾客特别是年纪偏大的顾客并不会自愿从他们熟悉的高接触度的服务传递环境转换到新的电子服务渠道，因而在设计服务提供渠道时不得不考虑或兼顾这部分顾客的习惯和偏好。

首先，对于复杂与高感知风险的服务，人们倾向于依靠人际渠道传递与获得。如顾客很愿意通过远程渠道完成信用卡的申请，但是在获取购房贷款时则更喜欢进行面对面的业务交易。

其次，对新时代通过电子渠道传递服务有更多了解、更多尝试、更多信任的顾客会倾向于经常使用非人际、自助服务的电子渠道，既省时省事又经济高效。

最后，追求服务功能性价值的顾客更看重服务的便利性，也就意味着他们会倾向于使用非人际、自助服务的电子渠道，而具有社交动机的顾客则更喜欢使用人际渠道。

对大多数顾客来说，便利性是选择服务渠道的重要驱动因素。服务的便利性并不仅仅意味着省钱，还意味着节省顾客的时间和精力。顾客对于服务便利性的追求不仅限于核心服务的购买，而且包括附加服务，以及对时间、地点的便利性的追求。

例 6－1

中国移动的分销渠道系统

中国移动的业务分销渠道包括八个方面。

（1）服务热线。10086 是中国移动全国统一的服务热线，用户可以通过拨打 10086 查询或咨询中国移动的基本政策、业务知识、新业务、计费等问题，对移动网络通信和服务质量提升进行反映，并对服务及业务提出意见或建议。

（2）短信营业厅。短信营业厅是中国移动通过短信向用户提供服务功能的渠道，移动用户可以通过发送短信进行话费查询、业务办理等操作，随时随地，使用方便。

（3）网上营业厅。网上营业厅是虚拟的营业厅，中国移动通过互联网站，向各地用户提供以互联网为平台的业务咨询和业务办理，用户足不出户就可以获得和实体营业厅一样的服务与支持，充分享受自由自在的体验。

（4）掌上营业厅。掌上营业厅是以 JZME 技术为基础实现手机营业厅功能的软件，该软件安装在移动用户的手机终端上，用户只需在手机上进行简单的操作，就可以随时随地查询、定制最新的移动业务和功能。

（5）实体营业厅。中国移动营业厅遍布全国各地，在实体营业厅中，用户可以向工作人员充分了解中国移动在当地开通的业务，并随时进行各项业务的办理，同时，实体营业厅还接受用户投诉、咨询，以及定制终端的销售业务。

（6）自助服务站。自助服务站是为用户自主服务提供的场所和设备，主要提供自助式业务查询、信息查询、业务办理、详单打印、购买标准卡、手机充电等服务，满足用户对自助服务的便利性要求。

（7）TD（test director）体验厅和自有营业厅。二者是由中国移动自主经营、以物理实体网点形式向TD测试用户提供服务的场所，具备TD业务咨询、业务办理、用户体验的主体功能，同时承载服务机构形象宣传和反馈市场服务信息的辅助功能。

（8）合作营业厅。合作营业厅属于移动业务分销渠道的中间商，是合作者自己投资建立的专门经销各种移动业务的经营场所，合作营业厅的所有者买进移动产品的所有权，然后直接销售给用户。有的合作营业厅也会得到移动运营商的各种销售支持。一般而言，合作营业厅往往同时经营几家移动运营商的产品。

资料来源：苏朝晖．服务营销与管理．北京：人民邮电出版社，2019.

第2节　服务分销的主要模式

一、直销

如果制造商不经过中间商环节，直接将产品出售给消费者或最终用户，则这种渠道模式称为直接销售模式，简称直销模式（也称直接分销、自产自销或者直接销售）。直销模式属于“非中间化”的渠道模式。如果制造商经过中间经销商、批发商、零售商，将产品出售给消费者或最终用户，则这种渠道模式称为间接销售模式。

直销模式的特点是尽量减少中间环节而直接将产品销售给消费者，这种销售模式能够减少中间环节，降低渠道运作费用，提高渠道效率，同时，企业实施直销模式使得渠道信息反馈更快捷准确，便于渠道决策，使得渠道服务更方便到位，便于增进和维护客情关系，而且便于控制渠道价格和加快资金周转的频率，正因如此，不少服务企业开始探索和采用直销这种新兴的渠道模式，包括店面直销、人员直销和网上直销。

互联网的普及和网络生活的丰富化，使得通过电子渠道的直销成为企业的一种新销售方式，通过互联网进行购买也成为普通百姓新的生活方式。建立企业网站或建立网店等电子商务平台进行产品分销非常普遍，已经形成一种商务潮流和趋势，可以预料，网络化的直销必将成为未来营销的趋势，主宰未来渠道。

直销的形式表现出广泛的多样化，并不断有新的形式出现，可以将这些形式归纳为两类：有店铺的直销和无店铺的直销，如表 6－1 所示。

表 6－1　有店铺的直销与无店铺的直销

有店铺的直销	无店铺的直销
（1）制造商专卖店 （2）销售门市部 （3）销售陈列室 （4）销售服务部 （5）合资分销店 （6）租赁卖场	（1）人员直销 （2）网络直销 （3）电视直销 （4）电话直销 （5）直接邮购 （6）目录营销 （7）自动售货机 （8）其他媒体营销（电台、报刊）

直销有助于企业更好地按照顾客的需求提供产品，并与顾客建立更为密切和稳固的关系。这种优势主要表现在直销渠道实现了生产者与消费者的紧密结合，使得两者之间的相互理解和依赖关系得到了最有效的实现。其营销优势主要表现在：

（1）可以较好地控制服务的供应与表现。若经由中介机构处理，往往会造成失去控制的问题。

（2）以真正个性化的服务方式，在其他标准化、同质化以外的市场，产生富有特色的服务的差异化。

（3）可以从顾客那里直接了解当前的需求、这些需求的变化及其对竞争对手服务的意见和态度等信息。

（4）能够保证经营原则始终得到贯彻，尤其是在推出新服务时。

（5）能够保证服务组织的利润在内部进行分配，而不需要与其他组织分享。有些投资顾问机构或会计师事务所可能会有意地限制顾客的数量，以便能提供个性化的服务。

如果直销是由服务和服务提供者之间的不可分割性（如法律服务或某些家政服务）决定的，这时服务提供者可能面临如下问题：

（1）在针对某一特定专业个人需求（如著名的辩护律师）的情况下，公司业务的拓展会遇到种种问题。

（2）直销有时意味着局限于地区性市场，在人的因素所占比重很大的服务中更是如此，即使科技手段也难以充当服务机构与顾客之间的桥梁。

二、代理及其他中介

代理也是服务产品分销的一种重要形式。代理业务一般在观光、旅游、酒店、运输、保险、信用、雇用和工商服务业市场出现，如机票及火车票代理、招生代理等。

代理的性质与经销基本一致，都是借助企业产品的销售获利，企业也要借助它们实现其分销的目的，只是经销商具有对产品的所有权，而代理商不具有对产品的所有权。经销商与代理商根本的区别在于经销商在渠道中具有对产品的所有权，可以自由定价；而代理商不具有对产品的所有权，只能执行厂家的价格政策。这也正是代理制的优点，即执行统一价格，不会乱价。如联想、格力等都实行代理制，全国所有店铺统一价格。

虽然经销与代理在功能和作用上有较多相似之处，但两者获得的回报和承担的风险是不一样的，原因就在于两者在经营性质和工作流程上存在多个层面的差异。经销商与代理商的区别如表6－2所示。

表6－2　经销商与代理商的区别

项目	经销商	代理商
双方关系	与厂商是买卖关系	与厂商是委托代理关系
经营地位	以独立法人的身份签订合同	需以厂商的名义与第三方签订合同
利润来源	获得经营利润（差价）	赚取佣金（提成）
库存	保持适当的库存	多半只有样品而无存货，依订单进货
经营自主性	经营活动过程不受或很少受供货商限制	经营活动完全受供货商指导和限制
所有权	拥有产品的所有权	不拥有产品的所有权
独立性	独立的经营机构	不一定是独立机构
对称性	与供货商责权对等	供货方权力较大
角色	以自己的名义从事销售	以厂商的名义从事销售
售后服务	一般自己承担	一般在合同中注明不负责售后服务
售后责任	发生索赔事件时，一般自己承担责任	一般在合同中注明发生索赔时不负责

服务代理的职能相当于服务企业的一线人员，使用代理模式具有如下好处。

（1）比直接销售投资更少，风险更小。

（2）代理可以适应某一地区或某一细分市场的特殊要求。

（3）通过人熟地熟的代理，更容易打开一个新市场。

（4）在一些国家，某些服务不允许外国生产者与本国顾客直接接触，必须通过得到授权的代理人，这类许可经常是发给本国的自然人或法人的。

（5）销售性质复杂的服务时，服务企业雇用职业水平高的人员成本太高，使用服务代理可以降低分销成本。

此外，随着服务竞争的深化，通过中介机构进行市场扩张，已经成为服务业、服务产品销售的发展趋势。只要服务商和中介机构信誉可靠，那么完全可以由中介机构完成服务的分销职能。服务业市场的中介机构形式很多，常见的有下列几种。

（1）代销。专门执行或提供一项服务，然后以特许权的方式销售该服务。

（2）经纪人。在某些市场，服务必须要或因传统惯例要经由中介机构提供才行，如股票市场和广告服务。

（3）批发商。服务产品批发市场的中介机构，如投资银行等。

（4）零售商。专门从事服务销售的终端机构，如照相馆和提供干洗服务的商店等。

中介机构的形式还有很多，在某些服务交易进行时，可能会涉及好几家服务企业。例如，某人长期租用一栋房屋，可能涉及的服务业务或企业包括：房地产代理、公证、商业银行、建筑等。另外在许多服务业市场，中介机构可能会代表买主或卖主（如拍卖）进行交易。

三、连锁经营

1. 连锁经营的界定

连锁经营是指经营同类商品或服务的若干企业，以一定的形式组成一个联合体，通过企业形象的标准化、制度化、专业化实现资源共享，从而实现规模经营的商业组织形式和经营制度。实质上，连锁经营是一种商业组织形式和经营制度，一般是指经营同类商品的若干经营单位，以一定的形式组成一个联合体，通过企业形象和经营业务的标准化管理，实行规模经营，从而实现规模效益。

有人认为，连锁经营是指企业以同样的方式、同样的价格在多处同名的店铺里出售某一类商品的经营模式。通常，三家以上名称、形象、经营内容和管理方式相同的具有业务联系的销售门店，就可以称为连锁经营商店。

自 20 世纪 90 年代以来，连锁经营作为一种新的零售商业模式，已经在我国各行业蓬勃发展，如家电零售行业的苏宁、国美，零售行业的华联、联华、华润，IT 行业的联想“1 +1 专卖店”、清华同方，服装行业的李宁、雅戈尔，餐饮行业的小肥羊、谭鱼头等，其他如美容美发、化妆品、家居、装修、教育、图书、音像制品等都大力开展连锁经营。有人说，现在卖牛肉面都要“连锁经营”，可见连锁经营模式的魅力。

2. 连锁经营的特征

连锁经营的本质是把独立分散的商店联合起来，形成覆盖面很广的大规模销售体系。它是现代化工业发展到一定阶段的产物，其实质是把社会大生产的分工理论运用到商业领域中，各经营体分工明确，相互协调，能够形成规模效应，共同提升企业的竞争力。连锁经营模式具有以下显著特征。

（1）经营理念的统一。经营理念是一个企业的灵魂，是企业经营方式、经营构想等经营活动的根据。一个成员店作为连锁商店的一分子，无论其规模大小、地区差异，都必须持有共同的经营理念。这一经营理念体现在与购物有关的一切物质和精神环境上，如要为消费者提供“优雅的购买环境”“快捷的服务”“衷心的关怀”“流行的消费”等。

（2）识别系统的统一。连锁商店要在众多店铺中建立统一的企业形象，包括外部视觉形象和内部装修与商品陈列等。这种统一的企业识别系统（CIS）和经营商标不但有利于消费者识别该企业，更重要的是使消费者产生一种深刻的认同感。

（3）商品的统一。连锁经营商店各店铺经营的商品都是精心挑选的、统一规格的、按消费者的需求提供的最佳商品组合，并不时更新，提供的服务也经过统一的规划，实行标准化，使消费者对连锁商店形成稳定的预期，即消费者无论到哪家店铺，都保证可以享受到连锁商店所提供的一致的商品。

（4）经营管理的统一。连锁经营商店接受总部统一管理，实施统一的经营战略和营销策略，遵循统一的规章制度。员工统一作息、统一着装、统一考核和奖励，各连锁店统一采购、统一配送、统一价格、统一促销等，以提高管理效率和规范性。

连锁经营商店就是在上述四个“统一”的前提下，实行专业化管理及集中规划，形成协同效应，使企业加快资金周转，增强讨价还价能力，使物流综合配套自成体系，从而取得规模效应。四个“统一”是连锁经营模式的精髓，它有助于保障连锁企业的服务产品质量，有助于形成连锁企业的品牌效应，有利于服务产品的快速复制和扩张，有利于服务企业开展规模经营。

3. 连锁经营的优势

连锁经营是当今我国市场产品分销渠道的主流模式，它部分取代了传统批发市场的功能，并因其巨大的网络覆盖、顾客购买的便利性和体验性，以及成为名牌渠道的品牌效应，越来越受顾客的青睐，也越来越被企业重视。

如表6-3所示，连锁经营具有诸多优势，因此特别适合现代服务企业的经营。比如，餐饮连锁麦当劳、肯德基、必胜客等，零售连锁沃尔玛、家乐福、麦德龙、好又多等，家居连锁宜家、红星美凯龙等，其他如美容美发、医疗保健等行业，都纷纷采用连锁经营，获得了显著的规模经济效益和品牌增强效应。

表6-3 连锁经营的主要优势

主要优势	具体表现
大量采购优势	连锁经营企业大多成立采购中心，统一采购，因为是规模化采购，具有讨价还价能力，可以降低采购费用，降低产品价格
市场覆盖优势	连锁店由若干连锁网点构成，形成一个产品分销的网络，具有对目标市场进行占领的功能和强大的市场影响力
品牌影响优势	连锁经营实行标准化经营与管理，具有统一的品牌形象标识，具有强大品牌形象影响力，能够形成“品牌渠道”

续表

主要优势	具体表现
联合促销优势	连锁经营企业的最大资源就是拥有众多的连锁门店，可以利用各门店之间联合促销，扩大促销效果，获得规模效应
成本分摊优势	连锁经营企业下属若干连锁门店，可以分担总公司的管理费用和经营费用，如采购、人工、物流、市场推广等费用，以降低风险
内部化优势	连锁经营企业各连锁门店之间还可以实现信息共享、资源共享，通过互相沟通、学习和联合，协调解决经营中的困难，共享成果

例6-2

茶颜悦色的区域深耕与连锁经营

茶颜悦色于2014年创立于长沙，是长沙最火的茶饮品牌之一。经过十余年的耕耘，其在长沙的直营店面达几百家，在长沙城里几乎可以说是无处不在。茶颜悦色出奇制胜，其主要的分销策略包括深耕区域、密集开店、只做直营。

一是深耕区域。与其他茶饮品牌不同，茶颜悦色定位地区文化茶饮品牌，在长沙城进行深度精耕，促进了长沙旅游业的兴旺。

二是密集开店。茶颜悦色在长沙采取了密集型分销策略，在中心商圈及人流量密集的地方大量开设直营店，几十米一家，有的甚至一街十店。门店都不大，以十几平方米的档口店为主。在长沙城里，无论是街头巷尾，还是大型商圈，茶颜悦色都是标配。这种密集的布局，不但有效提高了品牌曝光度，还在本地居民心中树立起强势的品牌形象。

三是只做直营。茶颜悦色的连锁经营策略是只做直营，不开放加盟。所有的门店都是直营店，这样做可以保证品质控制，使茶颜悦色始终保持稳定的风味和口感，以便积累起良好的用户口碑，增加顾客的好感度。同时，还能有效降低运营成本和管理成本。

资料来源：苏朝晖．服务营销管理：服务业经营的关键．3版．北京：清华大学出版社，2023.

四、租赁服务

服务业经济一个有趣的现象是租赁服务业的增长，这就是说许多个人和公司都已经而且正在从拥有产品转向产品的租用或租赁。采购也正从制造业部门转移至服务业部门，这也意味着许多销售产品的公司增添了租用和租赁业务。此外，新兴的服务机构也纷纷出现，投身租赁市场的服务供应。在产业市场，目前可以租用或租赁的品种包括客车、货车、厂房和设备、飞机、货柜、办公室装备、制服等；在消费品市场，则有公寓、房屋、家具、家用电器、运动用品、工具、电影拷贝、录像带等。在租用及租赁合同中，银行和融资公司以第三者的身份扮演了重要的中介角色。但有些产品是不能租用的，尤其是消耗性物品，如食物、礼品和油脂类物品等。

出租者可获得如下利益：

（1）扣除维持、修理成本和服务费之后的所得可能高于买断产品的所得。

（2）租赁可以促使出租者打开市场，否则因为产品成本的因素，出租者根本进入不了某些市场。

（3）设备的租赁可以使出租者有机会销售与该设备有关的产品（如复印机和纸张）。

（4）通过了解租用者的要求及其他信息，有助于企业开发、分销新产品，以及配合客户购买或拥有该产品而引发的各种补充性服务。

租用者可获得如下利益：

（1）资金不至于套牢在资产上，因而可以用来从事其他方面的采购。

（2）在产业市场，租用可能比拥有产品更有利可图。因为物品若能够租用，要进入某一行业或某一市场所需要的资本支出会比其购买物品低；某种情况下对于一种产品只有季节性或暂时性需求，租用比购买更为明智与经济；租用者可以获得新设计的产品，可以规避过时或式样改变的风险；在大多数租用规定下，服务上的问题都由他人负责，包括维护、修理、毁坏等。

五、自助服务

随着互联网的全面普及，自助服务的发展空间变得更加广阔，其重要性也日益提升。时至今日，以网络为基础的自助服务已成为电子商务的重要组成部分。订单发放、存货管理，以至实时技术支持及客户指令修订、互联网自助服务方案都可让客户、业务伙伴及员工随时随地获取所需信息。毋庸置疑，网上自助服务为传统的客户服务注入了新活力，有望在未来数年成为各种主要应用系统的基础。在日常生活中，常常可以看到自助服务的使用，如银行的自动取款机、公共场所的自动售货机等。

自动售货是通过自动售货机或其他自助售货设备来销售商品的一种形式，如自动售货机、自动柜员机、自动售报、机场的自助办理登机卡、地铁的自助售票等，都是典型的自动售货方式。自动售货机一般放在商店、医院、机场、地铁站和其他一些公共场所内，便于顾客购买，同时提高渠道覆盖率和销售效率。自动售货主要适用于饮料、休闲食品等包装比较标准化的商品销售，随着信息化水平的提高，这种渠道模式愈发普遍。

例6-3

星巴克的自助服务

星巴克十分强调它的自由风格，因此采用的是自助式的经营方式。消费者在柜台点完餐，可以先去找个位置稍加休息，也可以到旁边的等候区观看店员调制咖啡，等听到店员召唤后，再去端取。用品区有各式各样的调味品，如糖、奶精、肉桂粉，以及一些餐具，消费者可自行取用。自助服务让消费者摆脱了长长的等候队伍，减少了等候时间，并给了他们更多的控制权。让星巴克如此吸引人的正是这份自由的体验。

可以看出，自助服务就是由获得服务资格的顾客在一定的服务设施条件下，按照一定的服务规则自己独立操作，自己生产服务的同时自己消费服务的一种服务形式，并且这种形式跟顾客接受由相应工作人员提供的服务具有相同的效果。随着电子计算机技术和自动化技术的发展，以及经营管理观念的变化，自助服务逐渐发展起来。

知识延伸

全渠道营销（新零售）

美国国际数据集团（IDG）在其2009年的零售研究报告中首先提出了“全渠道零售”这一新的概念，因为他们发现新型的购买者会同时关注并选择多种渠道，而不是像传统的购买者那样在平行的多渠道环境中只选择其中一种渠道购买。随着当代营销学的发展，“全渠道零售”又被学界称为“全渠道营销”或“新零售”，这几个词交替使用。

菲利普·科特勒在其《营销革命4.0》一书中提出，全渠道营销就是整合多种渠道，为顾客提供卓越的无缝体验。国内学者李飞认为，全渠道营销就是个人或组织为了实现目标，在全部渠道（商品所有权转移、信息、产品设计生产、支付、物流、客流等）范围内实施渠道选择的决策，然后根据不同目标顾客对渠道类型的不同偏好，实行针对性的营销定位，并匹配产品、价格等营销要素组合策略。随着网络技术发展与数字化浪潮的推进，越来越多的服务企业采用了全渠道营销模式，通过线上线下渠道融合发展、移动终端渠道与消费者互动体验达成公司服务产品的分销目标及服务品牌的传播目标。

全渠道、新零售的思想已经逐渐融入人们的生活，已经变成了一种消费习惯、消费态度，正在应用于生产和服务企业，助推未来商业模式、营销模式的变革。相信在不久的将来，移动终端、共享经济、数字经济、物联网、区块链、认知智能将为服务企业带来更多的模式创新，为顾客创造更多新奇的服务体验，助力于创造美好的生活。

第3节 服务特许经营

特许经营指的是特许人准许被特许人使用其品牌名称、业务管理模式、独特的产品、服务或商誉，以收取特许使用费的商业模式。它是一种最普遍的服务分销方式。

特许经营适合那些可以标准化或者可以复制的服务，典型的是通过供给过程、服务政策、授权、促销和品牌来实现。如麦当劳、沃尔玛、星巴克等都是理想的、适合特许经营的例子。然而，服务越复杂、越专业化，越不适合特许经营。

一、特许经营的形式

按照所有权构成不同，特许经营可以划分为正规连锁、自愿连锁和特许连锁。

（1）正规连锁（regular chain，RC）。国际连锁商店协会对正规连锁的定义为：以单一资本经营的10个以上分店组成的零售业或饮食组织。

正规连锁的主要优势包括：规模优势（高度统一、总部拥有全部所有权）；经济优势（批量进货采购，降低管理费用，减少中间环节）；技术优势（总部专业规划和设计，共享技术）。

（2）自愿连锁（voluntary chain，VC）。美国商务部对自愿连锁的定义为：由批发企业牵头，成员在保持资本独立的前提下自愿组成的集团。日本则认为，自愿连锁是由许多零售企业自己组织起来的，在保持各自经营独立的前提下联合一个或几个批发企业，建立起总部组织，使进货及其他业务统一化，以达到共享规模效益的目的。

自愿连锁的成员店资产独立，人事安排自理，在经营上亦有很大的自主权，但经营的商品必须全部或大部分从总部或同盟内的批发企业进货，而批发企业则需要向零售企业提供规定的服务。

（3）特许连锁（franchise chain，FC）。特许连锁店的分店同总部签订合同，取得使用总部商标、商号、经营技术及销售总部开发的商品的特许权，经营权仍集中于总部。在餐饮、便利店、酒店等行业，连锁企业通常会在开设了一定数量的正规连锁店后，便用特许连锁的方式发展加盟店。自20世纪80年代以来，特许连锁的发展速度已超过了其他两种连锁形式。

特许连锁的制度优势是特许人将大大降低投资成本、加快扩张步伐、增加企业知名度、稳定市场份额。而被特许人将减少失败风险，借用促销策略，接受指导和培训，并享受稳定的商品供应、财务支持等。

例 6-4

7-11 的特许经营

7-11 便利店借助特许经营方式实现了全球拓展并且发展为零售领域成功应用特许经营的典范。在 7-11 服务机构的特许经营体系中，总部不仅向加盟者提供关于销售、经营管理等方面的系统培训和指导，还以其强大的产品开发能力，不断开发出具有独创性、高附加值、差别化的适合便利店销售的产品，使加盟者能够远远领先于竞争对手。7-11 总部对加盟店的内外装潢、店面设计、标识牌等拥有决定权。店内产品陈列布局都由总部统一规定、设计。

7-11 虽然拥有数量庞大的门店，但配送货物却是及时、迅速、有条不紊的，这有赖于其先进的物流系统。为了使卖出的货物得以及时补充，7-11 采取了准时制进货，即频繁而小批量进货，依靠门店之间建立的网络系统所收到的最快订货信息及顾客订单所要求的货物来收集产品。同时，7-11 委托配送货物的批发商接受来自不同制造商的产品并与制造商签订协议，这样 7-11 无须承担任何沉重的投资负担就能为其门店建立起一个有效的分销系统，两者各取所需，实现双赢。

7-11 与供应商共建的高效率的共同配送体系也使加盟者可以将产品库存和进货价格都压到最低，而且不必担心缺货，充足而适合消费者需求的产品既吸引了回头客也提高了经营者的利润。加盟者的资金、人力、场地、自我扩张意识以及与当地市场的各种关系，也得到 7-11 总部的有效利用，在更大的范围内拓展了特许经营网络。

7-11 总部注重对加盟店人员的培训，首先让店主在 7-11 训练中心接受为期 5 天的课堂训练，以了解 7-11 系统和便利店经营的基本原理；其次到 7-11 训练店进行为期 5 天的实习演练。总部为每 2～4 个门店配备 1 名有丰富经验的指导人员进行跟踪指导。另外，总部应店主的要求，为提高店员、临时工的经营能力，还可针对产品运营、产品管理和顾客接待等经营项目进行短期的集中训练。

资料来源：苏朝晖．服务营销与管理．北京：人民邮电出版社，2019.

二、特许经营的操作模式及其优势

1. 特许经营的本质

（1）特许经营是利用自己的专有技术与他人的资本相结合来扩张经营规模的一种商业发展模式。因此，特许经营是技术和品牌价值的扩张而不是资本的扩张。

（2）特许经营是以经营管理权控制所有权的一种组织方式，被特许人投资特许加盟店铺拥有所有权，但该店铺的最终管理权仍由特许人掌握。

（3）成功的特许经营应该是双赢模式，只有让被特许人获得比单体经营更多的利益，特许经营关系才能有效维持。

2. 特许经营的操作模式

（1）必须订立包括双方同意的所有条款的合同。

（2）特许人必须在企业开张前，给予被特许人各方面的基础指导与训练，并协助其开展业务。

（3）业务开展之后，特许人必须在经营上持续提供有关事业运营的各方面支持。

（4）在特许人的控制下，被特许人被允许使用特许人所拥有的商业名称、定型化业务或程序以及特许人所拥有的商誉，并且以此作为相关的经营资源。

（5）被特许人必须用自有资源进行实质的资本性投资。

（6）被特许人必须拥有自己的企业。

特许经营过去基本上与制造业业务相关，通常以代理机构的形态出现，如汽车代理商，一般广为人知的垂直特许经营机构是由两种或多种经销层次构成的。新发展的水平特许经营通常是产品或服务的零售商和其他在同一分销渠道的机构间有特许经营关系，这种形态又称服务主办者零售特许经营。这方面的增长相当快速，如干洗服务、劳动就业服务、工具和设备租用业以及清洁服务。目前，许多服务企业都在积极利用特许经营模式，作为企业的扩张、增长策略。

3. 特许经营的优势

（1）对特许人的益处：

- 可以突破资金和时间限制，迅速扩张规模。
- 可激励经理人在多处所运营，复制成功模式。
- 特许经营是控制定价、促销、分销渠道和使服务产品内容一致化的重要手段。
- 充分体现连锁品牌的价值，创造营业收入。

（2）对被特许人的益处：

- 有经营自己事业的机会，而且降低单独经营失败的风险。
- 有成功的连锁品牌和大量购买力作为后盾。
- 有连锁企业的促销辅助支持力量作为后盾。
- 能获得连锁经营管理的各种优势，成功率高。

（3）对顾客的益处：

- 能够解决顾客消费的便利性问题。
- 能得到服务产品质量的若干保证。

4. 成功开展特许经营的必要因素

（1）拥有较高知名度的商标。

（2）形成自己的经营特色（特色产品、特色服务、特色装修、特色管理等）。

（3）拥有特殊的经营技能。

（4）维持总部良好业绩。

（5）建立一套高效率的信息、物流系统。

三、特许经营的风险

从根本上讲，特许经营是一种合伙关系，一种不平等的合伙关系，处理这种复杂关系所带来的困难及潜在的冲突有时会导致特许经营的失败。其风险主要体现在：

（1）为了确保各网点服务标准的一致和公众形象的一致，特许人需要花很高的费用，面临很大的困难，高层管理人员需要花费大量的时间和精力。

（2）由于是合伙关系，与公司自有的企业相比，特许企业的权利范围有限。处理合伙关系的复杂性以及潜在冲突有可能会导致特许经营的失败。

第 4 节　电子渠道分销

渠道管理专家伯特·罗森布罗姆认为，电子营销渠道是“利用互联网得到产品和服务，从而使目标市场能够利用计算机或其他可行的技术购物，并通过交互式电子方式完成购买交易”的渠道形式。通俗来讲，电子营销渠道是指综合利用互联网络、电子计算机和数字交换等多种技术，实现把特定商品从制造商转移到消费者的经营活动过程。

电子渠道为商品的营销人员进行分销开拓了广泛的机会。电子渠道不同于其他渠道，它不需要直接人际互动，它需要的是那些事先设计的服务，并由电子媒介传递这类服务，如电话、电视、互联网、手机，以及其他的电子媒介。通过这些媒介，服务企业可以为消费者和机构提供服务，包括提供其所需要的电影、互动信息和音乐、银行和金融服务、多媒体图书馆和数据库、远程学习、桌面电视会议、远距离健康服务和互动式网上游戏等。

例 6－5

中国移动的电子服务分销平台

为方便顾客办理业务，中国移动构建了自己专门的电子服务分销平台系统，顾客足不出户就可以获得和实体营业厅几乎一样的服务和业务支持。

- 掌上营业厅。通过下载手机或电脑客户端，用户登录后，可随时随地进行操作，享受移动的各项服务。除了中国移动App，中国移动还推出了各地区移动的掌上营业厅。

- 微信平台、小程序。中国移动开通了中国移动10086、中国移动手机营业厅、中国移动手机俱乐部等多个公众号，除了提供基本业务的办理、查询等服务，也是中国移动进行营销推广的有效途径。此外，中国移动还推出了小程序，顾客可以通过小程序进行简单的业务办理，提高了服务的便利性。

- 支付宝平台。中国移动在支付宝平台开设了生活号，用户可在此进行业务查询及业务办理，包括号码选择、充值等基础服务。

- 电商平台。中国移动在天猫、京东等大型平台都有自己的旗舰店，经营产品有手机、合约机、充值产品、号卡、智能设备等。

- 服务热线。10086是全国统一的中国移动通信服务热线，顾客可以通过拨打10086查询或咨询中国移动通信的基本政策、业务知识、新业务、计费标准等问题，对移动网络通信和服务质量提升进行反馈，并对服务及业务提出意见和建议。

资料来源：苏朝晖．服务营销管理：服务业经营的关键．3版．北京：清华大学出版社，2023.

一、电子渠道分销的优势

1. 实现标准化服务供给

电子渠道不同于有人员交互的渠道，它所提供的分销服务不受个人能力、技巧、情绪的干扰，完全可以实现标准化。这一特点对于服务企业在顾客心中塑造一致性的形象大有裨益。

2. 获得低成本分销

电子营销几乎不需要大的固定资产投入，千人传播成本很低；企业可以随时更新网上信息，省去了在传统媒体做广告的费用；企业可以从网上收集信息，减少人工收集信息的成本；电子营销渠道还可以实现“无纸化”，从而节约办公费用。

3. 顾客购买的便利性

利用电子渠道，顾客能够在其需要的时间和地点订购企业的服务。就像目录营销把工作女性从亲自到购物中心购物中解放出来一样。可以说，电子商务改变了人们的购物方式。许多开展电子营销的公司能够为顾客一周7天、一天24小时线上订购提供方便，电子渠道一方面为现代顾客节省了宝贵的时间，另一方面让服务企业可以接近一个巨大的顾客群。

4. 更广泛的分销

电子渠道允许服务供应商与大量的最终用户进行交互，可以获得广泛的顾客接触面。不仅如此，它还允许服务供应商与大量中间商进行交互（常常是同时），实现更为经济和有效的分销和促销。许多特许人发现，与主流广告和贸易展览的传统方法相比，通过互联网能够寻找到质量更高的被特许人。电子分销渠道正在逐渐展现出它的魅力，电子分销有着巨大的市场空间，并且正在成为新时期营销变革与创新的主旋律。

5. 更强的交互性

交互性是电子渠道的一个显著特征。顾客可以从网上获取企业的商品信息，也可以向企业咨询、洽谈、订货；企业可以按照顾客的要求提供个性化服务，可以通过配送系统向顾客送货。企业还可以与其他企业进行网上交流，加强业务往来。互联网允许顾客根据自己的需要对服务进行定制化设计。例如，个人打算装修厨房，可以登录许多网站，具体说明要求，订购所需要的东西，通过互动，顾客可以得到想要的服务。

6. 快速的顾客反馈

快速的顾客反馈是电子商务不容置疑的主要优势之一。企业可以立即发现顾客对其服务的认知和反应，并且从顾客的反馈中获得更高的顾客参与度。利用顾客的快速反馈，可以及时了解顾客需求的变化，及时改变服务品种组合。如果有顾客不满意或投诉，还可以及时发现并立刻解决问题，以提高顾客的满意度。提高顾客的满意度是服务企业的中心工作。

二、电子渠道分销的市场挑战

1. 恶性价格竞争

相较于有形产品，服务的特征之一就是很难直接比较价格。有形产品可以直接比较，然而，现有的零售业很难直观比较多个服务商提供的服务。互联网改变了这一切，它使顾客对范围广泛的各种服务的价格进行比较变得简单。如购买机票，网络方便了顾客比价。这样问题就来了，顾客习惯比价，无形中把服务提供商卷入价格战之中，服务提供商往往只顾降低价格而忽视服务质量，这是很危险的。

2. 服务质量面临挑战

如果你接受过远程教育学习，比较一下用这种方式学习与直接跟随一位老师学习的效果，你就会理解网络教育的挑战。在大多数情况下通过电子方式学习，你不能和老师直接互动、提问、阐明观点或分享你的个人感受。在网络课堂上，如同许多企业的电视会议一样，学习质量可能被环境因素所影响。人们彼此谈话、随意离开、大声说笑，以及做出的其他行为，必然影响效果。所以，通过网络提供定制化服务在质量保证方面面临挑战。

3. 对于安全的担心

人们普遍担心电子渠道的安全性，尤其是健康和财务信息的安全。许多顾客在互联网上提交信用卡号码时感到犹豫，这些问题可能影响顾客将互联网作为一个交易场所的信任。人们还担心个人信息进入互联网时，被黑客及不法分子获得和利用。此外，还有对于伪劣产品的担心，因为互联网平台是虚拟场所，很难阻止劣质商品的流通。

4. 服务提供范围不断扩大的挑战

传统服务往往是在顾客的选择范围内提供，所以，许多服务在某种程度上受到保护而免于竞争。例如，商业银行为本地顾客提供活期储蓄存款、抵押贷款等服务。过去人们常常认为，因为服务不能被运输，所以它只能在有限的范围内由特定服务商提供。但现在不同了，通过互联网，许多服务（包括金融、保险、信息等）可以从远离当地的服务机构购买，这就给服务产品的跨界营销与管理带来了难题。

三、电子分销渠道建设

一般来讲，基于网络的电子分销渠道主要有两种类型或模式：B2B（企业对企业）和B2C（企业对消费者），这两种类型都具有各自的特点。

B2B模式具有购物批量大、购货频率低、客户数量少、客户关系比较稳定、购买方比较集中等特点，因此，其电子分销渠道建设的关键是设计好便利的订货系统，以方便购买企业进行选择和下订单。这种模式的基础是供货企业与企业客户之间容易建立了解和信任，资金流和信息流比较顺畅，一般是通过网络进行信用支付，结算也比较简单可靠。此外，由于该模式订货批量大、次数少，也便于专业的物流配送。

B2C模式具有购物批量小、购货频率高、客户数量大、客户关系不稳定、购买方非常分散等特点，因此，其电子分销渠道建设的关键是建立便利高效的订货渠道、结算方式和物流支持系统，这也是网上购物渠道必须要突破的瓶颈。现阶段的B2C主要有两种操作方式：一是制造商、服务提供商建立网店系统直接面对消费者销售其产品，实行网络直销；二是制造商、服务提供商通过专业的电商代理销售其产品，实行网络连锁经营，如淘宝网、唯品会、苏宁易购、京东商城等，都是这样的中间分销平台。

根据电子分销渠道的特点，服务的电子分销渠道建设要做好以下几个方面的工作：

（1）电子分销渠道设计必须考虑克服顾客的心理障碍。网络是虚拟世界，消费者又不能触及到目标商品，因此，上网购物往往缺乏安全感，怕买到不合心意的产品，更怕上当受骗，有鉴于此，电子分销渠道设计要采用顾客容易接受的方式，尽量消除顾客的顾虑，吸引其大胆上网购物，如现在不少网购平台采用货到付款、信用支付（第三方担保）等方式，推行一定时期内无条件免费退货退款等举措，大大增强了消费者的网购信心。

（2）电子分销渠道设计必须充分考虑顾客购物的便利性。比如，设计订货系统尽量简单明了，让客户易于操作，并且不要让客户填写太多的信息；商品的网上陈列尽量分类清晰、明确，让客户能够轻易地找到自己想要购买的商品；提供详细的商品信息，以便部分客户做深入的研究和对比的选择。很多网购平台常用的“购物车”模式充分满足了顾客便利自选的需求，如亚马逊的设计比较人性化，会及时告知订单信息及进展并提示查收；即使下了订单，在未告知已发货之前还可以撤销和修改订单；发货之后还会追踪了解顾客的购物体验。

（3）电子分销渠道设计必须充分考虑顾客支付的安全性。网商应该根据各地区经济发展的水平和环境条件，尽量设计多种购物结算方式供顾客选择，如现金支付、网银信用支付、POS 机刷卡等。更为重要的是，要充分考虑到网购的金融风险，保障顾客支付的安全性，尽量采用信用支付、第三方担保等较为安全的间接支付方式。

（4）电子分销渠道设计必须考虑建立高效的物流配送体系。物流配送的速度、质量、水平是考验网商运营水平的重要指标，也是影响顾客满意度的一个重要方面。因为网购具有价值实现的滞后性，购物者都会有焦急等待的心理，只有拿到所购货物后心理才会踏实，因此，高效的物流配送系统是现代网商成功经营的保障。同时，高效的物流配送还能够降低经营成本，提高企业效益。也正因为网购对物流配送水平的要求，企业在设计电子分销渠道时应考虑自身产品的特点，看看是否便于运输和配送，是否适合采用网络销售。

此外，由于服务的无形性和电子分销渠道的虚拟性、时空性、科技密集性等特性，服务的电子分销渠道除了与传统分销渠道一样需要控制各个组织成员的渠道权力分配外，还应重点加强基于互联网的服务订货系统、物流配送系统和网络支付系统的管理，这对于服务企业的分销管理工作是一种新的挑战。

知识延伸

新媒体渠道

新媒体渠道就是借力传统媒体、移动通信、互联网及服务业媒介，低成本获取庞大客户资源的新型业务形态。新媒体渠道可以省去实体网络构建成本。媒体利用其庞大的信息受众规模和稳定便捷的渠道网络，充分发挥产品销售渠道集信息流、商流、物流和资金流四流合一的功能，在第三方企业（广告商）和消费者客户之间搭建沟通和贸易桥梁，为第三方企业（广告商）提供市场分析、客户选择、营销策划、活动实施、产品代理、信息告知、交易谈判、货物配送、资金回笼、服务延伸、顾客维护等系列化、专业化的渠道服务。

这里所说的媒体有以下四种类型：第一类是传统媒体，如报纸、电视、杂志、广播等；第二类是互联网；第三类是移动通信；第四类是传统的服务行业，如银行、邮政、酒店、学校、机场、电影院等。这些媒体的核心资源一是媒体界面，二是客户资源，三是遍及全国的销售网点。

新媒体渠道可以作为现代服务的有效传递方式。作为一种新型的服务业态和一种全新的商业模式，新媒体渠道充当的是一个资源整合者的角色，采用的是“资源整合型的平台化运营模式”。新媒体渠道的特点是企业媒体化、媒体渠道化、渠道媒体化、渠道平台化。

所谓企业媒体化就是指企业本来需要借助媒体推广自己的产品、品牌及形象，而企业，特别是知名企业，在运作过程中本身就变成了一种媒介，承担着接收信息和传递信息的功能。媒体渠道化是指原来的一些纯粹的媒体，现在演化为既是媒体又是有力的销售渠道，如电话推销、电视购物、电子商务、5G手机、114查号台、携程旅行网等，都是一渠多能。科技的发展使得媒体渠道化成为潮流，借助媒体平台化，渠道逐渐演变成销售平台。同时，很多知名的销售渠道承担着信息的接收与传递，甚至品牌推广的功能，渠道也逐渐媒体化，成为产品销售和信息积聚的综合平台，如沃尔玛、苏宁等渠道即是如此。

基本概念

直销　连锁经营　特许经营　电子渠道

简答题

1. 服务分销渠道有什么特点？
2. 什么是直销？
3. 什么是特许经营？

论述题

1. 试论述服务特许经营的优势和风险。
2. 论述电子渠道分销的优势及挑战。

案例分析

美团优选的电子服务分销

美团优选成立于2020年7月，是美团旗下的社区团购平台。美团优选项目的主要内容是美团提供平台服务支持，优选商家提供货品，用户拼团成功后美团方从商家提货并将货送到团长指定的自提点，然后团长分发货品从而完成交易。其中商家赚取了利润，美团吸引了流量，团长获得了收入，用户获得了性价比较高的货品。这也就是社区团购模式下常见的“预售＋自提”模式。相比淘宝、天猫等网上购物平台，美团优选送货速度更快，价格优惠，也能弥补美团外卖只递送餐食和药品的局限。

美团优选的优势在于，将营销重点放在下沉市场，利用“预售＋自提”的模式，对社区便利店赋能。美团作为餐饮外卖的巨头，在一、二线城市有着很强的影响力，同时在用户群体、流量营销、同城运输上，已经建立起极具竞争力的完整闭环交易服务体系。其中，美团入局社区团购，更是被预测为重量级玩家，其发展和体量不可估计。美团优选的经营特点体现在以下几个方面。

1. 限时秒杀（万人团玩法）

美团优选有一个非常亮眼的功能，那就是“优选万人团”。这个功能版块每日都会推出一款折扣爆款产品，而且系统还会同时显示原价跟折扣价，利用两者的价格差，吸引用户的注意力，加速用户的下单决策。跟传统的限时秒杀活动相比，万人团更容易打造爆款产品。借助此功能可获得10万单以上的订单交易数，于是万人团成为美团优选的一项强大功能。如果普通商家也想开展社区团购业务，可以借助社区团购模式下的万人团玩法，借助单款低价爆品薄利多销，这样既能带来超过10万＋的订单交易，还能保证用户的活跃度。

2. 搭建类似美团优选的平台

社区团购系统支持搭建类似美团优选的平台，在系统中配备了相对应的商城界面，用户只需要在商城模板中自行设置、套用相关模板即可实现。

3. 门店内容营销

美团优选平台系统中增加了门店详情页，用户可以在门店详情页中看到门店的详细介绍，以及门店产品的种类，从而达到营销目的。

4. 优惠券促销

用户进入门店详情页，能看到门店介绍，同时也能领取优惠券直接下单，增加了门店营销的渠道，提高了门店的吸引力。

5. 拼团玩法

在门店页面下还能看到门店拼团活动，用户直接点击拼团即可加入，这一设计不仅提高了活动的曝光率，同时还提高了门店页面的丰富性，更能激起用户的消费欲望。

6. 自动匹配骑手

在物流配送方面，社区团购系统支持自动匹配骑手，无须团长进行人工操作，这一技术为团长省去了烦琐的配送安排过程。

7. 骑手送货通知

当用户成功下单，系统通知骑手进行配送时，骑手将会收到系统的配送通知，点击通知，可以查看具体的订单信息。

讨论：1. 根据案例谈谈电子服务分销的优势和局限。

2. 怎样看待未来服务产品分销的发展趋势？

实训练习

调研一家采用特许经营的服务企业，了解其特许经营的资源优势、加盟条件、一次性费用和年度管理费用、过程管理要求、采购配送、门店管理规范、经营技术等，熟悉整个运作流程。

即测即评

扫描二维码可在线自测并查看答案。

第7章 服务促销策略

| 本章要点 |

- 了解服务促销的目标及特点
- 认识服务促销的一般组合工具
- 掌握服务促销新工具
- 掌握服务整合营销技术

促销的本质在于信息传达和与消费者沟通。新时期服务企业必须遵循顾客导向，与消费者的沟通要本着尊重、平等、互利互惠的原则，才能更好地满足人民群众日益增长的物质和文化的需要，切忌居高临下、单向度的强制促销。实事求是是党的光辉传统和管理原则，服务企业的促销行为也要客观、实际，真正让利于民。反对过度营销、过度促销，反对传销，反对不切实际、欺骗百姓的虚假宣传。

引 例

油饼店火了的背后

《叶茂中的营销策划》一书中讲了这样一个有趣的故事：在一座小城市，一个开油饼店的小老板花了45元钱印了100张关于自己油饼店的宣传单，送给了100位人力三轮车夫，并且许诺只要车夫帮他宣传了这个消息，就可以获得一张油饼。如果带人来买油饼，就可以根据顾客的购买数量提成。在那个小城市，这样做的油饼店只此一家，加之油饼做得也挺好吃，小店的名气很快传播开来。有了好产品再加上好的传播手段，油饼店的生意很快就火起来了。现在在那个小城市，一提起油饼，大家都会说那家小店的最好。这就是传播的力量，许多旅游景区、酒店都采用这种办法招揽生意。

讨论：本案例对于服务产品的促销与传播有什么启示？

第1节 服务促销

一、促销与促销组合的概念

促销指企业通过人员和非人员的方式，沟通企业与消费者之间的信息，引发、刺激消费者的消费欲望和兴趣，使其产生购买行为的企业行为。促销可以说是市场营销组合策略中的“临门一脚”。

从以上概念可以看出，促销具有以下几层含义。

1. 促销的实质是与消费者沟通

传统的促销强调说服、诱导消费者购买，强调只有将企业提供的产品等信息传递给消费者，才能引起消费者注意，并有可能使其产生购买欲望。所以，传统的促销是单向度的沟通行为。现代促销强调与消费者平等的、双向度的沟通，强调尊重消费者的意愿，强调消费者参与到企业产品的开发推广活动中来，因此，现代促销是双向的、互动的。

2. 促销的目的是引发、刺激消费者的购买行为

在消费者可支配收入既定的条件下，消费者是否产生购买动机与行为主要取决于消费者的购买欲望，而消费者购买欲望又与外界的刺激、诱导密不可分。促销正是针对这一特点，通过各种传播方式把企业的产品、品牌或服务等有关信息传递给消费者，以激发其购买动机，促成其购买行为。

3. 促销的方式有人员促销和非人员促销两类

人员促销是企业运用推销人员向消费者推销产品的一种促销活动，表现为人员推销。非人员促销是企业通过一定的媒体形式传递产品等有关信息，包括广告、公共关系、销售促进和直复营销等。企业在促销活动中通常将人员促销与非人员促销结合运用，如图7－1所示。

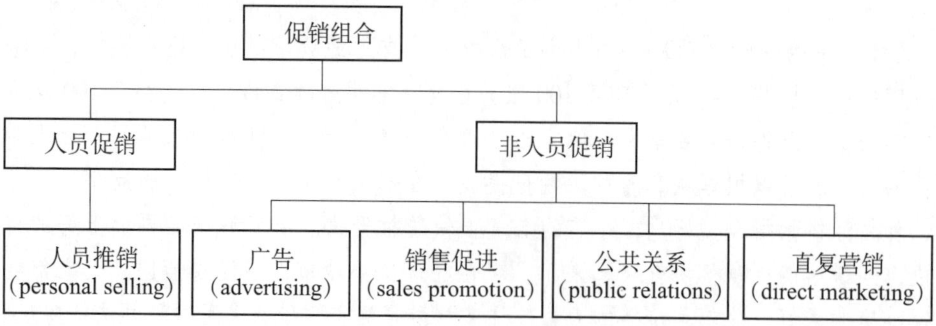

图7－1 促销组合示意图

市场竞争促使服务企业采取有力的措施来强化顾客对本企业服务的理解和认知，并积极购买和消费其服务。这就需要服务企业在服务促销与沟通方面进行不断的调整和创新。促销与沟通不只限于对顾客，也可以用来激励雇员和刺激中介机构。

例 7－1

亚朵酒店：重视人员沟通，创造关联体验

在酒店住宿业中，人员沟通能够对关联体验的形成起到很大的促进作用。体验沟通的内容不仅包括产品本身和解决方案，更重要的是了解顾客心情，促进顾客间的沟通。

亚朵酒店的员工对待顾客像对待自己的朋友，他们不会主动跟你推销，但却在顾客需要咨询时，提供专业的解决方案。每个亚朵酒店员工有 300 元的授权，用于及时解决客人的突发状况。阅读会友书吧“竹居”的摆设、色彩也非常便于顾客结交朋友，加以“阅读”主题基础上的交流，顾客之间的沟通也变得很自然。值得一提的是，服务人员、管理人员的挑选首先要符合企业的价值文化，在培训时必须加上“目标群体生活方式”一课，保证能够理解顾客感受，并有沟通的话题。

亚朵酒店的创始人兼 CEO 耶律胤认为酒店住宿业有几个境界，最基本的是满意，再往上是惊喜，然后是感动。亚朵酒店正致力于创造一个住宿品牌，并形成一种生活方式，能够使客人在紧张、疲惫的差旅途中，通过高品质的酒店设施、书籍、音乐、照片及感悟，获得舒适的住宿环境、放松的居停空间，能够在亚朵休憩、充电，得到心灵上的放松及人生感悟的共鸣。

资料来源：李巍．服务营销管理：聚焦服务价值．北京：机械工业出版社，2019.

二、服务促销的意义

在服务营销活动中，顾客不仅需要知道核心服务的存在，还需要获取服务的地点、时间、价格以及针对他们需求的种种建议信息。因此，能否与顾客进行有效沟通将直接决定前期服务营销活动的成败。然而，服务的无形性给服务沟通带来了较大困难。

对于服务业来说，有效的沟通可以使那些原本无形的服务获得有形的支持，并把后台的生产活动表现出来，显现那些一度被掩盖起来的优势和资源。沟通还能提供信息和教育顾客，帮助顾客做出明智的选择，以便他们从所购买的服务中获取更高的价值。

促销与沟通（通常简称为促销）是针对顾客专门设计的，它是营销组合中的一个要素，综合运用各种促销工具，是服务企业具有战略意义的重要工作。其意义主要体现在：

（1）宣传服务。面对一项新的、复杂的尤其是专业性很强的服务项目时，没有服务的促销与沟通，顾客很难对这项服务的功能、特色、质量等有清楚的认识。服务营销沟通对于消除服务的陌生感、提供服务购买信息具有决定性作用。

（2）说服尝试。在购买不可触知的服务时，光靠简单的服务内容介绍无法消除顾客消费服务的感知风险。服务企业不仅需要提供完备的服务信息，还要提供消费的信息保证，而保证最有效的方式就是亲身尝试。所以，免费试听、试用、试吃、试驾通常是说服顾客接受某项服务最好的和最有说服力的沟通方式。

（3）明确定位。服务应该以一定的形象被服务企业的目标顾客接受。这个形象是战略性的，应该与竞争对手的定位区别开来。所以需要通过服务沟通来明确企业的这种形象定位，让顾客在沟通中体会、认可并达成共识。

（4）展示差别。顾客往往希望了解企业与竞争对手的服务之间甚至同一企业现在提供的服务与以往提供的服务之间的差别，以给自己的消费选择提供充足的理由。服务沟通的一大任务就是展示本企业服务的优势和特征，帮助顾客比较鉴别，以尽快做出购买决策。

（5）纠正偏差。在服务行业，顾客感受到的服务缺陷经常与服务本身实际存在的不足有偏差。这种感受上的偏差往往会影响顾客对服务和服务企业的印象。企业通过服务沟通，解释纠正顾客感受上的偏差，表达企业努力改进业务的决心，会给顾客留下真诚的印象。

（6）培养忠诚。服务感知风险的存在使得顾客每一次消费都会小心谨慎，一旦跨越了这道障碍，对风险的回避便转为对品牌的忠诚。因此，通过服务沟通定期消除顾客不满，将有利于培养和维持品牌忠诚。

（7）强化记忆。服务营销沟通的第一层目的是让顾客了解服务，第二层目的在于向顾客保证他们选择的正确性，第三层目的就是不断强化顾客对企业服务的记忆。如果顾客相信自己体验过的服务具有比较优势，那么持续的强化会使顾客树立起对服务品牌的忠诚。

三、服务促销的目标

服务促销的目标与有形产品的促销大致是相同的，主要有如下几种：

（1）建立对该服务及服务企业的认知及兴趣。

（2）突出服务内容和服务企业本身与竞争者的差异。

（3）沟通并描述所提供服务的种种利益。

（4）建设并维持服务企业的整体形象和信誉。

（5）说服顾客购买或消费该服务。

服务促销的具体目标如表7－1所示。

表7－1　服务促销的具体目标

目标分类	具体目标描述
顾客目标	● 增进对新服务和现有服务的认知 ● 鼓励试用服务 ● 鼓励非用户 ——参加服务展示 ——试用现有服务 ● 说服现有顾客 ——继续购买服务而不是终止使用或转向竞争者 ——提高顾客购买服务的频率 ● 改变顾客需求服务的时间 ● 沟通服务的区别利益 ● 加强服务广告的效果，吸引受众的注意 ● 获得关于如何、何时及在何处购买使用的信息
中介机构目标	● 说服中介机构递送新服务 ● 说服中介机构努力销售更多服务 ● 防止中介机构在销售场所与顾客进行价格谈判
竞争目标	对一个或多个竞争者发起短期攻势或进行防御

总之，任何促销努力的目的都在于通过传达、说服和提醒等方法销售服务。显而易见，那些一般性目标也会因具体服务行业及服务的性质不同而有所不同。例如，运输业和物流业的促销目标包括以下内容：

（1）在所有潜在使用者中提高公司的知名度。

（2）详尽地说明公司的产品，包括成本/利益关系、价格以及其他有关事项。

（3）改善公司在现有和潜在顾客中的形象，以改善顾客对公司的态度。最主要的目标是在公司未来开发新服务时，新的目标顾客群更容易接受。

（4）消除已存在的错误的服务观念。

（5）将有关本公司服务的特殊项目或附加服务及调整情况告知现有及潜在顾客。

（6）将市场上各种新的服务分销渠道告知现有及潜在顾客。

第2节　服务促销的工具

在服务营销过程中，顾客不仅要知道核心服务的内容，还需要获取服务的时间、地点、价格和有关他们需求的种种信息。因此，能否与顾客进行有效的沟通将直接决定前期服务营销活动的成败，有效沟通需要借助一系列沟通工具才能实现。

一、服务促销的一般工具

服务促销的一般工具包括服务广告、人员推销、公共关系、销售促进、直复营销等。作为促销工具，每一种都有其优缺点，当一个服务企业的目标、对象发生变化时，它的促销工具组合也应该做出相应调整，与时俱进。因此，营销人员应该针对不同促销工具的优势和特点，结合自身企业及服务产品的特点进行有效的选择和促销。

1. 服务广告

广告是由明确的发起者以公开付费的方式，通过任何形式的传播媒体进行的对创意、有形产品和服务等的非人员展示和促销活动。广告是促销组合中一个重要的组成部分，也是现代促销最强有力的手段，当然也是费用最高的手段。广告媒体影响面大，影响力强，相对费用也较高。

广告作为一种强势促销手段经常用于服务产品的促销，其主要特性包括：

（1）公开展示。广告是一种高度公开的信息传播方式，具有生动形象的传播特征。

（2）媒体性。广告需要借助各种媒体进行传播，如电视媒体、网络媒体、户外媒体等。

（3）渗透性。广告是一种渗透性的媒体传播方式，它允许销售者多次接触这些信息，以逐渐渗透到消费者的头脑中，以潜移默化地影响消费者的购买心理和行为。

（4）非人格化。广告不会像公司的销售代表那样有强制性，受众不会感到有义务去注意广告或对其做出反应，广告对受众只能进行独白而不是对话。

（5）夸张的表现力。广告可通过十分巧妙地应用印刷艺术、影音效果，提供将一个公司及其有形产品或服务戏剧化展示的机会。

所谓服务广告，是指广告主在对用户进行售前、售后服务过程中，对其进行的已有或者新推出的各种服务进行宣传，借助一定的宣传媒体将企业服务的信息传递给消费者或用户的一种宣传方式。一则成功的服务广告，必须把顾客的注意力吸引或转移到服务上，使顾客对广告中推广的服务产生兴趣，以刺激顾客欲望，再促使其采取购买消费行为。

服务广告要以简单的文字和视听形象传递比较复杂的无形的服务信息，事实证明具有很大的难度。有些服务广告可以使用图像或符号等来协助传递信息，有些则必须详尽地解释其服务（如专业服务项目）。服务是无形的，因此服务广告策划者应该尽可能使用有形物品、线索作为载体，以增强服务促销的效果。知名的人物或物体（如建筑物、场景）经常用来作为服务产品的有形展示，这种具体的沟通展示可以变成服务的化身或隐喻。

服务广告的主要任务是在顾客心目中创造公司形象，传达公司良好的个性特征，建立顾客对公司的认同，指导公司员工如何对待顾客，帮助业务代表开拓市场。

2. 人员推销

人员推销是通过与一个或多个预期顾客进行面对面接触以展示介绍产品、回答问题和取得订单的营销活动。人员推销是促销的最基本方式，在购买过程中的某个阶段，特别是在建立购买者的偏好、信任和行动时，往往是最有效的工具。人员推销有它的明显特性：

（1）面对面接触。人员推销是在两个人或更多的人之间，在一种生动的、直接的和相互影响的关系中进行的交流与传播。每一方都能在咫尺之间观察对方的需求和特征，在瞬息变化之间做出调整。这种促销方式最直接、最真实，可以尽力说服对方，对于如机械设备、耐用消费品、贵重复杂的服务（如保险）等最为有效。

（2）人际传播和人际关系培养。人员推销允许建立各种关系，从注重实际的销售关系直至深厚的个人友谊，人员推销往往也是服务企业情感营销和客户关系管理的基石。

在服务市场上，人员推销的执行手段与制造业市场有较大的差异。比如，在某些服务业市场，服务企业可能必须雇用专门技术人员而不是专业推销人员来推销其服务。实际上，推销服务比推销有形产品更困难。

由于服务产品的无形性和服务分销渠道的局限性，服务人员推销的类型与有形产品人员推销的类型有很大不同。服务人员推销主要有以下两种类型：

（1）服务企业的人员推销。指服务企业雇用推销人员向中间商或消费者推销服务产品。这种推销类型在基金、保险、证券等行业得到了广泛的应用。

（2）代理商雇用销售人员推销。出于获得更大销量的需要，代理商往往会雇用推销人员在指定区域向消费者推销服务产品。比如，有些旅游产品、娱乐场所的代理商会雇用一定数量的推销人员进行推销。

人员推销作为一种古老的营销方式，在服务营销的实践中得到了进一步的完善和发展。在服务行业，服务人员推销概括起来主要有以下两种形式：

（1）上门推销。所谓上门推销，是指由推销人员携带展示设备或图片、说明书和订货单等走访顾客，推销服务产品。上门推销有两个主要特点：一是推销人员积极主动地向顾客靠拢；二是增进了推销人员和顾客之间的情感联系。但在信息经济时代，上门推销已让顾客产生了厌烦心理。

（2）会议推销。会议推销即是利用各种会议的形式，如新闻发布会、企业专场服务产品展示会，宣传和介绍本企业及服务产品，开展销售活动。会议推销被大多数企业所采用，因其可以使来自不同地区的各企业、同行业之间广泛接触，影响面大，效果显著。特别是企业在树立形象，需要同广大中间商和社会公众广泛接触时，这种推销形式会取得令人满意的效果。

3. 公共关系

公共关系是指设计面向公众或其他利害关系者的各种方案，以推广或维护公司形象，促进产品销售的活动。公共关系目标及公共关系工作对于服务企业的作用表现在以下几个方面：协助新任务的启动，建立并维持形象，处理危机，加强定位。

公共关系传播可以分为自发传播与自觉传播两种。自觉传播必须对媒介进行有效的运用，以提高传播效果。传播媒介既有大众媒介（广播、电视、报纸、杂志等），又有群体媒介（联谊会、新闻发布会、茶话会等）和人际媒介（具体的个人）；既有符号媒介（掌声、姿态、图画等），也有实体媒介（公共关系礼品、象征物、购物袋等）和人体媒介（社会名流、新闻人物、舆论领袖等）。由于是在有意识、有计划地开展各种信息传播活动，因此这种自觉的传播活动比自发传播要高效得多。

公共关系的显著特征包括：

（1）可信度高。新闻故事和特写有权威性，对读者来说要比广告更可靠、更可信。

（2）费用低。通过策划、组织特别的公共关系事件并通过发布新闻稿件的方式进行宣传，相比其他传播工具费用要便宜得多。

（3）影响面广。企业产品信息随着新闻媒体的传播而扩散。如果新闻价值高，所有新闻媒体都会竞相报道，要比广告影响面更广。

（4）效果戏剧化。公共关系宣传像广告一样，有一种能使公司及其服务产品惹人注目的潜力。好的公共关系活动的策划与组织有令人难忘的效果。

公共关系工具主要包括：

（1）宣传报道。宣传报道是介绍企业服务的重要工具，它通过发布免费的新闻信息或肯定的评价来帮助企业宣传服务。宣传报道的信息要想被新闻单位采用，必须真实可靠、实事求是，而且还应包含媒体和受众感兴趣的内容。

（2）事件赞助。企业可以通过赞助有足够新闻价值的事件或社区服务来实现新闻覆盖。同时，这些事件也有助于提高企业的品牌知名度。

（3）公益赞助。企业也可以选择为公益事件提供赞助，从而将自己定位为富有爱心和社会责任感的企业，这势必会受到人们的广泛关注并赢得他们的好感。

（4）互联网传播。企业在互联网上进行的新闻发布有助于新闻界、现有及潜在顾客、行业分析家、股东及其他人了解企业的相关信息。同时，网站也是新服务构思和改进的公开论坛，可以获得访问者的各种反馈信息。

4. 销售促进

销售促进又称营业推广，是指除了人员推销、广告和宣传报道以外的刺激消费者购买和提高经销商效益的各种企业市场营销活动，如陈列、演出、展览会、示范表演等。简单地说，销售促进就是一种通过直接刺激以求短期内达到效果的促销方法。其主要特点包括：

（1）形式多样。针对不同促销对象采用多种推广形式，如优惠券、竞赛与抽奖、样品赠送、特价、堆头展示、搭赠、现场秀等。

（2）刺激性强。企业在终端销售场所采取某些利益让步、诱导或赠送的办法给顾客以某些好处，能够刺激消费者产生购买冲动。

（3）短期效应。销售促进是一种短期的刺激，直接而迅速，企业一般期待顾客强烈快速地响应。销售促进能够促进短期销量提升，与公共关系效果不同，其对长期的品牌形象建立效果不大。

销售促进的主要策略包括：

（1）价格/数量促销。这种方法如果被顾客理解为短期促销而不是鼓励持续的大额订购，就应该在一个有限的时间内采用，而不宜作为长久之策，如旅游公司在旅游淡季推出机票折扣、门票折扣、宾馆价格折扣等。

（2）样品赠送。这种方法给了顾客一个免费试用服务的机会。比如，某软件公司提供多款软件（如杀毒软件）免费试用、广播电视公司提供免费高清机顶盒等。

（3）优惠券。优惠券通常采用以下三种形式：直接降价，与最初购买者同来的一个或多个顾客可享受折扣或费用减免，在基本服务的基础上提供免费或有价格折扣的延伸服务（如在每次洗车时都提供免费换机油服务）。

（4）未来折扣补贴。航空公司、酒店和汽车租赁公司等广泛使用这种策略来保持那些经常外出旅行人员的品牌忠诚度，顾客必须签约加入某一特定的常客计划才能享受未来折扣。这类折扣采取一系列分段奖励的形式，如加入会员享受免费的服务升级、航空公司积分换机票活动、成为 VIP 后享受更高折扣等。

（5）礼品赠送。这是一种为了给短暂易逝的服务增加有形要素而提供的特殊促销方式。例如，银行和保险行业提供的服务很难差别化，这些行业就广泛使用礼品赠送策略。银行定期开展礼品战，向储户提供金额逐步累进的礼品，从厨房用品到电视机、手提电脑，作为对拥有不同级别存款额的储户的回报。

（6）有奖销售。这种方式引入了机会这个要素，使顾客乐于参与，如抽奖等。它可以用来有效地增加顾客对服务的参与和兴奋感，鼓励顾客增加对服务的使用。

5. 直复营销

直复营销是一种为企业提供消费群体数据，向最适合企业产品市场定位的人群进行针对性营销的方式。服务企业可通过直邮广告、电话、传真、电子邮件、微信等方式，对特定的消费群体进行一对一的营销。与传统媒体广告相比，直复营销更具有针对性。

近年来，随着信息技术的快速进步，直复营销得到了飞速的发展，其独有的优势也日益被企业和消费者所认可，形式也不再局限于邮购活动，而是随着电话、电视、互联网、移动互联网等媒介的出现而变得越来越丰富。直复营销主要有以下七种类型。

（1）直接邮购。直接邮购是指经营者自身或委托广告公司制作宣传信函，分发给目标顾客，引起目标顾客对商品的兴趣，再通过信函或其他媒体进行订货和发货，最终完成销售行为的营销活动。这是最古老的直复营销类型，也是当今应用最广泛的类型。

（2）目录营销。目录营销是指经营者编制商品目录，并通过一定的途径分发到顾客手中，由此接受顾客的订货并发货的营销活动。目录营销实际上是从直接邮购营销演化而来的，两者最大的区别在于目录营销适用于经营一条或多条完整产品线的企业。目录营销的优点在于：内容含量大，信息丰富完整；图文并茂，易于吸引顾客；便于顾客作为资料长期保存，反复使用。其缺点在于：设计与制作的成本费用高昂；只具有平面效果，视觉刺激较为平淡。

（3）电话营销。电话营销是指经营者通过电话向顾客提供商品信息，顾客再借助电话提出交易要求的营销活动。电话营销的优点在于：能与顾客直接沟通，可及时收集反馈意见并回答提问；可随时掌握顾客态度，使更多的潜在顾客转化为现实顾客。电话营销的缺点也相当明显：因干扰顾客的工作和休息所导致的负面效应较大；由于顾客既看不到实物，也读不到文字，故而易产生不信任感等。

（4）电视营销。电视营销是指经营者购买一定时段的电视时间，播放某些商品的录像，介绍功能，告知价格，从而使顾客产生购买意向并最终达成交易的行为。其实质是电视广告的延伸。电视营销的优点是：通过画面和声音的结合，使商品由静态转为动态，直观效果强烈；通过商品演示，吸引顾客注意力；接收信息的人数相对较多。电视营销的缺点是：制作成本高，播放费用昂贵；顾客很难将它与一般的电视广告相区分；播放时间和次数有限，常常是稍纵即逝。

（5）短信、微信营销。短信、微信营销是指经营者借助计算机、互联网、通信和数字交互式媒体进行的营销活动。目前在国内应用较多的是手机短信、微信营销。这种方式主要是随着信息技术、通信技术、电子交易与支付手段的发展而产生的，特别是互联网的出现更是为其发展提供了广阔的空间。

（6）直接反应印刷媒介。直接反应印刷媒介通常是指在杂志、报纸和其他印刷媒介上做直接反应广告，鼓励目标顾客通过电话或回函订购，从而达到提高销售量的目的，并为顾客提供知识等。

（7）广播。广播既可作为直接反应的主导媒体，也可以与其他媒体配合，使顾客对广播进行反馈。但随着社会和科技的发展，广播媒体的功能在不断衰退，听广播的人越来越少。只有少数受众，如出租车司机，会受到广播的影响，因此，该媒体可以针对性、选择性使用。

例 7－2

马蜂窝的促销推广策略

马蜂窝旅游网的促销推广策略分为线上促销推广策略和线下促销推广策略。线上促销推广策略主要有社交网站传播、微电影推广和电子邮件推广；线下促销推广策略则主要有前期地铁广告、口碑相传、举办各项活动和移动应用等。

首先，马蜂窝在早期提高知名度时，主要是通过地铁车窗大面积广告覆盖进行的。广告的内容主要是易于辨识的马蜂窝 Logo 以及网站性质介绍，这种大面积、高频度的户外广告覆盖，对于提高马蜂窝的知名度和影响力非常有效。此外，马蜂窝也与其他社交媒体网站合作，使得其他社交网站的顾客可以方便、直接地使用马蜂窝。例如，可以通过合作网站登录马蜂窝网站，免去了填写复杂的个人资料。合作网站包括新浪微博、人人网、QQ 和腾讯微博等，覆盖了当时年轻上网群体使用的主流社交网站。

其次，马蜂窝在提高自身的接受度和认可度时，在线下渠道并没有花费过多资源和精力，主要是通过自身产品的特性让使用过的人满意，再通过口碑相传让更多的人接受。在线上渠道，马蜂窝通过其微博主页、人人分享、豆瓣小站发布最新的旅游攻略等新鲜事，让微博、人人网、豆瓣的使用群体可以关注这些信息，进而激发他们的兴趣，从而成为马蜂窝的使用者。

最后，马蜂窝在提高使用者的忠诚度和黏性时，在线下渠道举办顾客交流活动，如与其他国家大使馆举办文化沙龙、请马蜂窝社区顾客做“搭车去旅行”的分享等，使原本分散的马蜂窝使用者互相认识并形成了一个更为交错复杂的马蜂窝社交网络，增强了他们对线上社交平台的依赖。在线上渠道，马蜂窝营造出一种有创意和友爱的氛围，让使用者认可和接受马蜂窝的理念，提高了用户对马蜂窝的忠诚度。例如，马蜂窝曾拍摄过一个关于明信片环球旅行求婚记的微电影，这个事件的背景是一对热爱旅行的年轻情侣要结婚，在马蜂窝上发布了一个帖子希望收集到世界各地的朋友寄来的明信片。马蜂窝很重视这一帖子，将其置顶，许多人看到后纷纷响应，而这对情侣也由此收到了 200 多份来自世界各地的祝福。该微电影在网上发布后，众多用户观看分享，使更多人了解了马蜂窝并对马蜂窝旅游网印象深刻。

资料来源：苏朝晖．服务营销与管理．北京：人民邮电出版社，2019.

思考：马蜂窝的促销推广有什么特点？

二、服务促销新工具

由于服务本身的特性，无形服务的促销与有形产品的促销相比存在显著的差异，服务促销与沟通的方式需要持续创新。

1. 利用互联网进行服务促销

如今，互联网以其即时互动的鲜明特色成为增长最快的服务促销工具之一。互联网对于促销与沟通的作用，主要体现为网络广告和网络公关宣传对传统促销手段的革命性变革。相对于传统广告，网络成本大幅度降低；相对于传统公关宣传，网络公关宣传可以强化企业在公关中角色的重要性、主动性。特别是近年来随着移动终端的兴起，人们改变了传统的消费习惯，乐于在移动终端平台上进行服务产品的定制与消费，携程、马蜂窝、去哪儿、大众点评、美团、淘宝、京东、苏宁易购以及各个银行的手机银行等电商渠道正在发展成目前服务消费的主流渠道。

（1）网上广告的强大交互作用。通过设计和推出网上广告，借助鼠标的层层点击，可将顾客吸引到服务机构发布的网上信息源。通过在线观看，可更多地发挥顾客的主动性，因此，只要网上广告能符合顾客的兴趣和需求偏好，就会实现顾客与服务机构之间“一对一”的有效沟通，顾客可以更广泛、更深入地了解服务机构及其服务，服务机构也可以更及时地传送最新服务信息，交互作用显著。同时，由于互联网提供的信息十分丰富，几乎不受时间限制，可以让顾客自由查询，向服务机构有关部门提出要求以获得更多所需信息。

（2）网上广告与其他促销手段的配合。对于服务机构来说，网上广告是一种处于演进过程中的促销工具，通常要与其他促销手段相互配合，实现整合传播。一些服务机构，如肯德基，为网上顾客提供能够下载或打印的优惠券，还有些服务机构用电子邮件来配合网上广告功能，以形成强有力的促销效果。比如，有些航空公司通过电子邮件向已经注册的旅客发送特价机票及旅游套餐信息，如果这些信息能激发起顾客的兴趣，顾客就可能联系购买和消费，促销的目的就达到了。

2. 网络口碑传播

服务行业最显著的特征之一是通过口碑（word of mouth）的传播方式实现业务推广，它实际上突出了人员要素在服务促销中的重要性。研究表明，口碑传播的个人推荐是顾客最重要的服务信息来源之一，也是顾客最为信赖的服务信息来源，因此，口碑传播具有重要的市场价值。特别是随着现代网络技术的发展，借助网络的口碑传播（word of internet，网碑）为传统口碑传播增添了新的内涵，使现代口碑传播变得更加方便快捷，鼠标或手机轻轻一点，消费感受或主张就传播开了。现在的消费者特别重视“顾客评价”，网购下单前必看“顾客评价”。因此，现代网络口碑更加显示出强大的威力。

（1）口碑传播对促销的影响。口碑传播对促销的影响是巨大的，如果在口碑信息和促销信息之间存在矛盾，那么促销信息通常会失去其影响力。如果口碑不佳，营销沟通如广告、人员推销的努力就会效率低下。线上口碑越好，线下促销的效果也就越值得期待。

（2）口碑传播的蝴蝶效应。口碑传播的蝴蝶效应是指口碑传播的乘数效应，即一传十、十传百的效果。一般来说，消极效应通过口碑放大的速度要远远快于积极体验通过口碑放大的速度。据研究，当一位顾客有不好的服务经历时，他不仅会停止购买，还可能将其遭遇告诉身边的 3 ～ 30 人，影响他们对该服务的认知和购买打算；当然，顾客也会把一些好的服务经历告诉自己周围的人，但可能没有那么踊跃。因此，服务企业应该着力创造良好口碑，避免负面口碑。

（3）利用口碑传播开展业务。专业的服务营销人员应学会利用口碑传播拓展自己的业务范围，应有意识地鼓励他们的顾客把服务及服务过程的美好经历告诉朋友、熟人，与他们一起分享人生各种各样的生活经历。根据中国特色的亲缘、地缘、学缘关系传统，鼓励顾客将服务体验与其亲属、老乡、同学等分享，这是最值得信赖的交流对象，以此实现服务信息的推广和业务拓展。

第 3 节　整合营销传播

20 世纪 80 年代中期开始，广告实务界开始扩张业务边界，如奥美公司就提出了“交响乐”计划，就是将广告、公共关系、促销、宣传及各种媒介“打包”运作，这为整合营销传播的诞生奠定了基础。当时一些广告公司内部就出现了整合营销传播的客户代理小组。整合营销传播（integrated marketing communication，IMC）理论最早是由美国西北大学的舒尔茨（Shultz）等人于 1992 年提出的，并在 20 世纪 90 年代得到营销理论研究者、企业管理者的广泛认同。该理论自 20 世纪 90 年代传入中国以来，在我国企业界也得到了广泛应用。

一、整合营销传播的概念

根据美国广告代理商协会的定义，整合营销传播是一种营销传播计划的概念。它评估各种传播工具——如一般的广告、直接反应、促销和公关——的战略作用来确认综合性计划的附加价值，并且组合这些工具，通过对零散信息的有机整合，提供清楚、连续一致和最大效果的传播。

我国学界比较认同的定义是，整合营销传播是以消费者为核心重组企业行为和市场行为，综合协调地使用各种形式的传播方式，以统一的目标和统一的传播形象，传递一致的产品信息，实现与消费者的双向沟通，迅速树立产品品牌在消费者心目中的地位，建立长期关系，更有效地达到广告传播和产品销售目标。

由此可以看出，整合营销传播应该具备如下基本特征：

- 通过沟通影响目标受众的行为。

- 一切从顾客出发展开沟通。
- 运用一切可能的接触方式进行沟通。
- 各方面步调一致地沟通，获得协同效果。
- 旨在建立与顾客的关系。

二、整合营销传播的核心主张

整合营销传播强调在与消费者沟通时，为了达到理想（明确、一致、高效）的沟通与传播效果，要将营销沟通要素，如广告、公关宣传、销售促进、人员推销、直销、卖点广告（POP）沟通等相互配合，整合成一体，与品牌的市场定位相一致，与产品、定价和分销渠道相协调。因此，整合营销传播也适合于服务产品、服务品牌的推广。

整合营销传播的“整合”体现在：

- 传播信息的整合。决定传播与沟通哪些一致的信息。
- 传播媒介的整合。决定采用哪些媒介组合实现传播。
- 传播机构的整合。决定由哪些机构来负责开展传播。

整合营销传播的目标：

- 传达一致的形象。
- 追求一种声音。
- 达到最好的传播效果。

三、整合营销传播的内涵

整合营销传播的理论依据是4C理论，即消费者的需求与欲望（consumer needs and wants）、成本（cost）、便利性（convenience）和沟通（communication）。其中第四个C就是强调企业用沟通代替促销，强调与消费者进行平等的双向沟通。

整合营销传播强调以下内容：

- 以消费者为核心。由原来的“请消费者注意”转变为“请注意消费者”。
- 以一种声音说话。整合企业的一切营销和传播活动，围绕主题概念进行最佳组合，让人们从不同信息渠道获得一致信息，使它们相互配合，发挥最大的传播效果。
- 强调营销传播的连续性。为保持“一种声音”，就要保持各个阶段的逻辑一贯性。
- 强调营销传播的战略导向性。企业即品牌的传播应该成为一种公司战略，应该实行整合传播，包括各种媒介的整合传播、公司各个部门的协同传播。

整合营销传播具有以下优势。

• 有利于企业合理配置资源，优化促销组合，提高企业经济效益。

• 有利于树立企业品牌形象，提升企业的品牌价值。整合营销的关键是通过系统的接触点管理，塑造品牌形象，建立品牌资产。

• 有利于企业利用促销组合工具开展国际化营销。

整合营销的中国本土化应用应突出以下几点：

• 以广告为主，其他沟通要素组合运用。整合营销包括产品要素（产品的包装、品牌、价格）、渠道要素以及沟通要素（广告、促销、公关、POP、直邮广告和网络等）。

• 品牌的整合化传播。指采用广告、直销、公关和网络等不同的传播方式向目标受众传达同一信息，追求传达的一致性。

• 关系型整合营销传播。其目的是促使目标市场或潜在市场与品牌建立长久的关系。

• 全方位的整合营销传播。如北京冬奥会的整合营销传播、中国移动和奥美合作开展整合营销传播等。

基本概念

服务促销　口碑传播　整合营销传播

简答题

1. 什么是直复营销？包括哪些方式？
2. 服务促销工具包括哪些主要内容？
3. 服务促销新工具都有什么特点？

论述题

1. 试论口碑传播在现代服务促销中的地位及作用。
2. 试举一个服务企业整合营销传播的案例并加以评析。

案例分析

宜家家居的整合营销传播之道

成立于 1943 年的瑞典宜家（IKEA）在全球 30 多个国家和地区拥有 400 多个商场，是全球最大的家具家居用品企业。宜家虽然是一家家居用品零售商，但销售的却不止家居用品，更重要的是家居生活场景，借此传播简约的生活方式。宜家推出的《家居生活报告》用四个维度定义“家”：物品、关系、空间、地方，并在这四个维度的基础上去探索家之所以成为“家”的原因。然后将这种对“家”的理解通过整合服务营销的传播方式传递给目标顾客。宜家的整合服务营销传播主要体现在三个层次。

1. 线下商场陈列设计

宜家商场在设计上的最大特点是提供大量样板房展示，从厨房、浴室到客厅、卧室应有尽有，展示了在不同功能区中搭配不同家具的独特效果。这些场景由商场专职设计师负责设计，每个展示空间都标注了相关尺寸。场景中提供的所有商品皆是可购买的，消费者可以轻松地在自己家实现场景复制。“人们只会买适合自己家的产品，而不会买一个看上去孤零零的东西。”宜家新闻总监塞琳·霍尔特（Selin Hult）曾这样解释宜家的营销逻辑，这也是宜家线下卖场如此火爆的原因。就像专业人士教顾客服装穿搭一样，顾客来宜家找家装设计灵感往往比买东西更重要。

2. 宜家《家居指南》

自1951年发行了第一本《家居指南》起，宜家每年9月初在其新财年开始时都要向广大顾客免费派送制作精美的《家居指南》。宜家已累计印刷了超过2亿本《家居指南》。《家居指南》上不仅列出了产品的照片和价格，而且经过设计师的精心设计，从功能性、美观性等方面综合表现出宜家产品的特点，顾客可以从中发现家居布置的灵感和实用的解决方案。很多人都把宜家的《家居指南》当作装修指导来使用。宜家几乎为它的每一件产品都写了专属的文案，让人能够深切地感受到宜家的情怀。通过此举，宜家让顾客明白了家具不仅仅是家具，还是一个有灵魂、有思想、有情感的生活伴侣。

3. 线上社交媒体

宜家是社会化营销的先行者。家居是与生活息息相关的一个行业，围绕这一主题宜家生产了大量具有特色的内容，在各社交媒体上进行快速传播，不仅将很多顾客吸引到网站上或者实体店中，进而转化为交易，而且通过对产品及服务亮点的挖掘，打造出独特的品牌形象，占领了顾客的心。很多宜家用户都是先被线上传播的宜家场景图片所打动，进而成为宜家的忠诚顾客。这些场景图片暗藏社交属性，让人忍不住去传播、去分享。深谙口碑传播之道的宜家的核心策略是让顾客成为品牌的传播者，用看似原始、笨拙，实则高效、完美的口碑运作，而非硬性广告，实现了传播。

资料来源：李巍．服务营销管理：聚焦服务价值．北京：机械工业出版社，2019.

讨论：宜家是怎样进行整合营销传播的？其传播方式有什么特点？

实训练习

试就一项新的服务项目设计服务促销新工具的媒介组合，并分析其特点及可能的促销效果。要求尽量使用目前最新、最前沿的传播媒介组合，如微博、微信、视频网站等。

即测即评

扫描二维码可在线自测并查看答案。

第8章 服务人员策略

本章要点

- 了解员工在服务传递中的关键作用
- 认识人员在服务营销过程中的价值
- 掌握服务人员激励的方法
- 掌握服务文化培育的策略

人的要素是企业生产经营活动中最为能动的要素，服务人员策略构成服务营销的独特内容。服务人员是服务企业价值创造的主体，新时代服务人员应当树立富强、民主、文明、和谐，自由、平等、公正、法治，爱国、敬业、诚信、友善的社会主义核心价值观，增强自身的服务意识，全面提升自己的综合素质，以满足人民群众美好生活需要为己任，全情投入，热情高效地做好本职工作，竭力为消费者创造美好的服务体验，助力全面建成小康社会。

引 例

斯沃琪店员的专业与热情

一位朋友跟我分享了他给大女儿购买生日礼物——一款斯沃琪（Swatch）手表的经历。

那天，朋友去了斯沃琪专卖店，店员热情地询问他买表给谁。得知是送给女儿的，该店员就交代了年轻的女性店员帮忙挑选，希望能够贴近朋友女儿的性别和年龄段。朋友觉得与其他店不同的是，斯沃琪店员除了业务能力娴熟，能快速准确地找到合适的手表类型之外，还主动提出由她来试戴，让朋友能更加直观地看到佩戴的效果。我们都知道，不同肤色佩戴不同颜色的手表会有不一样的效果。店员在试戴手表时询问了朋友女儿的肤色，在得知肤色和她有偏差之后，特意更换了一名肤色与朋友女儿相近的店员来试戴，供朋友参考。

朋友还说，没想到店员的服务会那么细致，又很替顾客着想，他觉得店员推荐的手表还不错，购买体验又很舒服，就在店员的介绍下选了一块手表。这次购物体验无疑给朋友留下了深刻美好的印象。朋友说，下次给小女儿买手表时还想去这家店，既省心又舒服。

讨论：怎样评价斯沃琪店员的人员素质和服务水平？

第 1 节　服务人员的价值

对大多数服务行业而言，人与人的接触是服务交易的基础，服务人员的表现会直接影响顾客对服务的整体评价。由于服务的无形性、差异性、生产与消费同时性的特点，顾客对服务质量难以像对有形产品一样给出具体的评价，服务人员的素质、态度、专业水平甚至外表、心情都会影响顾客的服务评价，服务人员扮演了极其重要的角色。

一、员工在服务传递过程中的关键作用

服务人员是指与外部顾客发生直接接触的服务企业员工，也可称为一线服务员工。

1. 服务人员是服务的重要组成部分

在一些高接触的服务行业，服务产品的生产依赖服务人员的现场活动，服务人员与服务产品是不可分割的整体，他们是服务的重要组成部分。在很多情况下，服务人员甚至等同于服务。例如，在许多个性化或定制服务中（如电器维修、幼儿看护、理发、法律服务等），服务人员单独提供一整套服务。

2. 服务人员是企业的形象代表

在服务接触过程中，服务员工的语言、动作、态度都会影响顾客对企业的感知。可以说，在顾客的眼中，服务人员就代表服务企业。服务人员所做的每一件事、所说的每句话都会影响顾客对服务企业的感知，因为他们是服务企业的窗口，是顾客所能接触到的服务企业或品牌的物化代表。甚至正在休息的航空公司员工或培训机构老师，也代表着他们所在企业的形象。如果他们对顾客表现得不够专业或不友好，也会影响顾客对企业的印象。所以，很多企业都要求其雇员只要出现在公众面前，就必须保持专业的工作态度和行为。

3. 服务人员是直接营销者

服务人员是服务的重要组成部分，并且代表服务企业，能够直接影响顾客对于

服务的消费甚至满意度，可以说，服务人员扮演了服务营销者的角色。从促销的角度来说，服务人员就是服务企业的活广告。有些服务人员甚至扮演了更传统的销售角色，例如，越来越多的银行要求其柜员销售多种银行产品，如银行保险、基金产品等，这与传统柜员只完成操作职能的角色不同。由此，从服务接触过程来看，服务人员就是直接营销者。

例8－1

迪士尼：培养热情友好的员工

迪士尼懂得，许多游客慕名远道而来，在乐园中花费时间和金钱，不能让游客失望，哪怕他们只来一次。如果游客感到欢乐，他们会再次光顾。能否吸引游客重复游玩，恰是娱乐业经营的奥秘和魅力所在。为了兑现服务承诺，迪士尼将“给游客以快乐”的经营理念落实到每一位员工的具体工作当中，据此对员工进行评估和奖励，凡工作表现欠佳者，将重新培训，或受到处罚。

为了明确岗位职责，迪士尼乐园中的每一个工作岗位都有详尽的书面职务说明。工作要求明白无误、细致具体、环环紧扣、有章可循，同时强调纪律、认真和努力工作。每一个周期均严格进行工作考评，目的是提高员工的素质，培养热情友好的员工。

迪士尼要求所有员工都能学会正确地与游客沟通和处事，因而制定了统一的服务原则，其原则的构成要素和重要顺序依次为安全、礼貌、演技、效率。公司依此原则来考察员工的工作表现。

同时，迪士尼还十分注重对全体服务人员的外表管理。所有迎接顾客的公园职员（“舞台成员”）每天都穿着洁净的演出服，通过地下阶梯（“地下舞台”）进入自己的活动地点。他们从不脱离自己表演的主题。对于服务员工，迪士尼乐园制定了严格的个人着装标准。员工的头发长度、首饰、化妆和其他个人修饰元素都有规定，且被严格地执行。迪士尼乐园里大量着装整洁、神采奕奕、训练有素的“舞台成员”对于创造这个梦幻王国至关重要。

此外，迪士尼还经常对员工开展传统教育和荣誉教育，告诫员工迪士尼辉煌的历程、商誉和形象都具体体现在员工们每日对游客的服务之中。创誉难，守誉更难。游客掌握着服务质量优劣的最终评价权。他们常常通过比较事先的期望和服务后的实际体验来确定服务质量的优劣。因此，迪士尼教育员工，一线员工所提供的服务水平必须努力超过游客的期望值。在旺季，管理人员常常放下手中的书面文件，到餐饮部门、演出后台、游乐服务点等处加班，这样不但加强了一线岗位，保证了游客的服务质量，而且管理者也得到了来自一线员工的友谊和尊重。

思考：怎样评价迪士尼的人员价值观？

二、员工的态度和行为直接决定服务质量

在第 2 章关于服务质量的内容中提到，员工的服务态度和服务水平直接决定了服务质量的好坏。下面从服务质量测量的五个维度（有形性、可靠性、响应性、安全性、移情性）来考察服务员工的态度与行为对服务评价的影响。

1. 服务员工的外表形象体现了服务的有形性

服务质量测量的有形性维度包括实际设施、设备以及服务人员的外表等。可见，服务人员的着装、个人卫生情况以及精神面貌等都是服务质量有形性的重要方面。服务员工的外在形象一方面体现了服务企业的形象，另一方面也体现了服务员工整体的工作态度。许多服务企业要求员工统一着装，并且注意个人形象，原因就在于此。

2. 服务的可靠性取决于员工的态度和行为

可靠性就是服务企业准确无误地完成服务承诺，这几乎完全受服务企业员工的控制。服务企业向顾客提供服务的可靠性依赖服务员工提供的软性要素和服务设施等硬件要素。服务的软性要素的好坏几乎完全取决于服务员工的态度和行为，一旦服务出现失误，也主要由服务员工进行修正、补救；而硬件要素的维护也需要后台员工的长期努力。即使在自助服务的情况下，后台员工的工作对确保系统的正常运转也起到至关重要的作用。

3. 服务的响应性主要取决于员工的态度

响应性要求服务企业随时准备为顾客提供快捷、有效的服务，这取决于服务人员及时帮助顾客的意愿。例如，在某连锁超市中，一位顾客向服务人员询问某一特定商品的存放位置，有的人会漠然地说“不清楚”，有的人会热情地向顾客说明路线，有的人直接带领顾客前往。服务人员的不同行为必然会导致顾客对企业服务质量的不同评价。

4. 服务的安全性依赖于员工的能力

服务的安全性维度在很大程度上依赖于员工传递可信性以及建立信任的能力，体现为员工的专业服务能力。企业的信誉与员工建立信任的能力密切相关。尤其对于初创时期的服务企业，其可信性完全与员工的能力联系在一起。

5. 服务的移情性受员工的态度和行为影响

移情性是指员工在为个别顾客服务时要专注，倾听、适应顾客，以及保持灵活

性，让顾客产生美好联想。一个服务企业不可能脱离服务员工向顾客提供“充满关怀的、个性化的”服务。因此，员工服务时专注和耐心的态度以及其所提供的个性化服务行为决定了顾客对服务企业的移情性水平的评价。

例8-2

希尔顿酒店的微笑服务

美国“酒店大王”希尔顿（Hilton）于1919年把父亲留给他的12 000美元连同自己挣来的几千美元进行了投资，开始了他雄心勃勃的酒店经营生涯。当他的资产增值到几千万美元的时候，他欣喜自豪地把这一成就告诉母亲，想不到母亲却淡然地说：“依我看，你跟以前根本没有什么两样，事实上你必须把握住比几千万美元更值钱的东西——除了对顾客诚实之外，还要想办法使来希尔顿酒店的人想再来，你要想出这样一种简单、容易、不花本钱且行之久远的办法去吸引顾客，这样你的酒店才有前途。”

母亲的忠告使希尔顿陷入迷茫：究竟什么办法才具备母亲所说的“简单、容易、不花本钱且行之久远”这四大条件呢？他冥思苦想，不得其解。于是他逛商店、串旅店，以自己作为一个顾客的亲身感受得出了准确的答案——“微笑服务”。只有它才实实在在地同时具备母亲提出的四大条件。从此，希尔顿实行了“微笑服务”这一独创的经营策略。他要求每个员工不论如何辛苦，都要对顾客投以微笑，即使在酒店业务受到经济萧条的严重影响时，他也经常提醒员工记住：万万不可把我们心里的愁云摆在脸上，无论酒店本身遭受的困难如何，希尔顿服务员脸上的微笑永远是属于顾客的阳光。

为了满足顾客的要求，除了提供微笑服务之外，在组织结构上，希尔顿尽力创造一个尽可能完整的系统，以便成为一个综合性的服务机构。因此，希尔顿酒店除了提供完善的食宿外，还设有咖啡厅、会议室、宴会厅、游泳池、购物中心、银行、邮局、花店、服装店、航空公司代理处、旅行社、出租汽车站等完整的服务机构和设施，使得光临希尔顿酒店的顾客真正有一种“宾至如归”的感觉。当希尔顿再一次询问他的员工们：“你认为还需要添置什么？”员工们回答不出来，他笑了：“还是一流的微笑！如果是我，单单只是一流的设备，而没有一流的服务，我宁愿弃之而去。”

思考：怎样看待希尔顿酒店的微笑服务策略？

第 2 节　服务人员的激励

根据服务营销学者泽丝曼尔等人的研究，服务企业主要通过人来传递其服务质量，需要以激励和促使员工成功实现顾客导向的服务承诺为基本目标，以此进行人力资源决策和制定战略。服务企业的一项重要工作是通过内部营销确保服务人员愿意并且能够传递优质的服务，并激励他们的行为以顾客为导向、以服务为理念。

服务企业要建立一支以顾客为导向、以服务为理念的员工队伍，开发和保留优秀员工就非常重要。服务企业必须做好以下工作。

一、招聘优秀的服务员工

有效地传递服务质量意味着在招聘服务人员的问题上要非常用心和慎重。在现代服务业发展和专业化服务要求的背景下，服务人员的招聘最重要的标准是技术水平、资格证书和专业知识。除此之外，还需要关注他们的顾客意识和服务价值取向。

（1）吸引最好的人员。为吸引最好的人员，服务企业需要识别出谁是最好的人员，并与其他企业竞争以雇到这些人员。有人认为，企业在获取最佳员工的过程中应该把招聘当作营销活动看待，以宣传企业的优势、相关岗位的工作内容及职业发展机会等，来吸引那些潜在的长期员工。此外，有一种补充方法是为每个职位面试多位员工，形成竞争格局。

（2）兼顾考察服务能力和服务意愿。一旦识别出潜在的优秀员工，服务企业就需要认真进行面试和挑选，以便从众多候选人中鉴别出最佳人选。作为服务人员，特别需要考察他们是否兼具服务能力和服务意愿，两者缺一不可。服务能力是指从事指定服务工作所必备的专业技能与知识，这是做好服务工作的基本保证。在多数情况下，获得某一特定学位和资格证书证实了特定服务能力。但有些职位的聘用与证书关系不大，如一位零售店收银员具备最基础的数学能力并会使用收款机即可。

此外，对服务人员的挑选远不仅限于服务能力方面，还要基于服务意愿进行筛选。服务意愿即他们对从事相关服务工作的兴趣，反映了他们对服务的态度以及在某种岗位上服务顾客或其他人的看法。强烈的服务意愿是成为优秀服务人员的必要条件。研究表明，服务效率与诸如乐于助人、细心和喜欢交际这些服务导向的个性有关。顶尖的服务企业在招聘中更看重积极的态度，而非特殊技能。服务员工理想的选择过程既评价服务能力又评价服务意愿，以雇用到在这两个方面都表现优秀的员工。

（3）争取成为受人欢迎的雇主。吸引优秀员工的一种有效方法是在某一特定行业或地区成为受人欢迎的雇主。有助于成为受人欢迎雇主的策略包括提供广泛的培训、职业发展和升职机会以及优良的内部支持和有吸引力的激励措施，并提供令员工骄傲的产品。

二、优秀服务员工的开发

服务企业要建立一支顾客导向、积极上进、充满活力的员工队伍，为提供优质服务建立基础，必须招聘到好的员工，并且着手开发、培训这些员工，以确保服务绩效。

为提供优质服务，员工需要进行必要的技术技能与知识的培训，或交流互动能力的培训。大多数服务企业非常关注对员工技术技能的培训，这些技能可以通过正式的教育获得，比如，在麦当劳的汉堡包大学，来自世界各地的麦当劳经理会在此受训。技术技能经常通过在职培训获得，或者跟随经验丰富的老师学习，或者通过与有经验的员工的交流习得。

除了上述的培训，服务人员还需要交流互动能力方面的培训，以便提供礼貌的、关心他人的、负责的和热心的服务。企业可以通过培训员工进行愉快的谈话、适当的提问或者幽默的交流与顾客搞好关系。此外，服务企业可以通过互动培训来培养开发员工的能力。总之，成功的企业都不惜重金培训开发优秀员工。

三、适度授权给员工

许多服务企业在实践中发现，要真正做到对顾客需求及时反应，就必须授权给一线员工，使其能对顾客需求做出灵活反应并在出现差错时及时补救。授权意味着把为顾客服务的意愿、技能、工具和权力交给员工。尽管授权的关键是把决定顾客利益的权力交给员工，但只是给予权力还不够。员工必须具备相应的知识和工具才能做出正确的决定，而且还要有激励措施鼓励员工做出正确决定。

如果服务企业单纯告知员工“你现在有权做任何可以使顾客满意的事”，这种授权根本不能成功。首先，员工通常不相信这些话，尤其当服务企业等级森严或存在官僚作风时。其次，如果员工未经培训，没有做出类似决定的指导原则及工具，他们通常不会清楚“做任何可以做的事”意味着什么。实践表明，授权给一线服务员工确实能带来利益，但一定要通过培训让员工清楚授权的意义、原则、底线及操作的相关策略。例如，海底捞的用人秘诀是充分信任和授权。从管理层到普通员工，每个人都被充分授权。200万元以下的开支，副总可以签字；100万元以下的开支，大区经理可以审批；30万元以下的开支，各个分店的店长就可以做主。普普通通的一线员工就拥有打折权、免单权，而且他们可以根据客人的需求，自行决定赠送果盘或零食等。

四、促进团队合作

服务工作经常令人感到沮丧、劳神和具有挑战性，团队合作的环境有助于减轻员工的压力和紧张感，有团队做后盾的员工能更好地保持热情并提供优质服务。通过促进团队合作，服务企业能够加强员工传递优质服务的能力。而且，很多服务工作的性质决定了当员工进行团队合作时，顾客满意度就会加强。

促进团队合作的方法之一是提倡“全员服务”的态度。也就是说，尽管有的员工不直接对顾客负责或者与顾客互动，但他们在服务全景图中扮演的角色对优质服务的最终传递是必不可少的。如果每位员工都能知道自己是为顾客传递优质服务过程的组成部分，并且知道自己必须支持谁才能使优质服务成为现实，那么团队合作就会加强。

此外，团队的目标和回报也会促进团队合作。当团队整体被嘉奖，而不是按每个人的成绩和表现进行嘉奖时，团队的努力和团队精神就会受到激发。

五、留住优秀的员工

一个服务企业不仅要雇用正确的人员，培训以开发其传递服务质量的能力，建立所需的支持系统，还必须留住那些优秀人员。员工的流动，尤其是优秀服务人员的流失，可能会对顾客满意度、员工士气和整体服务绩效造成严重影响。然而，不少服务企业都面临的问题是，一些优秀员工可能寻找机会跳槽。以下介绍几种留住优秀员工的战略方法。

（1）让员工融入企业的愿景。要激励并使员工对追求和支持服务企业的目标感兴趣，就必须让他们理解和融入服务企业的愿景。整天传递服务的人员需要理解他们的工作是如何融入服务企业及其目标的蓝图之中的。一般员工受工资和其他物质利益的激励，但是最好的员工如果不融入服务企业的愿景，就会被其他的机会所吸引。因此，服务企业要广泛开展内部营销，适时传播企业愿景，让优秀员工理解、认可并融入企业愿景，形成忠诚。

（2）将员工当作顾客对待。“将员工当作顾客”，这是内部营销的基本观点。如果员工感到他们有价值、他们的需求被人重视，会更愿意留在服务企业中。服务企业提供给员工的产品是岗位（相关利益）和工作生活的质量。要确定员工对岗位和工作生活的需求是否被满足，服务企业要定期进行内部营销调查，评估员工的满意度和需求，尊重、关怀员工的工作和生活。

除此之外，服务企业还可以把其他营销方法应用到对员工的管理工作中。比如，员工细分在提供给员工的弹性工资计划及职业生涯路径选择中的作用就很明显，各种形式的沟通也会增加员工的价值感和对服务企业的忠诚。

（3）评估并奖励优秀员工。如果企业希望留住优秀的服务人员，就必须奖励和提升他们。这看似简单，但服务企业的奖励系统常常不能或不能及时地奖励优秀的服务表现。如果员工付出的努力不被重视、得不到回报，即使优秀的服务员工也会泄气并开始留意跳槽机会。

当然，奖励必须与服务企业的愿景相联系。如果企业认为保留顾客是关键，就需要重视和奖励能增加顾客保留率的服务行为；如果员工奖金与顾客满意度挂钩，就会激励员工达到更好的服务水平。除金钱奖励，优秀的员工还希望获得其他特殊奖励，如通报表彰、职位晋升等，这类激励对于留住优秀员工作用更大。

知识延伸

满意镜效应

顾客-员工满意镜是哈佛商学院著名教授詹姆斯·赫斯克特（James Heskett）、厄尔·萨塞（Earl Sasser）和伦纳德·施莱辛格（Leonard Schlesinger）在合著的《服务利润链》一书中，对顾客满意与员工满意之间的紧密联系所做的一个形象比喻。这意味着，在服务企业里，对工作感到满意的员工会用自己的热忱细心为顾客服务，顾客体验到愉快的服务经历，获得称心如意的服务结果后，就会用自己的赞扬、忠诚和合作回报员工，对员工产生一种正面反馈的激励效果，从而在顾客下次光顾时员工会表现得更加热情和周到，顾客也就会更加满意。这就是满意镜效应，如图8-1所示。

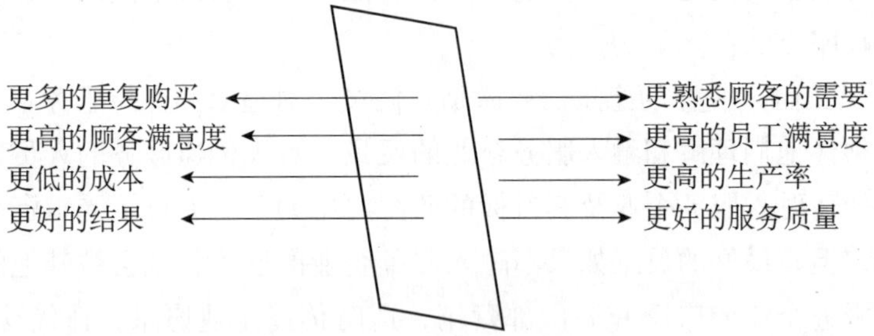

图8-1　满意镜效应

在制造企业中，企业与顾客相互联系的纽带是产品，员工与顾客之间的联系很少，而在服务企业中，企业与顾客相互联系的纽带是员工，员工与顾客的高质量接触和互动是服务企业利润的源泉。在具有满意镜效应的服务企业中，员工的离职率很低，劳动生产率和服务质量很高，顾客满意度和忠诚度相应也很高，而高度的顾客忠诚自然会带来企业的持续经营、低成本和高利润。因此，树立顾客导向和内部营销意识，建立和维持顾客-员工满意镜，是每一个追求成功的服务企业所应努力实现的目标。

资料来源：韦福祥．服务营销学．北京：对外经济贸易大学出版社，2009．

第 3 节　服务文化的培育

一、企业文化的概念

所谓企业文化是指企业在长期的生存和发展中所形成的为企业多数成员所共同遵循的基本信念、价值标准和行为规范。企业文化一旦形成就很难改变，具有潜移默化的影响和作用，能有效地激励员工实现企业目标。企业文化确定了企业行为的标准和方式，影响并决定了为全体成员所接受的行为规范，渗透于企业各项职能活动中，使得企业具有区别于其他企业的一系列特征。企业文化包含物质层、制度层、精神层三个层次，如图 8－2 所示。

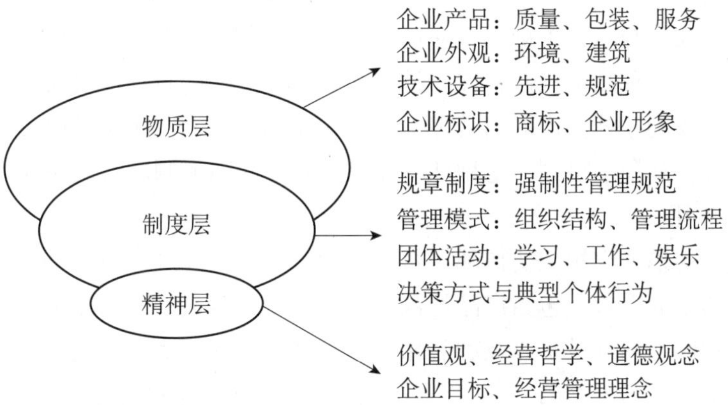

图 8－2　企业文化内容结构图

二、企业文化的功能

企业文化作为一种软性生产力，对企业的生产或经营具有显著的作用或功能，包括导向作用、约束作用、凝聚作用、激励作用和辐射作用。

1. 导向作用

导向作用是指把企业员工个人目标引导到企业所确定的总体目标上来。在激烈的市场竞争中，企业如果没有一个统一的目标，很难参与市场的竞争，更难战胜竞争对手。如果有了正向的企业文化，员工就会潜移默化接受企业的价值观念，形成一股向上的力量。所以，优秀的企业文化是企业发展的内在动力，对员工的心理和行为具有重要的导向作用。

2. 约束作用

企业文化的核心内容是企业价值观，即企业的正面主张，也就是表明了企业支持做什么和不支持做什么的一种软性力量。企业文化外化成一种行为规范，制约员工的行为，在员工的心灵深处形成一种定势，构造一种响应机制。如果说企业组织制定的各种规章制度对员工行为的约束属于“硬约束”的话，企业文化这种无形的力量对员工行为的约束则属于“软约束”。在企业管理过程中，有时“软约束”比“硬约束”更有效。

3. 凝聚作用

优秀的企业文化具有极强的凝聚作用，是一种黏合剂，对于企业团队建设具有非常积极的意义。好的企业文化使员工工作愉快，心情舒畅，对自己的组织具有很强的认同感、自豪感，进而产生强烈的归属感，因此形成一股强大的凝聚力，有利于提高员工的工作积极性和挖掘员工潜力。如西门子公司的企业文化建设：一是以最好的产品和服务来确立自己的优越地位；二是尽可能使技术进步通过集体管理取得，增强员工的集体成就感。正是这种责任亲近感，增强了企业的凝聚力。

4. 激励作用

一个企业成功与否，关键看企业员工是否有积极的创造和创新精神。优良的文化氛围，能产生一种激励机制，即所谓“正能量”。好的企业文化能使企业产生积极振奋、朝气蓬勃、开拓进取的精神，诱发每个员工的创造热情和上进心，从而形成一种创新环境和激励机制，这种环境和机制胜过任何强制的行政命令。

5. 辐射作用

企业文化的辐射作用主要体现在企业形象的品牌效应上。优秀的企业文化有助于形成优良的企业形象，包括产品形象、品牌形象、企业家形象，而优良的企业形象对于外部顾客、内部员工以及利益相关者群体和全社会都具有重要的影响。良好的企业形象就如同名牌产品、名牌企业，有利于吸引外部和内部资源，有利于形成企业竞争优势，产生品牌效应，因此，企业文化的辐射作用不可忽视。

比如，说到海尔公司，大家立刻想到其“真诚到永远”的价值主张；说到IBM，大家立刻想到其“IBM就是服务”的服务文化理念；说到零售巨头沃尔玛，大家立刻联想到其“天天平价、顾客满意、一站式购物”的经营主张，由此大家就会产生高度的价值认同，促进顾客满意，形成顾客忠诚。

三、服务文化的概念

服务文化是指企业在长期为用户服务的过程中所形成的服务理念、职业观念等服务价值取向的总和。服务文化是衡量服务企业营销理念和营销实践的战略高度的重要标准之一，因此重视和加强服务文化建设，是当代服务营销实践的显著趋势。

服务文化的核心即企业员工以服务为导向。以服务为导向是指员工致力于为顾客的利益不断改进工作，并且在工作中全力以赴的倾向，它具有两方面的内涵：

（1）员工具有乐于与顾客交往和为顾客服务的态度。

（2）服务人员相信自己有满足顾客需要的服务能力。

这就意味着员工的服务导向不仅是一种对待顾客的心理状态，而且是带有特定目的的社会行为方式，员工愿意为此主动投入精力、付出努力或可能的代价。

以服务为导向的员工把为顾客提供优质服务视为最重要的工作目标，主要出于以下原因：

（1）员工对服务工作的情感承诺，即员工乐于为顾客提供优质服务，享受由此带来的满足感，为自己能帮助顾客而感到高兴和自豪。这种情况往往与员工内在的个性特征相关，比如外向的员工可能会比内向的员工更乐于主动发现和满足顾客的需要。

（2）员工对顾客的道义性承诺，即由于受到正确的服务价值观念和准则的影响形成内在的责任感，员工觉得应该尽力为顾客提供优质的服务。

（3）员工基于自身利益的计算性承诺，即员工相信自己努力为顾客提供优质服务能够实现某种目的，如奖金、职务晋升或工作保障等，而且自己获得的收益会超过自己所付出的代价。在这种情况下，员工会根据企业的规章制度，权衡自己的得失，并根据上级主管的可信任程度，权衡自己获得合理奖励的可能性。

（4）员工对企业的归属感，促使员工不断改进工作，尽力为顾客提供符合顾客需要的优质服务。这种情况下，员工的根本动机是为企业的利益着想。

员工的服务导向决定了企业的服务效果。上述四种原因并不相互排斥，其中一种或几种原因共同作用使员工愿意做出服务导向的行为。如果大部分员工没有服务导向的意识，企业就很难在市场竞争中吸引顾客、留住顾客。因此，服务企业应该采取有效的措施，激励员工树立以顾客为导向的服务营销观念，提高员工的整体服务能力。

四、服务文化的培育

服务营销学者泽丝曼尔认为，只有存在对优质服务的鼓励，才能形成服务文化，这并不意味着企业要打广告强调服务的重要性，最好是以一种潜移默化的方式加以实现；优质服务既面向外部顾客也面向内部员工；在服务文化中优质服务是“一种生活方式”，是自然而然产生的，它是服务企业最重要的标准。而服务文化对一个以顾客为核心的企业至关重要，它是企业竞争优势的来源。

例8-3

沃尔玛的服务文化

零售业巨头沃尔玛的服务文化是：为顾客提供最好的服务，超越顾客的期望。

第一，沃尔玛不仅以“帮顾客节省每一分钱”为宗旨，而且兑现了价格最低的承诺。在早期经营中，山姆·沃尔顿（Sam Walton）亲自寻找便宜的商品，然后用车拉到店里来卖。在他的商店里，每天都有大量“超低价”商品零散地堆放着，这种极度简单的陈列方式给了顾客最直接的冲击，超低的价格使这些商品得以在最短的时间内被一扫而空。

第二，走进沃尔玛，顾客便可以亲身感受到宾至如归的周到服务。顾客走进任何一家沃尔玛店，店员就会立刻出现在你面前，笑脸相迎。店内贴有这样的标语：“我们争取做到每件产品都保证让您满意！”顾客对购买的任何产品如果觉得不满意，都可以在一个月内将其退还商店并获得全部货款。沃尔玛把超一流的服务看成自己至高无上的职责，这源于沃尔顿的成功经营法则——超越顾客的期望。沃尔玛还推行“一站式”购物理念——顾客可以在最短的时间内以最快的速度购齐所有需要的商品，正是这种便捷理念吸引了许多顾客。

第三，沃尔玛还有许多“超值服务”理念，包括“日落原则”“比满意还满意原则”“三米微笑原则”等。“日落原则”是指当天的工作必须在当天日落之前完成，对于顾客的要求要在当天解决。对于“比满意还满意原则”，公司创始人沃尔顿的解释是，“让我们成为顾客最好的朋友，微笑着迎接光顾本店的所有顾客，不断改进服务，甚至超过顾客原来的期望”。“三米微笑原则”是指只要顾客出现在沃尔玛，到了三米的距离员工就必须面带微笑并主动上前打招呼，询问顾客是否需要什么帮助，以营造友好、热情的气氛。

资料来源：苏朝晖．服务营销与管理．北京：人民邮电出版社，2019.

文化需要积淀，服务文化的培育是一个长期的过程，是一项系统的工程，需要全员参与、长期努力才能完成。这项工程的顺利实施需要遵循一定的项目流程。

1. 分析和规划

服务文化是服务企业在长期生产经营活动中形成的。没有足够时间的积淀与延续，难以形成稳定的服务文化。因而，只有正确地认识本企业的历史和现状，树立正确的服务经营理念，才能形成独立、有特色的企业服务文化。服务文化的建设需要从分析和规划入手。

（1）历史回顾。企业要追溯本企业的历史传统，考察历史上的重大事件、成长兴衰历程、企业的精神、礼仪习俗、惯用的思维方式、英雄人物等，对企业的历史进行总结和提升。

（2）现状分析。企业应对其文化现状进行系统的分析，包括内部环境和外部环境的分析。

内部环境是服务文化生根发芽的土壤，对企业文化塑造具有巨大的影响。诊断企业内部环境，首先要分析企业员工的素质，包括管理人员和普通员工的素质构成。因为员工的素质影响服务文化的类型，也制约企业文化发展的现实水平和潜在能力。其次要分析企业的管理体制。管理体制是否合理对服务企业文化的塑造有重要的影响。例如，服务企业在企业文化建设过程中应该注意适当分权。最后要分析企业的经营特色，服务企业文化的塑造应该考虑本企业的地方特色。

企业的外部环境是企业自身无法控制的力量，对企业的经营状况和员工行为影响很大。优秀企业成功的关键在于能够根据企业外部环境的变化，及时调整应对竞争的策略。分析外部环境首先要考察竞争状况，考虑市场变动的趋势。例如，经营服装、家具的贸易公司，因为经营环境变化极为迅速，比较适合风险性文化；煤炭制品、能源行业的经营，则更适合建立稳健性文化。其次要考虑新技术的发展与冲击，每一次新的服务技术的出现都会给企业带来新的机会和挑战，只有抓住机会才能成功。

在对企业历史和现状进行准确、系统的分析之后，企业就可以着手进行文化建设的定位、规划与组织实施工作，明确总体思想、实施重点、实施方法和时间表等。

2. 组织与实施

服务文化培育的核心工作是服务企业开展内部营销，让全体员工，无论是管理层员工还是普通一线员工，都能够清楚地认知服务企业的经营理念和服务文化建设规划，都能够充分地认可公司的服务文化建设规划，并积极主动地参与到其组织与实施的过程之中。具体来讲，组织与实施是服务文化培育的关键阶段，它通常包括以下几个步骤或方面：

（1）全面提高员工的服务素质。企业员工的素质是企业文化建设的基础，国内外的优秀服务企业无不把提高员工服务素质作为企业文化建设的重要工作。我国传统服务业员工素质低的现状，使企业文化建设的措施难以得到积极的贯彻，或者往往在低水平上徘徊。因此，全面提高现代服务企业员工的素质、增强其服务意识是我国服务企业文化建设的当务之急。

（2）强化员工的主人翁精神。如果员工能够把企业的工作真正当作个人生活的一部分，他们就会很自然地对企业产生感情，更投入地进行顾客服务。在企业取得成功时，管理人员应该不仅向顾客和公众进行宣传，而且要向企业员工进行宣传，以强化员工的荣誉感和责任感。鼓励员工积极参与经营决策，也是树立员工主人翁精神和企业意识的重要途径。

（3）调整现有的企业制度。企业制度是企业内部约定的行为规范，是构成企业文化的基础，它具有强制性的特点。在企业文化塑造过程中，需要检查哪些制度条例与企业文化观念有冲突。比如，企业文化要想突出公平观念，那么规章制度就需要废除部分管理人员的特权。当然，在调整规章制度时，应充分考虑员工的既得利益和心理承受能力，尽量慎重行事。

（4）开展各种仪式与活动。企业员工只有在亲身实践中感受到企业的价值主张，才能产生对本企业文化的兴趣。一些有远见的企业善于设计组织各种仪式和活动，营造积极的文化气氛，弘扬本企业的文化价值观。比如，有的公司举行隆重的公司周年庆典以扩大影响，树立公司员工的自豪感；有的公司通过升旗仪式、军训等形式加强员工的责任感、纪律性和团队意识；有的公司通过组织开展一些社会公益活动培养员工的爱心，传达企业的社会责任理念。这些有意义的文化活动，对于增强企业凝聚力以及服务文化塑造效果显著。

（5）弘扬英雄人物形象。通过英雄人物把抽象的精神层面和文化层面的内涵形象化，对企业文化的培育有着不可忽视的作用。不同行业的企业有各具特点的英雄人物，如一家贸易公司的英雄人物可能是创销售纪录的推销员，而一家旅游公司的英雄人物可能是优秀的导游，他们都是行业的先锋、岗位的能手，他们都受到了公司的表彰、同事的羡慕和称赞，是其他员工学习的榜样。其实，英雄人物的树立就是企业文化价值观的物化和缩影，传递着正能量。

（6）服务文化的网络传播。随着信息技术的发展，网络在企业文化形成与传播过程中往往起着正式传播渠道无法替代的作用。因此，现代服务企业应重视文化的网络传播作用，加强对网络沟通的正确引导，充分利用现代社交媒体帮助企业树立正向的服务文化和传递服务正能量。

此外，管理人员在企业文化培育与塑造的过程中，还要特别注意以身作则，通过实际行动展现企业精神和企业的文化价值观，以达到潜移默化地影响广大员工的目的。

基本概念

服务人员　企业文化　服务文化

简答题

1. 企业文化有哪些功能？
2. 对服务人员的激励有哪些主要方法？
3. 服务文化的培育有哪些主要策略？

论述题

1. 怎样看待服务过程中人员的价值？
2. 在服务人员激励中怎样做到适度授权？

案例分析

玫琳凯的内部营销

玫琳凯是全球知名的化妆品公司。从创建伊始，玫琳凯就把自己的目标确定为为广大女性提供收入和事业发展机会及实现个人抱负，帮助她们了解自身价值并实现价值。玫琳凯的内部营销有口皆碑，成为业内的经典。

1. 理念：员工是第一营销对象

当你走进玫琳凯公司在美国达拉斯的总部大厅时，你看到的不是油画、雕塑或产品，而是一幅幅比真人还大的首席美容顾问的写真照片。当亲眼看到这一别有创意的设置，人们就会更加真切地体会到玫琳凯“我们是一家以人为主的公司”的深刻内涵。

员工是公司最重要的资产，要把他们作为第一营销对象——只有员工满意，才会有顾客满意；而顾客满意了，企业才能获得利润并持续运营。正是基于这一认识，其创始人玫琳凯·艾施（Mary Kay Ash）说：“一旦有人才加入我们公司，我们就会千方百计地使其安心在公司工作。如果他们不能在某一部门发挥才干，我们会尽量为他们调换合适的岗位。”

通过对员工的持续营销，玫琳凯拥有了一支苦干、高效、专业的员工队伍。现在，玫琳凯的美容顾问遍布全球多个国家，成员包括各个社会阶层的女性，不仅有工人、医生、工程师、秘书、公司职员，还有大学教授、律师、社会工作者等。

卓越的公司必有优秀的人才。那些追求长远的公司应该具备员工是第一营销对象的意识，大力推行内部营销，让员工充分理解和接受企业的价值理念、管理方式以及发展战略等，这有助于鼓舞员工士气，从而为顾客创造更大的价值。

2. 物质奖励

粉红色轿车奖励是玫琳凯对美容顾问的最高奖励。从 1969 年开始，每年年底，玫琳凯都会送出一批粉红色凯迪拉克轿车给业绩前 5 名的美容顾问（在美国是粉红色卡迪拉克，在中国还有粉红色别克、桑塔纳等）。这种“带轮子的奖杯”不仅让金牌美容顾问自豪不已，而且成为玫琳凯公关宣传的流动载体。此外，还有豪华游奖励：业绩一流的销售主任每年可以携带家眷到香港、曼谷、伦敦、巴黎、日内瓦、雅典等地进行豪华游；年度竞赛的优胜者会被盛情邀请参加“达拉斯之旅”，到玫琳凯总部参观等。

3. 精神奖励

例会奖励：玫琳凯各地区分公司的每周例会都会请本周最佳销售人员叙述和分享成功经验，这是一种别样的赞美。

缎带奖励：每位美容顾问在第一次卖出 100 美元的产品时，都会获得一条缎带，卖出 200 美元时再得一条，依此类推。这种精神鼓励远比 100 美元的物质刺激有效。

别针奖励：这是玫琳凯最经典的奖品，这些别针在美国达拉斯设计制造，然后用飞机运到世界各地，用以奖励有优异销售业绩的美容顾问。

红地毯奖励：对于销售业绩超群的美容顾问，公司会铺上红地毯欢迎他们到总部。

红马甲奖励：每年在总部召开的年度讨论会上，一流的美容顾问会身穿红马甲登台演讲，并接受台下同事的掌声祝贺。

4. 沟通：上下级对话的艺术

从诞生之日起，玫琳凯就确立了这样一条管理原则——“公司中的每一个人都将得到平等的待遇，都将受到最大的尊重，在公司中的升迁要以每个人的条件为基础”。玫琳凯还创造出一种“直接沟通”的管理方法，“上下级的直接沟通，可以使管理者更加了解下属的需要和疑惑，及时找出公司运作中的不足和缺陷，最终形成上下同心的最大合力”。直接沟通能够让下属感到自己的重要性。管理者必须花时间让下属感到自己的重要性，以激发他们的责任心和主人翁精神。首先，管理者要放低姿态，充分倾听下属的意见和建议，以显示尊重下属的想法，平心静气能让下属无话不谈。其次，管理者要学会放权，既要让下属对自己的行为负责，又要授予下属一定的权力，光有责任没有权力会挫伤下属的自尊心。再次，管理者要善于表扬，要在恰当的时间和场合，以恰当的口吻赞赏下属。最后，管理者如果经常走到员工中去，帮他们解决实际问题，员工就会感到自己被尊重，他们的责任心会大大增强，就更容易形成合力，减少内耗。

5. 参与：唤起每个人的热情

热情是一个人非常宝贵的品质，不管干什么工作，合格的管理者应该千方百计唤起下属的工作热情。管理者自己首先要对工作满腔热情，一帆风顺时热情高涨，逆水行舟时热情不减，情绪不高时要激励自己保持热情。管理者的工作态度会影响下属的热情。为防止下属的自尊心受挫，产生消极情绪，管理者还应鼓励下属积极进行创造性劳动，这是玫琳凯激发员工工作热情的又一方法。

激发员工工作热情还有一个方法，就是让他们参与到公司的发展和建设中，如参与新产品开发等，这样能够形成一股强大的向心力。开明的管理者还善于引导员工参与决策，一方面集思广益，另一方面也起到鼓舞士气的作用，使得决策更容易落实。

6. 培训：美容顾问成长的阶梯

玫琳凯秉承“丰富女性人生”的使命，承诺给广大女性“一个比化妆更美丽的改变”。为实践这一诺言，玫琳凯在每一个阶梯上都为美容顾问精心安排了培训计划，以帮助她们提高。这些女性通过从事玫琳凯美容顾问的工作，学到了许多职业技能，从一名普普通通的女性变成美丽、自信、自强、自立的职业女性，或成为拥有个人事业的独立经营者。

玫琳凯给新员工、老员工提供定期或不定期的全方位培训，让美容顾问们不但学会了怎样化妆、怎样保养，而且提高了她们的沟通能力、语言技巧、培训能力、演说技巧；同时，这些女性学到了时间管理、档案管理和财富管理等方法，学会了怎样管理自己。对员工的培训投资，被证明是提高员工满意度的一种有效途径。

资料来源：http：//www. docin. com/p－1417930579. html.

讨论： 1. 你认为玫琳凯的内部营销有什么独到之处？

2. 玫琳凯重视内部营销的做法给其他企业什么启示？

实训练习

尝试为某公司的服务人员设计一整套激励方案，包括目标激励、薪酬奖励、福利制度、工作设计、职业生涯规划等，目的是深刻认识人在服务企业中的地位与作用。

即测即评

扫描二维码可在线自测并查看答案。

第9章 服务过程管理策略

本章要点

- 了解服务过程及要素
- 了解服务接触理论
- 掌握服务蓝图的绘制技术

有的企业在管理上只重结果，不看过程，这就容易导致为达目的不择手段，导致不道德经营现象的发生。服务过程管理强调流程化、制度化、规范化，强调对顾客一视同仁，体现了公平公正的特点，是科学管理的一种体现。服务过程管理一方面可以提高服务管理效率，另一方面可以有效降低顾客的时间成本、精力成本，有利于提升顾客在服务消费过程中的满足感、获得感，有助于为人民群众创造美好的生活体验。

引 例

梅奥诊所的过程控制

梅奥诊所（Mayo Clinic）是美国一家具有公益性质的医疗机构，成立于1864年，由美国南北战争时期的一个军医退役后创建，位于美国明尼苏达州的罗切斯特市。它将外界的捐款全部用于医学研发和医疗设备改造，在美国医疗界很有声誉，有近5万人为这个医疗机构服务。冯仑在其著作《岁月凶猛》中讲到了他到梅奥诊所考察、学习和体检的体验和感受。冯仑说，在他的印象里，梅奥诊所有三个特点：一是收费不高；二是医术极好；三是管理非常高效。冯仑在体检过程中发现有几件事非常有意思。

(1) 抽血的时候扎针不疼。在梅奥诊所，如果护士扎针扎疼了，就是她的工作失误。扎针是个技术活儿，讲究技巧，角度很重要。梅奥诊所培训护士，扎针针头要倾斜45度，若始终保持平稳，病人就没什么感觉。

（2）整个流程管理效率高。每个病人都有一张详细的日程表，几点到哪儿做什么都很清楚。冯仑一行人的体检进行了两天，在此过程中情况可能随时有变化，有的项目需要延长时间，还要增加或减少某些项目，当值医生及时在电脑上进行智能化调整并重新打印日程表，整个过程衔接得很好。

（3）尊重规则，对病人一视同仁。梅奥诊所奉行的原则是，只要到了这儿就都是它的病人，只要你没有预约都要排队，不搞特殊化。据说有些官员去体检，没预约想插队，都被拒绝了。尊重规则而不是迎合权势，最后反而赢得更大的社会尊重。

（4）十分注重保护病人的隐私。体检前院方要同病人签一份内容很复杂的关于个人隐私保护的协议，明确"你的体检信息是只给你自己看，还是任何人都能查看"等条款。如果选择"体检信息是只给自己看"，那么只有病人自己能领取体检结果，目的是防止信息被他人恶意利用。

资料来源：冯仑．岁月凶猛．北京：中信出版社，2017.

第1节 服务过程及特点

消费者从服务产品中获得的满足，不仅来自服务产品，也来自服务传递的过程本身，服务过程构成服务营销组合的一个重要组成部分。

一、服务过程的界定

服务营销学者斯蒂文·阿布里奇（Steven Arbridge）对服务流程做了如下界定：服务流程是从顾客的角度来观察事物，实质上是指顾客感受到的、由企业在每个服务步骤和环节上为顾客提供的一系列服务的总和。企业及其员工看待服务流程中的每一个环节，大都是把这些环节当成作业来完成，而顾客会对服务流程中的每一个环节都做出评价，并汇总得出一个完整的评价。

具体来讲，服务过程是指一个企业将其服务产品交付给顾客使用，在这一使用过程中安排的时间、活动、程序、工作流程等日常过程。不同的服务企业的服务过程是不同的，同一服务企业的不同服务活动的流程也有差异。

服务过程的要点：

（1）服务过程由提供服务所经历的步骤、顺序和活动构成。

（2）服务过程是从顾客的角度来安排企业的服务活动的，其宗旨是保证在服务的每一步骤、每一环节都能增加顾客体验服务的价值。

（3）服务过程体现了在服务的每一步骤、每一环节为顾客所提供的一系列服务。

可见，提高服务过程或流程的合理性，有效设计服务过程是提高服务质量、赢得顾客满意的关键，这需要服务企业对服务过程进行精心设计和有效管理。

二、服务过程的特征

服务具有一个复杂的生产、消费过程。对于绝大多数服务来说，其生产过程与消费过程同时进行，由此使得服务过程始终处于一种互动的状态，互动性成为服务过程最为显著的特征。根据国内学者黎开莉等人的研究，这种互动包括顾客之间的互动、顾客与员工之间的互动、员工之间的互动等。因此，在服务过程管理和决策中，服务企业必须重视互动关系。

1. 顾客之间的互动

顾客之间的互动是指顾客在服务消费过程中，因为共享人员服务、服务环境或服务设施等，相互之间通过语言交流、身体接触或其他方式而产生的相互联系和相互影响。当一个顾客接受服务时，在场的其他顾客及其行为会影响该顾客享受服务的质量，甚至其对顾客感知服务质量的影响比服务人员更加深远。研究表明，在服务过程中，顾客之间的相互影响相当普遍，既有积极的影响，也有消极的影响。其他顾客的影响既能丰富亦能损害某顾客的服务体验，从而提升或降低该顾客对服务机构的满意度。

2. 顾客与员工之间的互动

服务的一大特征是服务生产与服务消费同时进行，服务提供者与顾客密不可分。在保健、医疗、美容和法律咨询等服务过程中，顾客必须与服务提供者发生互动，才能创造服务价值。例如，一个病人必须陈述病情，与医生互动，才可能得到良好的医疗服务。顾客与员工之间的互动可以分为三类：友好的互动、不友好的互动和过于友好的互动。

（1）友好的互动。在服务过程中，顾客既是服务的接受者，也是服务生产的协作者，友好地对待服务人员，能为这些涉及该服务过程的服务人员留下美好的服务经历，从而使服务人员更加积极地为顾客提供优质服务。

（2）不友好的互动。顾客对服务人员的工作做出了不恰当的评论，或者服务人员消极对待等，都可能引发不友好的互动。顾客与服务人员之间的误解常常是引起不友好互动的原因。

（3）过于友好的互动。任何事情都有一个度的问题，顾客与服务人员之间发生的过于友好的互动，亦会影响服务提供的质量。例如，医生与病人聊得太多，顾客想与服务员交朋友等，都会使服务人员分心，进而影响其为其他顾客服务的效率。

3. 员工之间的互动

员工之间的互动体现在服务过程各环节、各部门的衔接与配合之中。在顾客接受服务的过程中，员工在任何一个环节对顾客的怠慢，都将使其他员工的友好努力毁于一旦。如果服务机构不重视加强员工之间的互动、协同，让顾客满意就只是一句空话。

服务机构可从以下几个方面加强员工之间的互动，使之成为一种习惯、一种文化。

（1）服务机构要让全体员工了解其服务蓝图（流程图），把握顾客接受服务的过程，尤其是要让员工掌握各关键服务接触点的应对技巧，以便协同配合。

（2）强化服务过程中各环节的服务行为规范，使每位员工掌握必备的服务技能和技巧，让顾客能始终如一地感受到服务机构给予的各项承诺。

（3）强调服务过程各环节的互相补救、紧密配合和及时沟通。顾客在前面环节获得的满意，应在后面环节得以延续和提升；顾客从前面环节体验到的不满意，应在后面环节得到补救，以减轻乃至消除其不满意。要重点培养员工的职业素养和团队合作精神。

（4）大力提倡服务“责任制”，这既是服务机构基本的服务管理理念，又是服务中方便顾客的重要措施。当顾客提出问题需要帮助时，第一责任服务人员要能够及时、主动地给顾客一个满意的解决方案，避免服务人员之间互相推诿。

例9-1

俏江南的服务过程设计

俏江南集团创建于2000年，总部位于北京，旗下品牌包括俏江南品牌餐厅、LAN Club和SUBU。

俏江南不但在环境打造上不遗余力，在服务上也是别出心裁，追求服务过程的别具特色和令人难忘。俏江南在推出一道菜品时，必须考虑菜品的色、香、味、形、器皿、价格、温度七个因素，经过反复推敲，最后形成一个可以量化的、容易操作的标准流程，然后在各个分店推出。

俏江南有一道叫“江石滚肥牛”的菜，看起来是一道比较普通的菜，但融入了一定的乐趣。“江石滚肥牛”这道菜由服务员在餐厅现场制作，制作过程顾客可以全程观赏，服务员一边制作一边解说，让人感觉非常生动亲切，给用餐的顾客增添了很多乐趣。

近年来，这种服务营销方式在餐饮服务业颇为流行。俏江南将菜品的推陈出新与良好的服务巧妙结合，既让顾客放心，吃得舒心，又有对菜品的解说，顾客还可以有目的地选择，避免菜品浪费。俏江南将过程服务放在企业推广的核心位置上，让顾客体验到高品质的甚至快乐的过程服务，在提高自身服务价值的同时，也是引发口碑传播、塑造服务品牌的高明之举。

思考：俏江南在服务过程设计方面有什么独到之处？

三、服务过程的关键要素

服务过程是事先规划、人员协调、资源投入与控制，最后将产品传递给客户的全过程，其中发生了成本，产生了效益，得到了系统的产出。

服务过程包括如下关键要素：

（1）过程规划。过程规划是对服务行为的规范化和统一化，使服务水平、数量和质量，以及所实现的功能达到市场的要求，使顾客满意。

（2）设备布局。设备布局是对服务过程中所使用的所有设备的摆放、材料的准备、器具的维修保养，以及对客户所处的地理位置的安排等，这样在开始正式的服务时，能使各种材料和人员的流动保持顺畅，从而使服务更加便捷。

（3）时间安排。时间安排是从筹备服务开始到服务结束为止，对服务过程进行详细的时间规划，保证服务能在规定的时间内完成，同时符合资源利用和经济效用原则。

（4）作业规划。作业规划是对服务过程中每项服务活动详细规划，其目的在于使服务符合所要求的质量、价格和成本标准。

（5）库存规划和控制。库存规划和控制主要指对人员和生产能力的规划和控制，是为达到服务所期望和约定的水平而做的准备。

（6）作业控制。作业控制是按照约定日程的特定时间对服务过程进行控制，保证各种服务系统的信息流出和流入畅通，以确保各项服务的顺利进行；同时，配合并监测服务系统内的工作，使服务工作依照必要的程序完成。

（7）质量检测。质量检测是对整个服务过程所涉及的各个步骤和环节的质量进行管理和控制，采取适当的检查和控制技术及管理手段，以确保达成预定的质量水平。

（8）预测。在服务工作中进行长时间的积累后，结合过去和现在的情况，对未来客户的偏好转移、未来的需求量、未来替代商品的出现等可能发生的变化做出预测，以改进当前的服务质量，为下一期的总体规划做好准备。

以上各个关键要素之间相互联系、相互影响，因此必须事先做好统筹规划，同时在服务过程中需要及时跟踪，以保证服务价值创造与传递的顺利进行。

例9-2

用极致的过程服务打造最暖人的便利蜂

便利蜂商贸有限公司是一家总部位于北京的私营企业，成立于2016年12月21日。2017年2月，公司在北京开出第一家门店，随后在北京多个商圈拓展，近年来发展迅猛，门店拓展到天津、上海、南京、苏州、无锡、杭州、深圳等诸多大中城市。便利蜂采用区块渗透式战略密集开店深度服务用户，门店管理是围绕品质（quality）、服务（service）和清洁（cleanliness）展开的，也叫作QSC管理。

和传统门店管理做法不同的是，便利蜂使用系统驱动来降低个体因素导致的工作误差，确保在快速开店过程中保持服务品质的一致性。便利蜂为门店的QSC管理设置了400多个监测点，制定了300多个标准作业程序（standard operation procedure，SOP），用以严格化、详细化、系统化店员的操作，并运用了人工智能、大数据和自动化等技术帮助员工落实。比如，在确保购物环境安全卫生方面，店员只需要按照SOP的指引就可以高效地对门店器具、设备进行不同程度和次数的清洁。同时，便利蜂系统具备识别乱象的功能，比如，门店餐桌不及时收拾、周转筐乱放等影响消费者购物体验的乱象一旦被发现，系统会在相应的时间里对店员进行语音提示。自从这套人工智能系统上新后，便利蜂门店的不合规操作大幅下降，服务效率与质量大大提高。

此外，便利蜂还将海量店员成熟的服务技术进行量化，来帮助更多的店员快速达到这一标准。比如，商品的自动排面，便利蜂以老道的店长经验为基础，通过与系统的结合，为新店员提示商品排列的美观度。系统会智能提示某些商品应该陈列在哪里，是横着还是竖着放置，商品的间距是多少，等等。便利蜂正是借助店面的极致化过程服务和这套智能系统，确保了多家门店的品质如一，确保了便利蜂入店顾客的满意度。

资料来源：王跃梅．服务营销．3版．杭州：浙江大学出版社，2022.

第2节　服务接触管理

服务接触（service encounter）是指服务组织或人员在服务过程中与顾客发生的有效接触。服务接触的过程正是服务价值创造与传递的过程，服务接触对顾客的服务感知的影响最直接也最重要。顾客正是在与服务机构或人员的接触中真切地感知到服务的内容、特点及功能。因此，服务接触也叫服务的“真实瞬间”（moment of truth）或“关键时刻”。

服务接触点是服务企业在提供服务产品的过程中与顾客发生直接服务关系的主要环节或关键点。让·詹姆克等在其《服务经济》中从服务价值链的视角提出了服务体验循环理论，并将其分解为若干关键时刻，认为“循环中的每一个关键时刻，都是顾客可能对公司服务品质做出评估的机会点”，服务接触点也是创造顾客价值的关键点。

从顾客的角度来看，一项服务在服务接触中能够给其带来最生动的印象。例如，旅客在一家酒店所经历的服务接触包括登记住宿、由服务人员引导至房间、在餐厅就餐、要求提供唤醒服务以及退房结账等。商业顾客在采购和使用设备时所经历的服务接触包括看样品、谈判、签订商业买卖合同、运输、安装、结账和售后维修服务等。可以把这些关键时刻连接起来形成一系列服务接触层次，顾客正是在这些接触过程中获得了对企业服务质量的第一印象，而每次的接触都会对顾客的整体满意度和忠诚度产生影响。

例9-3

宜家的接触点设计

宜家的服务理念是“使购买家具更快乐”，因此在任何有可能会和顾客产生接触点的地方，不管是卖场设计还是服务方式，宜家都尽量使其显得自然、和谐，让顾客感觉到温馨和满意。实际上，顾客从走进宜家的时候起，就能感受到宜家的良苦用心：地板上有箭头指引他们按照最佳顺序逛完整个商场，展示区按照他们的习惯确定顺序。在入口处，宜家为顾客提供铅笔、卷尺和纸张，方便顾客进行测量和记录。在选购过程中，除非顾客提出需要帮助，否则宜家的店员不会上前打扰，以便顾客有最佳的购物氛围。为了让顾客掌握全面真实的产品信息，宜家还精心制作了详细的标签，告知产品的购买指南、保养方法和价格。如果顾客逛累了，可以在卖场内的宜家餐厅小憩一会儿，点上一杯咖啡或是一碟点心。如果顾客在购买后觉得产品不合适，宜家非常体贴地为顾客解除后顾之忧：在购物60天内（宜家俱乐部会员在365天内）可以无条件退货，特殊商品（食品、植物、处理商品）、定制商品等除外。购物消费细节的完美设计和完善的售后服务不仅为宜家赢得了良好的口碑，更是提升了宜家的品牌形象。

资料来源：李巍．服务营销管理：聚焦服务价值．北京：机械工业出版社，2019.

一、服务接触的方式

顾客与服务机构相联系的任何时刻都可能发生服务接触。通常服务接触可以分为三大类：远程接触、电话接触和面对面接触。顾客在一次服务中可能经历一种或几种服务接触。

1. 远程接触

远程接触是指在服务过程中顾客不与服务人员发生接触而是与服务设备或设施接触，如顾客在自动取款机上存取款、从自动售货机购买商品、自助订票取票、向邮筒投递信件等。在这种情况下，并没有发生人与人之间的接触，但是这种人与设备之间的接触仍能影响顾客对服务的感知。因此，在这类接触中，那些为顾客提供服务的设备或设施的性能、质量以及保养、维修和管理等都对顾客的服务质量感知有决定性的影响。

如今越来越多的服务可以借助信息技术，特别是互联网来传递。像航空订票、包裹追踪、零售采购、网上预约等，都可以通过互联网实现。所有这些接触都是远程接触，并没有发生人员的接触。

2. 电话接触

电话接触是顾客与服务机构之间接触的最常见的形式之一。如银行业的电话银行服务、证券业的电话委托、航空业的电话订票、餐饮业的电话订餐、零售业的电话订货等，几乎所有公司都要依靠客户服务、下订单等电话形式来与顾客发生接触。

在电话接触中，由于顾客接触的不仅仅是机器，还有电话另一端的服务人员，因此，服务人员的语音、语调、语气、知识素养、反应态度、节奏等，都会对顾客的服务感知产生好的或不好的影响，这也成为顾客判断质量的重要标准。

3. 面对面接触

面对面接触即顾客与员工直接发生人际接触，这也是比较普遍的服务接触方式之一，特别是在传统服务业。例如，在迪士尼主题公园里，顾客能接触到售票员、演员、各种机器设备的操作人员、食品饮料的销售人员等。由于面对面接触发生在顾客与员工之间，因此，顾客对服务的感知既取决于服务的语言因素，也取决于非语言因素。

非语言因素包括服务人员的仪表、服装、姿势、态度以及服务人员所用的服务设备、工具和设施等。一般来说，整洁专业的仪表和服装、训练有素的姿势、热情诚恳的态度以及良好的服务设备、工具和设施等容易使顾客产生良好的服务感知。

例9-4

亚朵酒店的顾客接触设计

亚朵酒店在售前利用网络让顾客感知到人文生活的主题。走进亚朵酒店，灯光、气味、色彩、音乐、文字、摆件等逐步在顾客心目中构建起亚朵酒店的主题氛围，比如，炎炎夏日，当你步入亚朵酒店，首先映入眼帘的并不是金碧辉煌的装饰，而是简约却又非常艺术的设计和清新舒适的风格。

“奉茶”是一个茶馆，亚朵最早的概念雏形就诞生于此。以“奉茶”作为亚朵酒店的服务，希望勉励每个亚朵人不忘初心，也希望顾客能感受到亚朵酒店的拳拳之心。只要你来到亚朵酒店，不管是在登记入住还是在看书，或者是在逛商店，服务员都会奉上一杯茶。冬天是一杯热茶，夏天可能会是酸梅汤或冷饮，这叫百分百奉茶。在亚朵酒店前台，服务人员走出柜台，首先递上一杯茶，可能顾客的一杯茶还未饮完，入住手续已办好，房卡已到手。这个过程，顾客是坐着的，服务人员是站着的。有的顾客甚至感觉屁股还没坐热，万事皆办妥。不需要押金，不需要烦琐的手续。

在文字体验上，“宿归”（客房）、“相招”（餐厅）、“共语”（多功能会议室）、“汗出”（健身房）、“出尘”（免费洗熨烘干自助洗衣房）、“竹居”（阅读会友书吧）等充满文艺清新气息的区域命名能让人心中的疲劳远去。客房中一把造型独特的茶壶和几个茶杯，让你看一眼仿佛能嗅到心旷神怡的茶清香。酒店的公共区域、客房的墙壁上与床头均可以看到反映属地文化的摄影作品。夜宵是免费送到房间的一份点心，还会附上一张写明制作方法和功效的卡片。顾客离店时服务人员会主动送上瓶装水。

每一个转身、每一次接触，都让顾客更好地体验这种他们向往已久的感觉和生活方式。当你走出亚朵酒店，包里可能还装着免押金借阅且可异地归还的图书，回味着与其他顾客和服务人员沟通过程中所深刻体会到的源自社会文化意义的相互影响和对生活方式的思考，体会着想要成为这一群体或文化的一部分的欲望。亚朵酒店以服务为舞台，产品为道具，工作人员作为演员，精心设计无缝衔接的人文体验。

资料来源：李巍．服务营销管理：聚焦服务价值．北京：机械工业出版社，2019.

二、服务接触的重要功能

服务接触的重要功能体现在以下三个方面：顾客的感知质量、服务效率和服务文化。

1. 服务接触影响顾客的感知质量

服务不同于有形产品，其质量没有相应的量化指标进行衡量，完全根据顾客的期望和对服务的感觉来评价。这种感觉在服务接触过程中逐渐形成，并最终得出对服务质量的评价。例如，医生在给患者诊疗时，是否认真听取患者的叙述，是否耐心详细地解释患者的病情等，都会给患者留下某种印象，最终形成患者对该医生或该医院服务质量的评价。

2. 服务接触影响服务效率

服务接触的方式或方法对服务效率有很大的影响，例如，在人和人的接触中，通过眼神和动作来理解对方的意图能减少语言交流所花费的时间；在人和机器的接触中，通过人性化的界面交互也能节约大量的时间，提高服务效率。

3. 服务接触影响企业的服务文化

服务是一种互动关系和过程，顾客的素质、习惯、知识、经验等在服务接触过程中对服务人员产生影响，他们在与顾客互动中互相融合，逐渐形成一种具有本地特色的服务文化。许多跨国企业具有类似的经验，它们在国外设立公司时，往往主动采用本地化的政策、行为方式及策略，以适应本地顾客的文化要求。如肯德基在中国引入米饭、油条等餐品。

三、服务接触的有效策略

服务机构在服务接触中运用以下策略有助于增加服务接触的正效应。

1. 迅速补救

在发生服务失误时，如果服务机构能诚恳地认错并迅速采取补救措施，就可能消除顾客的怨气，使服务接触的负效应变成正效应。

2. 满足个性化需要

如果服务机构能重视和满足顾客个性化的需要，就容易使顾客获得愉悦感。例如，管理咨询机构能为每位客户提供量身定做的解决方案，从而解决客户特有的管理问题。因此，服务机构也可以通过提供个性化的服务来提高服务接触的正效应。

3. 提供额外服务

如果服务人员能积极地、创造性地在服务环节提供某些额外服务，或满足顾客某种潜在的需要，顾客就会感到非常满意。因为顾客从这些额外的服务中感受到自己被关怀和尊重。例如，航空服务中向某些晕机的乘客提供晕机药，或者向调整时差的乘客提供眼罩等，这些服务都会让顾客认为很贴心，从而产生正的接触效应。

4. 接触问题顾客

问题顾客是指不愿与服务机构合作或不愿使其行为与其他顾客或公共规范保持一致的顾客，如醉酒的顾客。服务机构要处理好与问题顾客的关系，并使他们获得良好的感知。一是要提高警惕，认识到顾客不是人人都愿意配合、愿意合作；二是要冷静、耐心地说服，关键要让问题顾客知道问题来自自己；三是要多赞扬那些与服务机构配合良好和遵守公共规范的顾客，以影响和引导问题顾客。

第3节 服务蓝图技巧

一、服务蓝图的概念

服务蓝图是一种有效描述服务提供过程的可视技术，借助流程图，通过持续地描述服务提供过程、服务环节、员工和顾客的角色以及服务的有形物件能够直观地展示服务。服务蓝图的思想最初由利恩·肖斯塔克（Lynn Shostack）在1987年提出，随后融合了工业设计、决策学、计算机图形学等相关知识和技术，逐步发展成为服务过程可视化管理的有效工具。

经过服务蓝图的描绘，服务不仅被合理地分解成服务提供步骤、任务以及完成任务的方法，更为重要的是，借此可以识别出顾客同企业及服务人员的关键接触点，从而有助于企业有的放矢地改进服务，提高服务质量。

换句话说，服务蓝图是详细描绘服务系统的图片或地图。服务过程中涉及的不同人员都可以理解并客观使用它，无论他的角色或个人观点如何。它提供了一种方法，把服务进行合理分块，再逐一描述过程中的步骤或任务、执行任务的方法和顾客能够感受到的有形展示。

例9-5

有张流程图就是不一样

我们单位每年都免费为教职工做体检，算是一项福利，地点选在市肿瘤医院的体检中心，时间一般在每年11月下旬。学校共2 000多名教职工，按学院集中分几天去体检，那个季节天寒地冻，不少其他单位也安排员工去那里体检，体检中心人头攒动。

该体检中心狭窄拥挤，体检室设在附近的几栋小楼里，也没有太明显的标志，头一次去还真是摸不着头脑，很多人都像无头苍蝇撞来撞去，神色紧张。特别是取早餐处，本来是取血样之后才给早餐的，有牛奶、面包、鸡蛋，但没有明确告知（体检中心假设大家都知道），所以有的人生怕领不到，一到体检中心就去领早餐。管理员不给，由于沟通不畅，有的人就在那里吵吵嚷嚷，整个体检中心闹哄哄的。说实在的，前几年我每次去那里体检都感到一种压力。

去年11月我再去体检时，发现情况有了明显的变化。地方还是原来的地方，但体检中心有了一个显著的标志，容易找了。更为重要的是，体检中心大厅有了一张简洁的“体检流程图”，大大的字，一目了然。

第一步：取表（地点为服务台，提供身份证）

第二步：抽血（地点为某楼某室，要求空腹，时间为 7：30—9：30）

第三步：领早餐（地点为某楼某室）

第四步：B 超（地点为男士在某楼某室，女士在某楼某室）

…………

第 *N* 步：交表（地点为服务台，要求签字）

有了这张流程图，体检中心窜来窜去的人少了，神色紧张的面容少了，领早餐处吵吵嚷嚷的人没有了，大家都变得从容淡定，秩序井然，体检效率也提高了。我感到心情很轻松，我想医生也应该有同感。

思考：是什么使得原来乱哄哄的体检中心变得秩序井然？

因为服务通常缺少具体说明，所以一项服务甚至一项复杂的服务也可能没有任何正式的、客观的过程描述就被推出了，通过使用服务蓝图技术能够客观描述关键服务过程的特点并使之形象化，这样员工、顾客和管理者都会知道正在做的服务是什么以及他们每个人在服务实施过程中扮演的角色。在服务开发的设计和再设计阶段，服务蓝图最为有用。

为什么叫服务蓝图而不是服务黑图或服务红图呢？因为蓝图技术最早在制造业、建筑业等行业使用。生产汽车、计算机，建造房屋、桥梁都需要事先设计工程图纸，然后按照图纸来制造和施工，这个设计图纸通常用蓝色标注，“蓝图”因此得名。

服务蓝图是一种基于流程图的服务设计工具，它将服务过程进行合理地分块，再逐一描绘服务系统中的服务过程、接待顾客的地点以及顾客可见的服务要素。服务蓝图不仅能用来分析和改善现有的服务过程，还可以用来开发新的服务流程。服务蓝图同时从几个方面直观有效地展示服务：描绘服务实施的过程、接待顾客的地点、顾客和员工的角色以及服务中的可见要素（见图 9－1）。

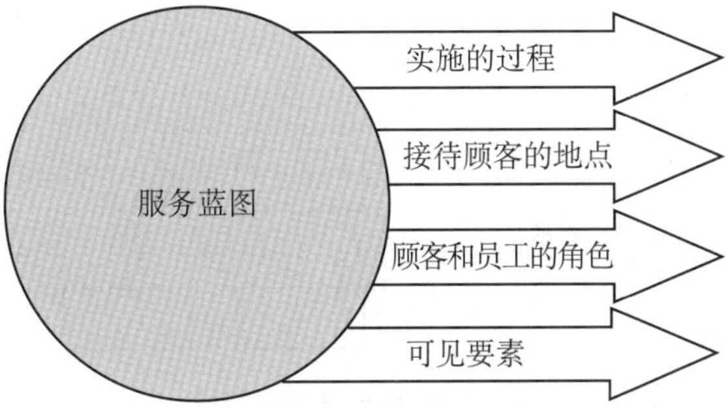

图 9－1　服务蓝图

服务蓝图作为一种形象客观的服务描述语言和服务管理技术，具有以下重要功能：

（1）有利于树立整体观念。服务蓝图描述了整个服务系统，是一张服务全景图，有利于增强部门、团队和员工个人的整体观念。

（2）便于服务改进。服务蓝图描述了服务链，便于服务机构发现有问题的服务环节，从而对薄弱环节进行改进。

（3）有利于建立顾客关系。服务蓝图中的分界线对开展关系营销具有重要作用（见图9-2）。互动分界线与纵向连线的交点是服务接触点，是顾客感知服务质量的重要环节。顾客对服务质量的不满通常产生于服务接触之中，服务投诉问题的处理和解决一般也在前台进行。因此，互动分界线有利于关系管理和关系营销。

（4）提高后勤服务质量。服务蓝图中的内部互动分界线对服务机构改进后勤支持具有重要价值。内部互动分界线与纵向连线的交点是后勤服务与顾客服务之间的连接点，服务机构可以依此考察企业后勤服务质量。

（5）便于服务沟通。服务蓝图中的每一个联系都需要营销沟通，包括外部营销沟通和内部营销沟通。服务机构可以依据服务蓝图制订整个营销沟通计划。

二、服务蓝图的构成

服务蓝图被三条线分成四个部分，自上而下分别是顾客行为、前台员工行为、后台员工行为以及支持过程。四个主要的行为板块由三条分界线分开：前台员工行为与顾客行为由一条互动分界线分开；前台员工行为与后台员工行为由一条可视分界线分开；后台员工行为与支持过程由一条内部互动分界线分开（见图9-2）。其中，该服务项目相关的有形展示是顾客行为、员工行为开展的前提条件。

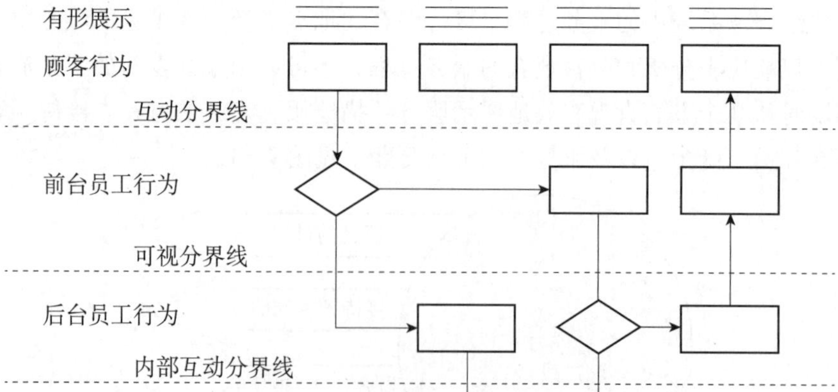

图9-2 服务蓝图的构成

资料来源：李克芳，聂元昆．服务营销学．3版．北京：机械工业出版社，2020.

服务蓝图需要重点标示和界定的接触点内容包括：

（1）有形展示。蓝图的最上方是服务的有形展示，典型的服务蓝图设计方法是在每一个接触点上方都列出相应的有形展示。由于服务本身是无形的，顾客常常在购买之前通过有形线索或者有形展示来对服务进行评价，并在消费过程中以及消费完成后对服务进行评价。例如，律师事务所的有形展示包括办公室布置、书面文件和律师着装等。

（2）顾客行为。顾客行为是指顾客在购买、消费和评价服务过程中的步骤、选择、行动和互动。例如，在律师服务系统中，当事人（顾客）的活动可以包括选择代理律师、与律师通电话、与律师面谈、接收文件等。

（3）服务人员行为。服务人员行为包括前台员工行为和后台员工行为。前台员工行为是指顾客能看到的服务人员的行为和步骤。例如，在法律服务中，委托人（顾客）可以看到的律师（服务人员）的行为，包括最初会面、面谈和出具法律文件等。后台员工行为是指发生在幕后、支持前台行为的员工行为。例如，律师与委托人的会面准备、法律文件交接的准备、查阅相关法律文件等。

（4）支持过程。支持过程是企业的内部服务、支持服务人员的服务步骤和互动行为。例如，律师事务所的员工进行的法律调查、文件准备，事务所的团队组合，秘书为会面所做的准备工作等都是支持行为。

以上服务蓝图中，每个行为部分中的框表示相应水平上执行服务的人员所经历的服务步骤。用来连接服务行为的箭头是流向线，它表明发生了服务接触，并指明了行为步骤的顺序。以上四个关键的行为被三条水平线所隔开，这三条分界线的作用如下：

（1）互动分界线。它表示顾客与服务组织间直接的互动，穿过互动分界线的垂直线表明顾客与服务机构间的直接接触。

（2）可视分界线。它将顾客能看到的服务行为与不能看到的服务行为分开，清晰地表示出服务机构为顾客提供了哪些可视服务。分析服务蓝图时，要分别关注位于可视分界线上方和下方的服务数量。在服务蓝图中，可视分界线下方的区域是顾客看不见的区域。有些服务活动是前台与后台兼顾的，即部分活动是可见的，部分活动是不可见的。

（3）内部互动分界线。它用来区分服务人员的工作和其他支持服务的工作，是后台活动区域与支持性活动区域之间的分界线，也是服务机构外部服务和内部服务的分界线。如果有垂直线穿过内部互动分界线与之交叉，则表示发生了内部服务接触。

三、构建服务蓝图的流程

服务蓝图的开发需要涉及许多职能部门的人员和来自顾客的信息，绘制或构建蓝图并非一项某个人或某个职能部门单独可以完成的简单的任务。换句话说，构建服务蓝图是一项复杂的工作，需要整合多方资源协作完成并遵循一定的流程。根据服务营销学者泽丝曼尔等人的研究，构建服务蓝图一般遵循如图 9－3 所示的流程。

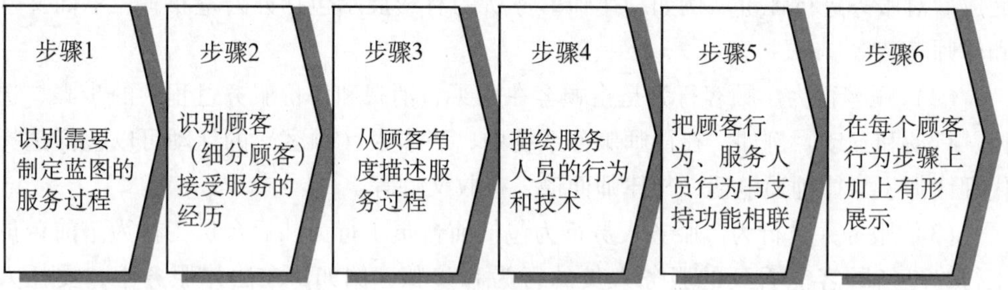

图9－3　构建服务蓝图的流程

资料来源：瓦拉瑞尔·A. 泽丝曼尔，等. 服务营销：第7版. 北京：机械工业出版社，2018.

步骤1：识别需要制定蓝图的服务过程。

蓝图可以在不同水平上进行开发，这需要在出发点上就达成共识。比如，物流公司可以开发蓝图，描述一项完整的物流配送业务及其互联网辅助的服务系统。或者如果发现“货物分拣”和“装货”部分出现了问题和瓶颈，并耽误了顾客收件的时间，针对这两个步骤可以开发更为详细的子过程蓝图。总之，识别需要绘制蓝图的过程，首先要对建立服务蓝图的意图做出分析。

步骤2：识别顾客（细分顾客）接受服务的经历。

市场细分的一个基本前提是，每个细分部分的需求是不同的，因而对服务或产品的需求也相应变化。假设服务过程因细分市场不同而变化，这时为某位特定的顾客或某类细分顾客开发蓝图将非常有用。在抽象的意义上，将各种细分顾客纳入一幅蓝图中是可能的。但是，如果需要达到不同水平，开发单独的蓝图就一定要有针对性，并且清晰、可操作。

步骤3：从顾客角度描绘服务过程。

这一步骤包括描绘顾客在购物、消费和评价服务中执行或经历的选择。如果描绘的过程是内部服务，那么顾客就是参与服务的员工。从顾客的角度识别服务可以避免把注意力集中在对顾客没有影响的过程和步骤上。有时，从顾客角度看到的服务起始点并不容易被意识到。如对理发服务的研究显示，顾客认为服务的起点是给理发店打电话预约，但是发型师却基本不把预约当成服务的一个步骤。所以，在开发服务蓝图时，一定要从顾客的视角作图。

步骤4：描绘服务人员的行为和技术。

首先要画出互动分界线和可视分界线，然后从顾客和服务人员的观点出发绘制过程，辨别出前台服务和后台服务。对于现有服务的描绘，可以向一线服务人员询问哪些行为顾客可以看到，哪些行为在幕后发生。在进行技术传递服务或者要结合技术和人力传递的情况下，技术层面所需要的活动也要绘制在可视分界线的上方。如果服务过程中完全没有员工参与，那么这个部分要标注上“前台技术活动”；如果是同时需要人员和技术的交互活动，这些活动之间也要用水平线将“可见的员工活动”和“可见的技术活动”分开。这种辅助线有助于准确阅读和理解服务蓝图。

步骤 5：把顾客行为、服务人员行为与支持功能相联。

画出内部互动分界线，随后即可识别出服务人员行为与内部支持职能部门的联系。只有在这一过程中，内部行为对顾客的直接或间接影响才能显现出来。从内部服务过程与顾客关联的角度出发，它会呈现出更大的重要性。

步骤 6：在每个顾客行为步骤上加上有形展示。

最后，在蓝图上添加有形展示，说明顾客看到的东西以及顾客接受服务的经历中每个步骤所得到的有形物质。包括服务过程的照片、幻灯片或录像等形象蓝图在该阶段也非常有用，它能够帮助分析有形物质的影响及其与服务定位及整体战略的一致性。

知识延伸

麦当劳的服务标准化

20 世纪 40 年代，麦当劳兄弟创建了麦当劳。20 世纪 60 年代，克罗克以 270 万美元收购了它，历经数十年的发展，麦当劳成为全球最大的快餐企业，这一切都与它的服务标准化密不可分。

（1）产品的标准化。麦当劳对食品的标准不仅有定性规定，而且有定量规定。例如，食品中的脂肪含量不得超过 19%，炸薯条和咖啡的保存时间分别不得超过 10 分钟和 30 分钟，甚至对土豆的大小与外形等都有规定。这些规定在各地的连锁店中必须严格执行，并且每年会进行两次严格的检查。

（2）分销的标准化。无论是麦当劳自营的连锁店还是授权经营的连锁店，对店址的选择都有着严格的规定。最初的店址规定是 5 千米的半径范围内有 5 万以上的居民居住。后来这一规定被更改了，并规定连锁店必须建于繁华的商业地段，如大型商场、超市、学校或政府机关旁边等。这一规定沿袭至今并且成为选择被授权人的重要条件之一。不仅如此，所有连锁店的店面装饰与店内布置也必须按照相同的标准完成。

（3）促销的标准化。麦当劳在其整个经营过程中始终都坚持以儿童作为主要促销对象，其促销理念是吸引了儿童消费就吸引了全家消费，为此，店内有供儿童娱乐的场所和玩具。其促销方式主要是电视广告。

四、服务蓝图的典型示例

1. 某快递公司的服务蓝图

如图9-4所示，该蓝图只保留快递服务中最基本的步骤，每个步骤都可进一步分解，内部过程也能向纵深发展。除了四个由三条分界线分开的行为部分外，蓝图中还列出了从顾客角度看到的每个步骤中的有形展示。显而易见，从顾客角度看服务过程只有三个步骤：打电话、取件与送件。该过程相当标准：服务人员是电话订单接线员和快递人员；有形展示是卡车、包装材料、寄送表格、手提电脑和制服。顾客并不关心发生在可视线之下的复杂过程，但是为方便顾客，保证可见的三个步骤有效进行，不可见的内部服务必不可少。蓝图中也显示出这些步骤及其是如何支持外部服务的。

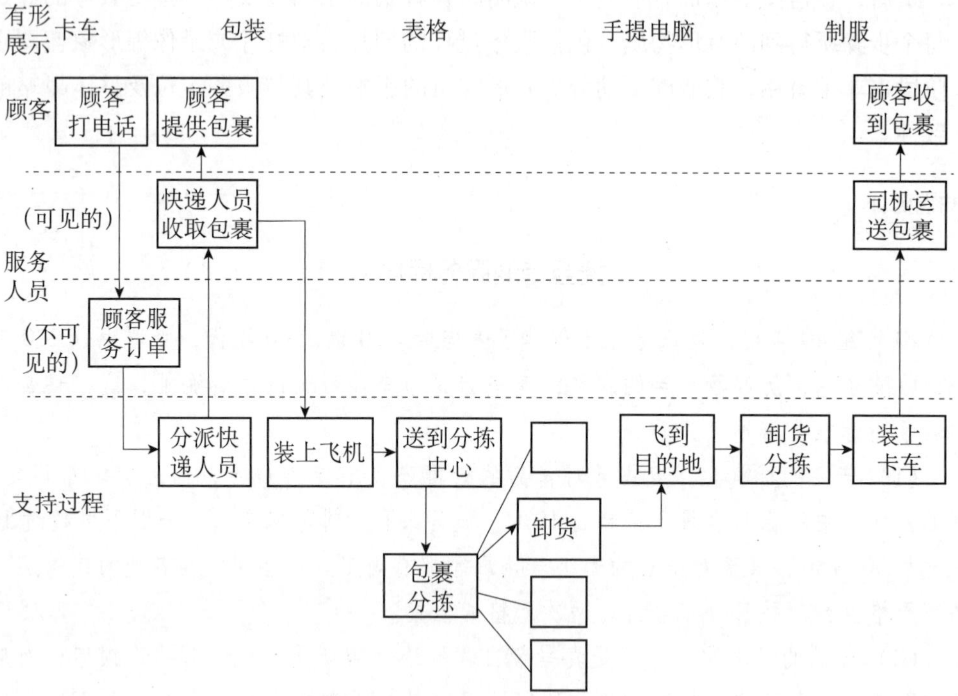

图9-4 快递公司的服务蓝图

资料来源：瓦拉瑞尔·A. 泽丝曼尔，等. 服务营销：第7版. 北京：机械工业出版社，2018.

2. 某网络商店的服务蓝图

如图9-5所示，从某网络商店的服务蓝图可以看出，其主要的顾客活动包括前期用户网上点击购买、后期用户收货；主要前台服务人员活动是专车送货；主要后台服务人员活动包括接受订单、给顾客发信息确认；主要支持性活动包括调度、装运、配送、卸货、装车等。

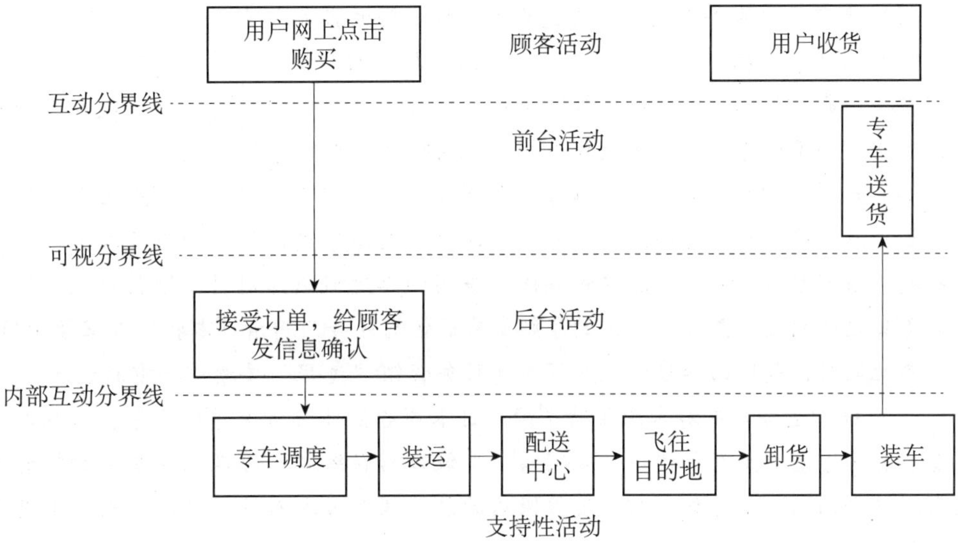

图 9－5　网络商店的服务蓝图

基本概念

服务过程　服务接触点　服务蓝图

简答题

1. 服务过程包括哪些关键要素？
2. 服务接触有哪些主要功能？

论述题

1. 服务接触管理对于提高服务质量有什么启示？
2. 掌握服务蓝图的解读与绘制技术有什么现实意义？

案例分析

美国四季度假饭店的专门策划

日本是美国旅游业的重要来源国，每年都有很多日本游客去美国旅游。为了吸引日本游客，美国四季度假饭店对其服务营销中的“人”与“过程”要素进行了重新设计和规划：

(1) 安排专职对日服务人员。如安排日语流利、有丰富对日服务经验的专职经理，专门负责接待日本游客。

（2）调整总台服务人员。如在总台增加懂日语的服务人员。

（3）安排能提供特别服务的人员。美国芝加哥四季度假饭店考虑到，日本客人生病需要医务人员的护理，有些带孩子的游客要到城里去吃夜宵，需要找人看护孩子，这就增加了对懂日语的医生和看护孩子的临时保姆的需求。

（4）让员工熟悉日本文化。日本客人对服务质量期望很高，觉得美国人的服务态度较冷漠。这实际上是由文化差异造成的，美国四季度假饭店的服务人员对日本人的礼节很不习惯。为了消除这种隔阂，美国四季度假饭店对员工进行培训，让他们对美日之间的文化差异有一定的了解。有的饭店还专门聘请日本礼仪专家做顾问。

与此同时，美国四季度假饭店还对其服务营销“过程”要素进行重新设计。

（1）提供适合日本游客的接待手续。日本商务团体常常有等级次序，这在入住排房、签名等问题上有所体现。美国四季度假饭店在给客人办理入住手续时较好地处理了这个问题。如芝加哥四季度假饭店的总经理在客人入住后立即派人送上有其亲笔签名的欢迎卡。

（2）制定针对日本游客的服务“政策”。如美国四季度假饭店与“日本语翻译服务系统”（JAN）联网，提供东京股市行情，欢迎日本客人使用SCB卡——日本信用卡，提供地道的日本料理、日语菜单、日式服装、日式浴衣和浴室。

（3）安排娱乐活动。日本人喜欢打高尔夫球，尤其喜欢参加著名高尔夫俱乐部举办的培训。美国四季度假饭店尽量为他们安排。在天气不好时，安排室内活动。

（4）指导观光游览。如许多四季度假饭店备有日文版的当地城市游览指南和地图。有一家饭店还别出心裁，设计了一种“信息袋”，里面盛有各种“游客须知”，如支付小费的标准、娱乐及观光等注意事项。

讨论：美国四季度假饭店的做法有什么独到之处？

实训练习

实地调研一家酒店或医院等服务企业，绘制其服务蓝图，并说明其主要运作流程，设计其中的关键接触点及控制要点。

即测即评

扫描二维码可在线自测并查看答案。

第10章 服务有形展示策略

本章要点

- 了解有形展示的作用
- 熟悉有形展示的类型
- 掌握服务场景的设计技术
- 领会服务氛围的营造方法

服务的有形展示不直接决定服务的价值，但它有助于服务形象树立与服务品牌塑造，助力创造和提升顾客的服务体验价值，影响顾客的服务评价与偏好。为了更好地满足人民群众对美好生活的需要，服务企业有形展示需要传递正面、积极的形象，秉持社会主义核心价值观，弘扬中华优秀传统文化，增强文化自信。服务有形展示在内容上要传递正能量，体现时代特征；在形式上要坚持高雅的审美观，反对低级、媚俗的展示。

引　例

令人回味的“仙踪林”

“仙踪林”是一家休闲餐饮连锁企业，总部设在上海，在我国华东地区的很多城市开设了连锁店。今天的“仙踪林”已经发展成为一个集餐饮、休闲和茶文化于一体的休闲餐厅，一个人文休闲的空间。很多年轻人都把“仙踪林”当成生活的一部分，经常到这里就餐、聚会、聊天，就像美国人喜欢星巴克、广州人经常去“绿茵阁”一样。

“仙踪林”在环境设计上独具匠心，大厅里有“参天大树”、秋千、藤椅、雕塑，风格雅致，体现了时尚和文化休闲特征。进入“仙踪林”，映入眼帘的是浑然天成的绿树垂藤景观，置身其中会有一种飘飘然恍若林间仙子的感觉，这正是“仙踪林”品牌想要营造的意境。大厅使用原木桌椅，秋千式的吊椅很有韵味，三三两两的顾客坐在秋千上荡来荡去、聊天品茶，充满轻松惬意。

资料来源：张翠英，赵志江．服务营销．3版．北京：首都经济贸易大学出版社，2017.

第1节　有形展示及其作用

一、什么是有形展示

服务的有形展示是服务企业进行服务传递并且与顾客进行交互的环境，以及有利于服务提供或传播的任何有形商品。它包括提供、传递、消费服务所处的实际有形设施，又称服务场景，如服务环境设施、服务人员、市场信息资料、顾客等。可以说，在服务营销的范畴内，一切可传达服务特色及优点的有形组成部分都可称作有形展示。有人将有形展示类比为服务产品的“包装”，因为有形展示不仅承担服务产品对外信息传递的重要职能，更重要的是它直接影响顾客对服务产品质量的期望和判断。

如某知名大学商学院的宣传栏，利用文字和图片相结合的方式，生动地展现了学院的历史沿革、学科发展的轨迹、学院的办学特色与实力，重点展示了特色学科、重点学科、主要研究中心的成果及其创始人、领军人物，产生了“未见其人，已闻其声（名声）”的效果，不但彰显了学院的办学实力，而且有效地吸引了社会各界的关注，特别有利于招生和就业。

由于服务的无形性，可以说，顾客对服务的最初印象都是由有形展示的各个要素带来的，当顾客对企业提供的服务缺乏了解时，他们往往会根据相关的有形要素对服务产品做出判断，并在消费过程中据此对该服务进行评价。因此，有效地设计有形展示对于吸引顾客和增强顾客信心、信任感至关重要。有形展示的要素如表10－1所示。

表10－1　有形展示的要素

外部		内部	
服务场景	其他有形物	服务场景	其他有形物
外部设计 标志 停车场地 周围景色 周围环境	名片 装饰品 宣传单 报告 员工服装	内部设计、布局 内部设施 标志 空气质量、温度 音乐、气味、照明	服务手册 价目单 网页 虚拟场景

资料来源：瓦拉瑞尔·A. 泽丝曼尔，等．服务营销：第7版．北京：机械工业出版社，2018.

有形展示要素包括服务企业的所有有形设施（服务场景）及其他形式的有形传播。影响顾客的服务场景要素既包括外部特征（如标志、停车场地和周围景色等），又包括内部特征（如设计、布局、设施和内部装潢等）。需要注意的是，网站和互联网上服务场景是有形展示的最新形式，企业可以利用这些形式传播服务体验，使顾客在购买服务前后都可明显感知。

有形展示对于汽车修理、餐饮、宾馆、交通、医疗、零售等行业的信任服务信息传递尤为重要，对于文化娱乐、旅游、房地产和主题公园等体验特征占主导的现代服务业也是如此。可以说，服务的有形展示将会影响顾客体验的传递，影响顾客体验价值创造以及顾客的满意度。

例 10－1

星巴克独具匠心的店堂设计

在购物中心、写字楼或高档小区，人们一看到深邃的绿色店面和显眼的美人鱼标志，就知道那是星巴克。星巴克的背景色彩是深绿色的，灯光是非常柔和的，内部装饰和用具的质感是古色古香的，它们一起营造出一种悠闲、优雅、恬静的餐饮氛围。

星巴克的店堂设计与众不同，它创造了遍及全世界的统一外观，同时每间店堂的设计又不失自己的风格。星巴克利用统一的装饰风格来体现美感，当顾客看到的、感觉到的、体验到的东西和谐地糅合在一起时，他们就会被这种美感吸引。无论顾客是否喜爱艺术，一样都会被这种美所吸引，因为它一方面创造了和谐，另一方面也创造了独特的文化形象。总之，这些视觉设计非常优雅、舒适，打造了休闲、交流的理想场所，让人流连忘返。

思考：星巴克的店堂设计有何独到之处？

二、有形展示的作用

有形展示是服务营销组合策略的重要成分，有形展示的有效管理和利用可帮助顾客感受服务产品的特点以及提高享用服务时所获得的利益，有助于建立服务产品和服务企业的形象，支持有关营销策略的推行。

有形展示是顾客根据服务线索形成服务期望的依据，这些期望是顾客进行服务购买决策与评价的参照物。对于服务提供商来说，通过对服务工具、设备、员工、信息资料、其他顾客、价目表等所有这些有形物的有效设计与管理，可以增强顾客对服务的理解和认知，为顾客的服务购买决策提供有用的服务线索。有形展示的作用具体表现在以下几个方面。

1. 有助于形成良好的第一印象

对于新顾客而言，在购买和享用服务前，他们往往会根据第一印象对服务做出判断。因为服务是抽象的、不可感知的，所以有形展示作为部分服务内涵的载体无疑是顾客获得第一印象的基础，有形展示的好坏将直接影响顾客对服务企业的第一印象。

例如，当参加高端旅行团的顾客抵达目的地时，若接他们去酒店的专车破旧不堪，顾客便马上会产生货不对板的感觉，甚至可能会忐忑不安，觉得上当受骗。反之，若接送的专车与导游的服务能让人喜出望外，则顾客会相信在未来随团的日子里将过得舒适愉快，进而增强对旅游公司服务质量的信心。

2. 有助于引导顾客的服务期望

顾客对服务是否满意，取决于服务带来的利益是否符合顾客的期望。可是，服务的不可感知性使顾客在使用服务前，很难做出正确的理解或描述，他们对服务的功能及利益的期望是非常模糊的，甚至是过高的。不切实际的期望又往往使他们错误地评价服务，即做出负面评价。运用有形展示则可以让顾客在使用服务前能够具体地把握服务的特征与功能，进而对服务产生合理的期望，避免因顾客期望过高难以满足而造成负面影响。

3. 有助于传递服务功能或利益

顾客购买行为理论强调，产品的外观能否刺激顾客的感官将直接影响顾客是否真正采取行动购买该产品。同样，顾客在购买服务时，也希望能从外观刺激中有所收获。优秀的服务营销人员总是以非同寻常的方式展示服务，从而缓解顾客的厌倦情绪。他们把服务环境当作舞台，把服务传送看作剧场。例如，顾客期望星级酒店的外形设计独具特色，期望高格调的餐厅能真正提供愉悦的就餐气氛。因此，企业采用有形展示的实质是通过有形物对顾客感官方面形成刺激，让顾客感受到无形的服务所能给自己带来的益处，进而唤起其对服务的需求。

4. 有助于提高服务感知质量

服务质量的高低并非由单一因素决定。根据服务营销学者的研究，大部分顾客根据多种服务特质来判断服务质量的高低，有形展示正是服务可感知的组成部分。顾客不仅会根据服务人员的服务过程，而且会根据各种有形展示的元素来评估服务质量。与服务过程相关的服务环境、服务设施、服务人员外表与礼仪等有形展示都会影响顾客感知的服务质量。因此，服务企业应该根据目标市场的需要和整体营销策略的要求，强化对有形展示的运用与管理，为顾客创造良好的消费环境。

5. 有助于塑造服务企业形象

有形展示是服务的组成部分，也是最能有形地、具体地传达企业形象的工具，企业形象或服务的形象也属于服务的组成部分。而服务的无形性增加了树立服务形象的难度。如果没有有形产品作为服务企业形象的中心载体，服务营销人员必须寻找其他有形因素作为代理媒介展示服务形象。有形展示将质量表现在顾客可感知的载体中，展示出企业的服务形象，增加了企业提供优质服务的可信度。

第 2 节　有形展示的分类

一、核心展示和边缘展示

根据有形展示对顾客认知服务产品质量的影响程度，可将其分为核心展示和边缘展示。

核心展示是顾客在购买和享用服务过程中不能真正拥有但对顾客的购买决策起决定性作用的展示，如航空公司使用的飞机类型、汽车运输公司使用的汽车类型、宾馆及医院的级别、咖啡厅的室内摆设及用餐环境等。顾客在首次接触某项服务时，通常是依据服务的核心展示来判断服务的优劣，进而做出是否购买该服务的决定。

边缘展示是顾客在购买和享用服务的过程中能够实际拥有的展示。这类展示自身没有独立的价值，如音乐会的入场券、酒店的价目单、餐厅的菜单等，只是一张代表了顾客能够享有该服务的凭证或者只是标明价码的纸张，但它还是会影响顾客的服务期望和服务感知，进而影响顾客的消费心理和购买行为。因此，边缘展示对于增强服务企业的竞争优势是大有益处的，服务企业绝不能忽视。

将有形展示划分为核心展示和边缘展示，对于企业是有一定意义的。它有助于企业的市场定位，并使得企业能够明确哪些有形展示对于顾客而言最重要和具有感召力。但是，它也有不足之处，如人员作为服务市场营销组合策略的要素之一被忽略了，而且此种分类法也没有清楚地界定不同行业有形展示的特点和范围。

延伸阅读

酒店的有形要素

酒店的一切有形要素，包括实物和人，都是一种证据，在无声地向客人述说着酒店的形象和档次，给客人展示出相应的价值感觉，加深客人的印象。

酒店的有形要素主要有：

（1）酒店的地理位置。通常，位于市中心的酒店给人的感觉是商务型酒店，而位于风景区的酒店会被认为是度假型酒店。

（2）建筑风格。如高耸入云的上海金茂君悦大饭店，依山傍水、环境独特的杭州香格里拉饭店都给人以豪华型酒店的印象。

（3）酒店助销产品。如甜品屋陈列的蛋糕、印制精美的酒店宣传资料、赠送客人的礼品、公共区域的标志牌等都在时刻向客人传递着酒店的品质信息。

（4）服务环境。它是有形产品的派生物，是有形产品综合作用而形成的一种感受，如空间的温度、湿度，周围的声音、气味，环境的整洁度，住客和服务人员的数量、外表、行为等都决定着客人是否愿意在此停留。

（5）价格展示。价格提供了关于酒店档次和质量的信息。高价格能提高客人对产品和服务的信任感和期望值，低价格会使客人怀疑服务的水准，降低感觉中的服务价值。

（6）酒店员工。训练有素的餐厅服务员、仪表端庄的接待人员、稳重且彬彬有礼的管理人员等都会给客人营造一种可信的氛围。

（7）顾客。例如，商务型定位的酒店若接待大量的旅游团队，必使商务客人感觉不适。

（8）服务设备。如酒店的接待用车、大堂的行李车、餐厅的桌椅等都为客人判断酒店的档次和质量提供了证据。

（9）装饰布置。例如，装饰典雅别致的大堂酒吧会促进客人的消费，温馨典雅并有着宽敞大床的客房能提高客人的回头率。

（10）店徽、商标。它们能够将本酒店与竞争对手区别开来，使客人联想到其服务特色，刺激客人的购买欲，提高酒店的营销效果。

二、场景展示、信息展示、价格展示与人员展示

根据有形展示的构成要素，可将有形展示分为场景展示、信息展示、价格展示和人员展示。场景展示是基于物质环境的有形展示；信息展示是基于信息沟通的服务展示形式；价格展示是以服务价格为基础的展示形式；人员展示显示服务风貌和人员差异。需要指出的是，这几种类型并不是完全相互排斥的，如信息展示，它是一种不同于物质环境和价格的展示方式，但是在通过多种媒体展示服务的同时势必会涉及服务的环境和价格因素。

1. 场景展示

根据体验剧场理论，服务就像在一个舞台场景中上演的一场戏剧。对于场景展示，一个非常有价值的分类观点得到了学界的普遍接受。该观点将场景展示要素分为三种：环境要素、设计要素和社交要素。

（1）环境要素。环境要素包括如气温、湿度、通风、气味、声音、整洁等因素。它们不会立即引起顾客的注意，也不会使顾客感到格外的兴奋和惊喜，但如果服务企业忽视它们，致使环境达不到顾客的期望和要求，则会立刻引起顾客的失望，甚至反感。换言之，良好的环境并不能保证消费者购买，但差的环境却会使消费者望而却步。例如，顾客对具有干净舒适环境的旅馆并不会感到惊讶和满足，但如果旅馆的环境嘈杂脏乱，则会使得顾客避而远之。总之，环境要素属于服务提供的保健要素，对于服务满意不可或缺。

（2）设计要素。设计要素被用于改善服务产品的“包装”，使产品的功能更为明显和突出，以建立有形的、赏心悦目的服务产品形象，如服务场所的空间设计、内部结构布置、服务企业的标识设计等。设计要素又可分为两类：美学要素和功能要素。美学要素主要包括建筑风格、材料、结构、形状、色彩等，有助于建立有形的、赏心悦目的形象；功能要素主要包括陈设、舒适度、标志等，加强和完善这些要素可以使产品的功能更为鲜明和突出。总之，好的设计要素能够刺激顾客积极的感觉，调动顾客的购买欲望。

（3）社交要素。社交要素主要是指服务环境中参与和影响服务产品提供的服务人员和顾客。他们的数量和行为会影响另一些顾客对服务质量的认识和评价。服务人员的仪态、仪表也是服务企业必须重视的社交要素之一，其往往代表了企业的形象。如一个精神倦怠、衣衫不整的服务人员对于顾客而言就意味着一家管理不善的企业，因此服务人员必须进行职业化包装，必须具有职业的精神风貌，许多企业都组织员工参加这些方面的培训。

2. 信息展示

信息展示是通过多种媒体传播企业信息和在引人注意的地方展示服务的方式。如酒店的简介、宣传单、绿化、企业刊物以及电子屏展示都是服务企业信息展示的主要方式。从赞扬性评论到服务推介广告，从顾客口头传播到企业标识，这些不同形式的信息沟通都传递了有关服务提供的线索，使服务和信息更加有形化。如某医院内墙和信息栏里的医院简介、主要科室及特色展示、先进技术及仪器介绍、知名专家及其特长介绍、优秀人物先进事迹介绍、主要企业文化活动展示等，都属于服务信息展示，具有提升服务价值的功能。

信息沟通与服务展示如图 10－1 所示。

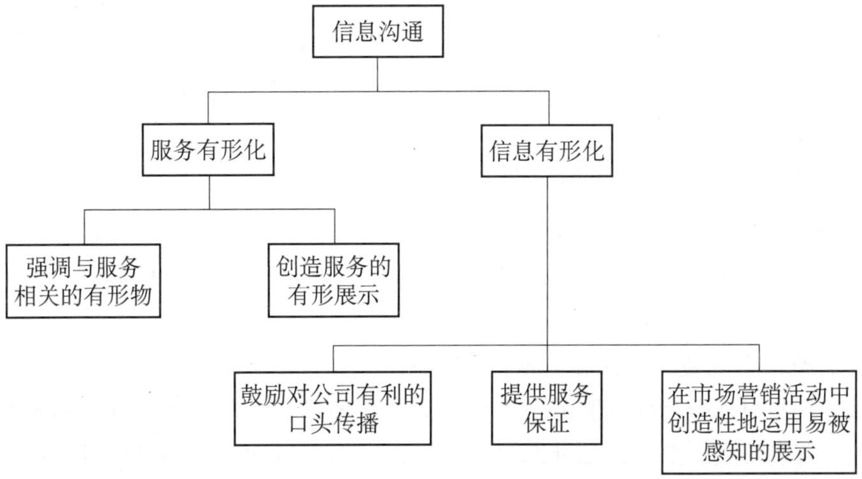

图 10－1　信息沟通与服务展示图

资料来源：黎开莉，魏锦．服务市场营销．2 版．大连：东北财经大学出版社，2015.

信息传播者不一定是企业，也可能是新闻媒体或顾客。这些不同形式的信息沟通并非总是准确无误的。尽管如此，它们都在不同程度地展示着服务，影响顾客对企业本身或企业所提供服务的口碑。因而，服务企业总是希望与周围的环境进行有效的信息沟通，展示企业或服务美好的一面，以促进服务口碑传播。

3. 价格展示

对服务企业而言，价格的一个重要作用是为消费者提供服务产品质量的信息，增强或降低消费者对服务产品质量的信赖感，提高或降低消费者对服务产品质量的期望。消费者往往会根据服务的价格信息，判断服务的档次和服务质量。因此，对服务企业来说，制定合理的价格尤为重要，如卖场的特价显示、宾馆的价格牌、网购价格等。

服务企业展示适当的价格能够培养顾客对服务的信任，提高顾客的期望。相反，不合理的价格则会降低顾客对服务的信任，进而降低顾客的期望。由于服务产品的无形性，服务价格的制定要求适度，服务定价低廉意味着服务产品质量不高，价格过低实际上就是暗中贬低了企业自己所提供服务的价值，让顾客不禁怀疑企业的专业知识和技能；而价格过高又会误导顾客，会使顾客怀疑其预期服务的价值，担心企业“宰客”，给顾客留下不好的印象。总而言之，企业需要采用适度的价格展示策略，向顾客传递适当的服务价值信息。

4. 人员展示

人员展示指服务环境中的顾客以及服务人员的外观和精神风貌的整体体现。服务环境中的顾客和服务人员的人数、外表和行为都会影响消费者的购买决策。如服务人员统一着装，服务人员的年龄、性别、身高、声音、微笑、行事风格等，都属于人员展示的范畴。服务企业可以通过独特的人员展示策略实现差异化营销以赢得竞争优势。比如，服务人员载歌载舞的泰国蕉叶餐厅就很有特色，深受食客欢迎，特别是年轻的食客的欢迎，因为它的服务人员极富激情。又如，某地的光头餐厅，某航空公司的空少以及银行、保险公司、房地产销售公司的职业化人员展示等。

三、服务场景和其他有形展示

因为服务的生产与消费同时进行，服务的提供在一定的场景下完成，所以有形展示的各种构成要素中，以服务场景为主，在实际操作中也将有形展示分为服务场景和其他有形展示。

1. 外部服务场景和内部服务场景

服务场景可以分为外部服务场景和内部服务场景。外部服务场景包括影响顾客的企业外部有形展示要素，如外部设计、标志、停车场地、周围环境等；内部服务场景包括影响顾客的企业内部有形展示要素，如内部设计、布局、空气质量、照明、温度等。

2. 不同行业的服务场景

不同行业有不同的服务场景。如医院的服务场景要素主要包括建筑物外部、停车场地、标志、医疗设备、住院部、急诊区、治疗室等；机场的服务场景要素主要是登机口、飞机外观、飞机内部（包括装潢、座位、灯光、声音、空气质量、空乘人员等）。有一些服务则没有服务场景的展示，而只是利用其他要素的有形展示。如保险业，有形展示要素主要有保险单、收费单、公司手册、卡片等；邮政快递业，则以包装、运输车辆、制服、计算机等为有形展示的具体内容。

3. 自我服务场景、交互式服务场景和远程服务场景

有些服务机构对某些具体要素有特殊的要求，有形环境对于其实现机构目标有重要意义；对另一些机构来说，有形环境的意义可能不大。比特纳依据两个要素——服务场景的使用和复杂性，对服务机构进行了分类。根据这两个要素可以识别出服务机构在场景管理方面的主要区别（见表 10－2）。

表 10－2　以服务场景的使用和复杂性为基础的服务机构类型划分

		服务场景的复杂性	
		复杂的	精简的
服务场景的使用	自我服务（只有顾客）	高尔夫球场、冲浪等	自动取款机、自动售票机、电影院等
	交互式服务（顾客和员工）	旅馆、医院、银行、学校等	餐馆、美发店等
	远程服务（只有员工）	通信公司、保险公司、公共事业部门、众多专业公司等	电话邮购服务台、以自动语音记录为基础的服务等

资料来源：黎开莉，魏锦．服务市场营销．2 版．大连：东北财经大学出版社，2015.

自我服务场景，即在该场景中顾客自己完成大部分服务活动，没有或只有极少数的员工参与其中。典型的例子有电影院、自动取款机、高尔夫球场、冲浪等。在这些服务场景中，服务设施的设计应侧重考虑顾客的需要和爱好，尽可能地强调吸引顾客自主完成，设定既方便又有趣并使顾客满意的营销目标。

交互式服务场景是顾客和员工都必须置身其中的服务场所。如医院、银行、餐馆、学校等都是这方面的例子。在这些地方，服务场景的设计会潜在地影响顾客和员工双方以及他们之间的交流，因此，应尽可能地同时强调营销目标和机构目标。

远程服务场景代表了在服务场景中没有或只有极少数顾客参与的情形。如通信公司、公共事业部门、电话邮购服务、网络平台服务（网购、网络订票等）和以自动语音记录为基础的服务等。远程服务的机构在考虑有关服务场景的决策时应把重点放在员工方面，首先考虑其对员工工作效率、积极性和满意度的影响。

例10－2

贝壳·如视——透过VR来看房

2018年4月，由链家网衍生的品质居住服务平台公司——贝壳找房横空出世。随着VR技术的不断成熟，贝壳找房逐渐走向我国VR空间重构领域并成立名为贝壳·如视的VR项目。该项目旗下现有产品包括VR看房、VR讲房、VR带看等，通过VR和3D重建等前沿技术，打破服务时间和空间的限制，全面提升用户的视觉交互体验。

技术方面，依托贝壳找房的技术实力，VR看房摆脱了低分辨率带来的颗粒感，有效解决了常见的画面卡顿问题，同时减少了VR常有的晕眩感。用户动动手指就可以在虚拟的房屋内四处走动，通过点击功能键即可查看房屋周围的交通、医疗、学校、医院、餐饮等配套设施，客厅、卧室等房间真实空间的三维数据，甚至具体到某件家具或家电的品牌、尺寸数据，为线上用户还原一个逼真可感知的居住空间。独具特色的VR讲房功能，可以做到从多方面详细讲解，3秒生成讲解内容并利用大数据帮助用户直观了解房源性价比。

作为平台型公司，贝壳找房不仅考虑到看房者的需求，也十分注重对房主服务方案设计的细致化。贝壳·如视提供从下单、摄影师上门拍摄、定制化处理到全平台展示的一站式服务，结合拍摄数据在云端生成模型、确认用户需求后进行可行性评估并制定解决方案，最后的展示环节则提供H5展示页面制作并且通过App、小程序等发布链接，以达到全方位的信息展示效果，为房主和顾客创造生动、便捷、轻松、有效的房屋买卖体验。

资料来源：许晖．服务营销．2版．北京：中国人民大学出版社，2023.

4. 其他有形展示方式

其他有形展示是除了服务场景之外的其他有形物，包括名片、文具、收费单、报告、员工着装、手册、网页等。因行业不同，其他有形展示也会有所差异。如医院，除了前面介绍的服务场景外，还有制服、医疗报告、文具、报价单、收费单等；航空公司的其他有形展示则包括机票、配餐、音频与视频设备、制服、阅读物（期刊、报纸）等。

第3节　服务场景的设计

由于服务质量很难在购买之前评价，顾客通常会把商家的服务场景作为其评价服务质量与偏好的重要参考。服务场景代表了商家的品牌形象和市场定位，甚至是商家价值主张的一个核心部分。一个精心设计的服务场景不仅能让顾客拥有更好的消费体验，提高顾客的满意度，还能帮助商家激发顾客的消费行为，提高商家的经营效果和服务生产力。

一、服务场景的设计原则

服务场景的设计与行业特点有关，一般遵循以下基本原则。

1. 服务场景的设计要体现出服务理念

服务理念可以通过标语、口号、广告、公关宣传、公司内刊和领导人的言行进行传播，这些都是服务场景的构成要素。借助服务场景可以将抽象的服务理念具体化，有助于顾客对不同服务机构服务的理解。

2. 服务场景的设计要能展现服务特色

服务场景的设计要能展现服务特色，给顾客留下深刻的印象。例如，某医院为了突出其康复医院的特点，不仅在中庭设置了休息室，随处摆放各类植物，而且设有信息台、咖啡台、病人接待处和礼品店，使病患放松心情，产生平和、安逸的感觉。这些都区别于其他医院的设计。

3. 服务场景的设计要能烘托服务质量

服务场景的设计要能烘托服务质量。通常，高贵、豪华的服务场景可以彰显出高品质的服务，也就是说，服务“硬件”的质量可以体现服务本身的质量。

4. 服务场景的设计要便于开展服务沟通

服务场景的设计要有利于与顾客开展信息沟通，使顾客获得关于企业的各种信息。例如，星巴克优雅的内部环境布置、轻松的音乐、淡雅的灯光、舒适的座椅、宽敞的通道，不但有助于服务人员与顾客的轻松沟通，也为顾客打造了愉快交流的理想场所。

5. 服务场景的设计要能调节服务供求

服务场景本身就是生产能力的一部分，因此，其设计要同服务供求的调节联系起来。例如，服务机构可以通过播放快节奏的音乐加快顾客消费的速度；而在没有需求或者需求很少的情况下，通过播放舒缓的音乐来增加消费者的逗留时间。

6. 服务场景的设计要便于服务人员的管理

服务场景的设计要有利于服务人员的管理。服务场景不仅能向顾客提供服务信息，也能向员工展示服务理念、服务标准，如服务守则、服务流程图的展示等。优良的工作环境设计能够有效地向服务人员传达企业的服务理念、标准，会对服务人员产生激励。

7. 服务场景的设计要与服务定价相一致

服务场景的设计要与服务定价相匹配，支持服务的定价策略。顾客会通过有形要素判断服务价格的高低，从而评判服务水平的优劣。因此，不同的价格档次要有不同的环境设计标准。如快捷酒店、商务酒店和星级酒店的大堂环境设计各有特点，让人一目了然。

8. 服务场景的设计需要定期更新

喜新厌旧是消费者的本性，服务场景的设计需要根据竞争环境和顾客需求的变化进行周期性的更新。随着时间推移，服务场景可能会变得不合时宜，顾客也会对颜色、设计、款式、构件等产生审美疲劳。所以，企业要想保持竞争优势，必须进行场景更新。

例10-3

必胜客的欢乐服务场景

必胜客的店铺遍布世界各地，每天接待超过400万名顾客，烤制170多万张比萨饼。通过实施温馨环境设计与欢乐服务策略，必胜客迅速成为全球第一的比萨饼连锁餐厅企业。

1. 温馨的环境

必胜客的装潢偏重营造情调，昏黄幽暗的灯光流泻下来，照在墙壁的装饰画上，带给人一种朦胧的温暖，仿佛某个闲适的黄昏里一场波澜不惊的巧遇：美食与文化的邂逅。

温馨舒适的餐厅让顾客在享受美食的同时，也享受必胜客的环境和品位。三五知己围坐一圈，品咖啡、喝红茶，佐以精致的小食，或聊天，或看杂志，轻松愉快，惬意非常。

2. 欢乐服务

必胜客的消费群体以年轻一族及家庭为主，时尚、流行的元素为必胜客提供了欢乐的背景。没有呛人的油烟，没有讨厌的蚊蝇，有的只是干净的桌椅和明亮的窗户，顾客的心情自然舒畅愉悦。

为突出欢乐气氛，所有餐厅都增加了抽象派壁画、壁炉状的出餐口、随处可见的厨房小玩具等，还为就餐的儿童量身定制了许多游戏项目。

服务员将顾客领到餐桌前坐下后，服务员并不在顾客的左右。这就是必胜客的距离式服务，有距离是为了在顾客的感受上造成无距离感。服务员的“眼力”很好，当顾客有所需求时，他们会从顾客的眼神、表情或动作中读出顾客的期待，适时提供服务。正是由于这一系列欢乐元素，其品牌精神得以在细节上体现出来。

思考：服务场景设计对于服务价值创造有什么帮助？

二、服务场景的设计内容及策略

由于顾客对于服务场景的认知具有较强的主观性，每个人都有不同的个性偏好，要想设计出理想的服务场景并非易事。虽然要设计满足各种类型的人的服务环境存在一定难度，但如果服务企业坚持顾客导向，能深入了解顾客的需求，根据目标顾客的偏好进行设计，就可以达到比较满意的展示效果。

知识延伸

餐馆的场景设计要素

- 适当的地点——关键是要使餐馆接近目标顾客集中的地区。
- 餐馆的环境卫生状况——招牌洁净清晰，宣传文字清楚，盆景修剪整齐，顾客的座席、餐馆摆设和陈列台、厨房、备餐间以及洗手间等要整齐清洁。
- 餐馆的气氛营造——设计、装饰、布局、照明、色调、音响。

1. 有形物的设计

有形物的设计实质上就是服务产品的“包装”设计，它会构成服务品牌的联想并直接影响服务产品的质量。服务企业的有形物设计会对其形象塑造产生影响。其中每一个项目都是影响形象的因素，任何一项的有无、优劣都会影响其他各项属性的表现。换言之，这些属性可能对形象的创造与维护有帮助。

例如，麦当劳的招牌。每当人们看见那个金色的拱门，就会想起干净、明亮、快捷、美味、可口的麦当劳。麦当劳餐厅的环境设计得到了顾客的普遍认可，其各门店门口巨大的金色“M”标识引人注目，而且统一了公司形象。餐厅内色调活泼，一些卡通式物品和儿童娱乐设施给孩子们带来了轻松快乐的感觉。

服务企业外在有形物的设计会影响其服务形象。一栋建筑物的具体结构，包括其规模、造型、使用的材料、所在位置以及与邻近建筑物的比较，都是塑造顾客整体观感的因素。至于其相关因素，诸如停车的便利性、可到达性、橱窗与门窗设计以及招牌等也很重要，因为外在的观感往往能让顾客产生可靠、保守、前卫等印象。

服务企业内部的陈设布局、装饰、家具、灯光、色调、使用材料、空气质量、标记，以及视觉呈现如墙上的字画和照片等，所有这一切结合在一起，往往可创造出服务企业的“印象”和“形象”。

从更精细的层面而言，内部要素还包括记事簿、文具、说明小册子、展示空间、货架和企业读物等项目。将所有这些构成要素整合成为一家服务企业有特色的且具有一致性的整体个性形象，需要相当的技巧和创造性。有形展示可以使一家公司或机构彰显出其个性，而个性在高度竞争和无差异化的服务市场中是一个关键特色，有利于获得竞争优势。

2. 服务氛围的设计

服务氛围也会影响服务形象和服务质量。氛围原本就是指一种有意的空间设计，借以影响顾客。此外，氛围对于员工以及前来公司接洽的其他人员也有重要的影响。就零售店而言，各有自己的有形布局和展示方式，有的拥挤，有的宽敞；有的灯光明亮，有的光线昏暗；有的有舒缓的背景音乐，有的十分安静。每家店都会给人留下不同的感觉、印象，有的很舒适，有的朴素大方，有的很有魅力，有的很糟糕。而零售店必须营造某种氛围，这样才能聚集人气，诱导购买。

许多服务企业已经开始认识到氛围的重要性，并且请专业人员来设计，将视觉、听觉、嗅觉与触觉上的刺激加以整合，从而取得理想的效果。例如，餐馆的氛围和食物对于就餐体验同样重要，人们吃的是食物，获得的是就餐感觉；房地产销售中心、休闲会所、医院、银行、娱乐中心、培训中心甚至口腔诊所，都可以通过营造宾至如归的氛围带来顾客盈门。

例 10－4

星巴克的氛围营造

星巴克擅长营造氛围，从而为顾客提供咖啡之外的体验。

重度烘焙极品咖啡豆是星巴克味道的来源，加上“四禁”政策：禁烟、禁止员工用香水、禁用添加了化学香精的调味咖啡豆、禁售其他食品和羹汤，确保了店内充满咖啡自然醇正的浓香。在柔和的暖灯光下，恣意流淌于星巴克店内的是一种悠闲和自在，顾客尽情地享受从烦杂和忙乱的工作与生活中偷得的片刻闲暇。

星巴克在色调上一般用的是暗红色与橘黄色，各种柔和略带暖色的灯光以及体现抽象派风格的一幅幅艺术作品、时尚的报纸杂志、精美的饰品，再加上舒缓优美的音乐，这样的氛围会让顾客觉得非常富有亲和力。

此外，吧台师傅煮咖啡时的嘶嘶声，将咖啡粉末从过滤器敲击下来时发出的啪啪声，用金属勺子铲出咖啡豆时发出的沙沙声，以及打奶泡的滋滋声也都让顾客倍感亲切舒服。为了使咖啡文化更深入地影响顾客，星巴克在墙面挂上了古色古香的壁画、演绎咖啡历史的图片，在吧台上摆放了供顾客 DIY 的工具……这一切都在默默地、无形地把星巴克的咖啡文化植入顾客的心中。

资料来源：苏朝晖．服务营销与管理．北京：人民邮电出版社，2019.

影响服务氛围的一些重要因素包括：

（1）视觉效果。零售店使用视觉商品化（visual merchandising）一词来说明视觉因素会影响顾客对商店观感的重要性。视觉商品化有助于形象的建立和推销目标的实现。零售业的视觉商品化，旨在确保无论顾客是在搭乘电梯还是等待付账，服务的推销和形象的建立都在持续进行。照明、陈设布局、色彩、服务人员的外表和着装，都是视觉商品化的一部分。总之，视觉呈现是顾客惠顾的一个重要原因。如广州白天鹅宾馆的室内瀑布，给人以震撼的视觉冲击的同时，彰显出一种高档酒店的价值感。

（2）气味。气味会影响服务形象和消费感觉。零售店，如咖啡店、面包店、花店和香水店，都可以利用香味来推销其产品。面包店可以巧妙地利用风扇使刚出炉的面包的香味飘散到大街上；餐馆也可以利用香味达到良好的推销效果；还有那些服务业办公室中皮件的气味和木制地板打蜡后的气味，往往可以体现一种豪华气派；很多超市的食品销售区也有一种特殊的香味，非常刺激食欲，很多顾客都情不自禁地产生冲动性购买行为。

（3）声音。声音往往是氛围营造的背景。青少年流行服装店的背景音乐所营造出的氛围与大型百货商店不同，也与航空公司在飞机起飞前播放的舒缓的旋律迥异。若想营造一种安静的氛围，可以使用隔间、低天花板、厚地毯以及销售人员轻声细语的方式，这种氛围在图书馆、书店往往是必要的。最近一项对于零售店播放音乐的效果的研究发现，店里的人潮往来流量会因播放的音乐有所改变。播放节奏舒缓的音乐时，顾客的停留时间延长，营业额往往会比较高。

（4）触觉。座椅的材质、地毯的厚度、壁纸的触感、咖啡店桌子的木材感和大理石地板的冰凉感，都会给顾客带来不同的感觉，并营造出独特的氛围。某些零售店以样品展示的方式激发顾客的感觉；但有些商店，如精切玻璃店、精制陶瓷店、古董店或博物馆，就禁止利用触感。不论何种情况，产品使用的材料和基于触觉的展示都是重要因素。例如，宜家家居就很重视消费者的触觉体验，鼓励消费者在其沙发上坐坐，在其床上躺躺，众多的样品任由顾客触摸、体验，目的是让消费者充分感受宜家家居的品质，感受现代家居生活并留下深刻难忘的印象，促进购买就成为自然而然的结果。

菲利普·科特勒认为，氛围可以变成一种适当的竞争手段，尤其在竞争者越来越多、产品与价格的差别较小及产品针对特殊服务阶层或生活方式的顾客时。因此，有意识地营造某种特殊氛围成为许多服务企业的成功秘诀。

基本概念

有形展示　核心展示　边缘展示　人员展示

简答题

1. 有形展示可以分为哪些类型？
2. 服务场景的设计需要遵循哪些原则？
3. 服务场景的设计主要包括哪些内容？

论述题

1. 分析有形展示对于创造顾客价值的作用。
2. 举一个有形展示失败的案例并评析。

案例分析

北京大兴国际机场的有形展示

北京大兴国际机场（以下简称大兴机场）位于北京市大兴区榆垡镇、礼贤镇和河北省廊坊市广阳区之间，为4F级国际机场、世界级航空枢纽、国家发展新动力源。机场是一个现代城市的必备标志，是最具代表性的公共基础设施之一，是旅客深入了解城市乃至国家的窗口。大兴机场已成为一个十分耀眼的中国品牌，它打破了人们对机场固有的刻板印象，通过中国元素、美学艺术、硬核科技来激发旅客的亲切感、自豪感和认同感。

1. 智能场景：展现未来科技灵感

大兴机场作为未来机场发展的典型示范，为人们提供了免排队、免搬箱、免过机、零等待的优质体验。在接待区域、候机区域、行李托运区域，都有工作人员配备增强现实（AR）眼镜，为旅客提供更好的引导和信息服务。约62 000个信息点、6 000多千米的布线、4 000多台网络设备，构成了大兴机场的智慧终端网络。值机、安检、登机以及离境退税、免税购物等都能“一脸通关”（见图10-2）；凭借行李条上的小芯片，旅客可以跟踪行李流程的全部26个节点；电子行李牌的运用颠覆了以往烦琐的操作，为旅客提供了更加安全、高效和便捷的行李服务；机器人智能停车库具有车位数量多、空间利用率高、自动快速存取车、停车安全、节能环保等优点，极大地提升了机场停车的体验感和效率。这些黑科技的运用，印证了智慧行李、人脸识别、无感通关、智能停车等概念已逐步成为机场的发展趋势和必然选择。

2. 艺术宫殿：融合传统文化精髓

视觉是人们接受新事物的第一直觉。大兴机场的建筑设计以强大的视觉冲击力为旅客带来了一场耳目一新的视觉盛宴，被网友誉为“艺术宫殿”。位于机场二层西南指廊的《笔划传承》，其灵感来源于中国汉字文化，以汉字笔划为原型，体现

图 10-2　大兴机场的“一脸通关”服务

了蕴含中国文化的功能性价值。位于中国园的《禅境》以中国的茶文化为灵感，通过不锈钢古茶树映射水面，体现了虚实有无的禅意，展现了茶文化优雅尚美的气质。中国园是五个园区中唯一拥有建筑物的园区，八角亭、殿座、悬山顶……蕴含着中国传统艺术精髓的建筑物处处可见，给人以美学享受。

3. 休闲胜地：承载多重消费属性

有网友说大兴机场是在商场里开的，甚至有网友制作了有关大兴机场的消费体验攻略。除了视觉美景，大兴机场还涵盖了 14 类细分业态的美食，从传统餐企到新兴网红、米其林餐厅，各类知名品牌聚集于此，为旅客带来了多样化的美食体验。230 多家商业店面汇聚了国内外知名品牌，盲盒机、美甲店、唱吧等满足了旅客的多元需求。“比购物中心还好吃好玩好逛”，让大兴机场成为网红打卡地。此外，行李打包、失物招领、银行、快递、急救、上网、充电、瑜伽……便捷服务已经深入大兴机场的每一个细胞。在大兴机场，从候机区的任何位置到卫生间的距离都不超过 60 米。自动门、挂衣钩、低位呼叫器……让卫生间成为人性化服务的亮点。

讨论： 1. 大兴机场的有形展示表现了哪些中国元素？
2. 怎样评价大兴机场的有形展示设计？

实训练习

以一个具体的服务场景为例，如医院、酒店、大卖场、餐馆、游乐园、购物中心、咨询公司、律师事务所等，详细描述该服务场景的主要展示点，并分析该服务场景设计的特点和关键性内容。

即测即评

扫描二维码可在线自测并查看答案。

第11章 服务营销管理

本章要点

- 了解服务承诺与服务失误
- 了解顾客抱怨与服务补救
- 熟悉顾客投诉处理方法
- 掌握客户关系管理技术

实事求是是党的思想路线，体现为敢于、勇于承认错误，积极、诚恳地修正错误。在服务管理领域，企业应敢于、勇于面对自己在服务过程中出现的不足或失误，积极、诚恳地进行服务补救。群众路线是党的生命线和根本工作路线。在服务管理领域，企业应广泛、谦虚地听取顾客意见，正确对待顾客投诉。顾客投诉虽“苦口”，但往往能够成为企业改进与发展的契机。统一战线是党克敌制胜、执政兴国的重要法宝。在服务管理领域，企业应着力加强客户关系维护，遵循公平公正、平等互利、诚信友善的价值观，营造文明、和谐的营商环境。

引 例

星巴克的“神秘顾客制度”

“神秘顾客制度”是很多服务企业用以监督管理服务质量的利器。“神秘顾客”是一批从分店经理、一般员工到公司总经理都不认识的检查人员，“神秘顾客”来无影、去无踪，没有时间规律，使分店经理及雇员每天不敢懈怠，不折不扣地按标准提供服务。这些“神秘顾客”的检查结果直接关系到员工及管理人员的奖金，因此没有一个人敢抱侥幸心理，而是脚踏实地地做好每一项工作。

在星巴克，“神秘顾客制度”是为了检查“为顾客煮好每一杯咖啡”的服务标准的执行而建立的一种考评机制。星巴克委托某个具有考察能力的公司秘密派人扮作顾客，到星巴克分店进行消费，其间对员工的服务、技能以及分店的环境氛围等进行全方位考察，然后星巴克结合业绩综合考量，决定某店的服务质量如何、某店员能否升职等。在星巴克，普通店员、资深店员、见习主管、主管及店长大多通过这种方式晋升。

讨论：“神秘顾客制度”对于服务质量的提高有什么作用？

第1节 服务承诺与服务失误

在商业环境中，承诺意味着企业提供所承诺的商品，如果商品与承诺不符，企业就要采取某种形式的补偿。承诺对于制造业的产品相对来说很普遍，但服务业最近才开始使用。传统意义上，考虑到服务的无形性和易逝性，许多人认为服务质量根本无法保证。对于一件有形商品，顾客得到保证，可以像厂商许诺的那样使用，如果不好可以退货。而对于服务，通常既不可能退回也不可能“不用”，因为它事实上已经发生了。然而，随着越来越多的企业发现进行服务承诺可以获得顾客信任，服务承诺因此开始受到重视。

服务承诺可以分为无条件满意承诺和服务特性承诺。前者如“如果顾客不满意，可以全额退款”。比如，很多淘宝店铺都推行7天无理由退换，收到商品7天内如果感到不满意可以退货和全额退款，消除了网购者的不安全感，提高了消费者网购的积极性。后者指的是企业对于顾客很重视的某个服务特性或元素进行承诺。比如，顺丰快递承诺包裹在某个时间送达；某公共汽车站承诺准时准点发车，无论乘客多少；某培训机构承诺邀请名师授课，不论学员多少等。

一、有效承诺的特征

某些特征能让一些承诺比其他更有效。最有效的承诺大多具有相似的特征，包括无条件、容易理解、容易操作和有意义。

1. 有效承诺应该是无条件的

有效承诺首先应该是无条件的，即不需要任何限制。比如，家电企业承诺负责送货、安装和售后的维修维护，不带任何附加条件；幼儿园对幼教的内容、形式、时间以及娱乐和配餐方面的承诺等，都必须是无条件保证。

2. 有效承诺应该是容易理解的

企业的承诺应该是容易理解的，即容易在顾客和员工之间进行沟通。如果承诺内容冗长，或者承诺包含很多条件和限制，以至于无论顾客还是员工都弄不清楚承诺的内容，承诺效果就会大打折扣。如某餐厅以快速取胜，承诺饭菜会在15分钟内提供，否则免费，让顾客很清楚地了解到他们需要等待多长时间，且存在补救期望。该承诺同样也让员工明确饭菜必须在 15 分钟内提供，从而提高效率。

3. 有效承诺应该是容易操作的

承诺也应该是容易操作的，这样才可能对顾客有吸引力。如果服务承诺操作过程复杂，要耗费顾客很多时间和精力，顾客就会感到厌烦，失去兴趣。特别是对于一些服务价值相对较低的情况，顾客会权衡时间成本和精力成本。如一些保险公司承诺的条件很诱人，但如果真正出现需要理赔的情况，保险公司则要求顾客提供很多的证明材料，走很多的程序，让人心烦。总之，理赔不容易，部分顾客望而生畏，甚至选择放弃。

4. 有效承诺应该是有意义的

对于显而易见的或者是基本的期望进行承诺，对顾客来说是没有意义的。例如，自来水公司承诺每天供水，否则下次会免费提供一壶水，这种承诺显然没有意义。在这个行业，按时供水作为一个基本期望已得到很好的实现，因此这种承诺是无意义的，就像承诺一辆汽车有四个轮子一样。如果自来水公司承诺出现故障及时排除，材料免费，这就有意义了。

二、服务承诺的益处

许多服务企业认识到，承诺不仅可以作为一种营销工具，同时也是服务企业对质量进行界定、控制和维护的一种方法。一个有效的服务承诺对于企业有诸多益处。

1. 一个好的承诺促使企业关注其顾客

要开发一个有意义的承诺，企业必须了解对其顾客来说什么是重要的——他们的期待和价值。在许多情况下，承诺使顾客“满意”是为了让承诺更有效地发挥作用，企业必须清楚了解顾客最关注的是什么，或者说他们认为什么是有价值和值得期待的。

2. 一个有效承诺为企业设立了清晰的标准

有效承诺促使企业清晰定义员工的期望，并为此与他们沟通。承诺为员工提供了目标。比如，必胜客的承诺是，“如果你不满意你的比萨饼，请让我们知道，我们将改正或者退款”。它使员工确切知道当顾客抱怨时应该做什么，同时也使他们明确为顾客做好比萨饼是企业的责任。

3. 服务承诺可以从顾客那里得到服务反馈

服务承诺能够激发顾客的抱怨，承诺使顾客了解到他们有权利抱怨。较之仅仅依赖于那些相对较少的、爱讲出自己意见的顾客，服务承诺给企业提供了更有效的信息反馈途径。

4. 实施服务承诺有助于服务补救

如果服务失误不断得到补救，顾客的不满意情绪就可以被控制或者不再恶化。快速的补救能够在很长时间内既令顾客满意又有助于维持其忠诚。

5. 承诺有助于持续的服务改善

承诺能够提供某种机制以倾听顾客的声音，有助于缩小服务与顾客期望之间的差距。

6. 有效服务承诺能够建立顾客信任

因为服务是无形的，并且通常是高度个性化的，顾客希望找到可帮助其降低不确定感的信息和暗示。服务承诺可用来降低顾客的风险感，增加顾客在购买前对服务企业的信任。

总之，对服务企业来说，有效承诺能够帮助服务企业获得顾客的理解和信任，有利于形成正面的口碑宣传，进而影响企业的盈利能力。通过服务承诺还可以建立一种更积极的服务文化，间接地降低人员的变动成本，提高企业效率。

例11－1

沃尔沃的售后服务承诺

2020年，沃尔沃汽车公司发布了“让安全，更周全”的全新服务理念与战略，并推出六大服务承诺，立足于为车主们提供“专业可靠、省心省力、物有所值”的售后服务，致力于为消费者提供全方位的驾乘服务体验。六大服务承诺的提出离不开沃尔沃多年来对售后服务的关注，更是基于公司对广大车主利益的了解和洞察。

1. 六大服务承诺让车主感受更多“爱”

基于沃尔沃汽车近百年的安全基因，此次“让安全，更周全”全新服务理念的提出并非一句口号，其出发点是让车主出行更安心，全方位感受沃尔沃汽车更多的周到服务与贴心关爱。围绕该服务理念，沃尔沃汽车发布的六大服务承诺包含了“零件终身保、预约快速养、免费取送车、超长时营业、尊享代步车、全天候守护”，覆盖了售后服务的多项主要内容。

作为率先推出“零件终身保”的豪华汽车品牌，沃尔沃为车主们提供了“在车主不变更的情况下，一次付费，在当地任意沃尔沃汽车授权经销商处购买并安装原厂指定零件后，即享受零件终身保修”的尊享权益，让车主随时享受无忧的豪华品牌服务体验。“免费取送车”作为新冠疫情期间沃尔沃汽车重点对车主做出的快速响应承诺，解决了车主不便出门维修保养的难题。此外，针对车主日常工作生活忙碌、保养时间难以协调的痛点，“预约快速养”“超长时营业”两大承诺可为预约基础保养的客户提供“1小时之内完成基础保养操作交车”“延长经销商售后服务时间从上午 8 点至晚间 8 点”的服务。针对车主修车期间出行不便的难题，沃尔沃还提供“尊享代步车”承诺：在“三包”期内因单次保修留店超过 3 天，在成功预约后，车主可免费使用代步车。面对车主日常的应急需求，VolvoOnCall 随车管家则为沃尔沃车主提供 7×24 小时一键呼叫的“全天候守护”，通过一键呼叫、SOS 应急呼叫、碰撞自动求助、道路救援协助、防盗通知等功能为车主保驾护航。

2. 专业可靠、省心省力、物有所值，心系车主核心利益

当爱车遭遇故障急需维修保养时，只有售后服务专业可靠，消费者才能踏实安心。因此，沃尔沃汽车坚持为车主提供有证可循的原厂零件与规范标准的配套服务，专业服务人员及技师全程服务，为车主解决烦恼。沃尔沃汽车所有售后技师都是厂家认证技师，均出自沃尔沃汽车专业培训体系，并且每年要接受超过 200 小时的培训，高等级技师更是需要通过 43 场线下全天课程和 67 门在线课程才能获得认证。同时，沃尔沃汽车授权经销商所有保养维修采用专业工具及原厂工艺，让每一辆进店的车辆都得到最专业的守护。

为帮助客户节省车辆养护的时间成本，沃尔沃汽车还提供了一站式售后服务体验，省心省力。从沃尔沃汽车官方微信服务平台“沃尔沃汽车沃世界”，到可以购买保养服务的京东商城“沃尔沃汽车官方旗舰店”，购买车辆售后服务可以像网上购物一样便捷。从对车主的关怀，到对车主的承诺，沃尔沃汽车真正通过“走心”的服务打动了消费者。“沃尔沃汽车随车管家服务中心”还曾获评中国最佳客户联络中心。在当下，面对未知的意外与风险，人们更加重视危机来临时的保障和服务体验，对此沃尔沃汽车给出的答案是“唯爱与生命不可辜负”，始终坚持以消费者需求为中心，创造更安全可靠、轻松愉悦的驾乘环境。

三、服务承诺的可能误区

服务承诺不可能适用于每一家服务企业，当然也不可能适用于各种条件。在实施一项承诺前，有许多重要因素需要考虑。承诺不足，对顾客没有吸引力；承诺过度，会导致顾客不满。因此，对于服务承诺的管理也是服务营销管理的一项重要工作。综合研究发现，在下述情况下服务承诺可能行不通，企业需要加以避免。

1. 企业现有服务质量低劣

如果企业现有服务质量不够优良，服务承诺会引起对服务质量问题的关注与质疑，完成该承诺的成本很容易超过收益，这些成本包括因为严重质量问题而付给顾客的实际货币补偿以及与改善顾客关系有关的其他成本。

2. 承诺与企业形象不符

如果企业已经因质量高而拥有很好的声誉，并且实际上无形地保证着它的服务，那么形式上的承诺似乎就没有必要了。如果香格里拉饭店打算做出一项明确的服务承诺，很可能会使老顾客感到困惑，因为他们已经预料到在这家高档连锁饭店能够获得高质量服务。

3. 有些服务承诺可能无法控制

企业可能遇到服务质量不能控制的情况。如对一个就业培训机构，当无法控制市场上的就业机会时，承诺"所有参加者在课程结束时都能立刻获得他们想要的工作"就不是一个好做法；一些交通运输企业不敢贸然承诺"准时"；一些旅游项目（如漂流、滑雪等）也不敢贸然承诺体验效果，因为天气等自然因素是不可控的。

4. 有些承诺的成本超过利润

同任何投资一样，关于承诺，企业要仔细计算相对于预期收益（顾客忠诚、质量改善、新顾客开发和口碑传播）的期望成本（对失误的赔偿和进行改善的成本）。

5. 顾客在服务中感觉不到风险

当顾客对企业或其服务质量不确定时，承诺常常是最有效的。承诺可以减轻不确定性，有助于降低风险。如果顾客觉察不到风险，服务价格相对比较低廉，并且有大量潜在的替代者，那么这时承诺对企业可能产生不了什么效果，还不如促销有用。

6. 顾客感觉不到竞争者之间的质量差异

在某些行业中，竞争者之间在质量方面存在极大差异，在这种情况下，服务承诺可能非常有效；而在顾客感觉不到竞争者之间的质量差异的行业，承诺无效。

7. 顾客利用服务承诺实施欺诈

一些不良顾客利用服务企业的相关承诺实施欺诈行为的潜在可能性是存在的，这是企业在提供服务承诺时犹豫不决的常见原因之一。如利用服务企业关于"质量问题退货"和"不满意就退款"的服务承诺索赔的欺诈行为时有发生，企业应当慎重考虑该服务承诺的后果。

四、服务失误

服务企业在其经营过程中有可能因为客观原因或者员工主观原因没能兑现服务承诺而出现服务失误。服务失误处理得当，有助于服务企业修复和建立与顾客的良好信任关系，也会提高顾客对企业的信任度。服务失误处理不当，则可能破坏服务企业与顾客之间的关系。

1. 服务失误的概念

服务失误是导致顾客不满意的服务遭遇，是服务补救发生的原因。服务失误的原因包括服务的无效性、不及时的服务和服务传递中发生错误。

在实际服务中，即使是接触性不高的服务行业，服务失误也是不可避免的。当顾客的个人经历及个人需求形成的期望和服务感知存在差距时，服务失误就发生了。即使服务的表现符合服务标准，顾客也有可能感知到服务失误，只要顾客感知到服务失误，服务失误实际上就发生了。这种感知的差异可能是顾客自身的因素、不适当的服务设计标准导致的，也可能是文化差异造成的。

2. 服务失误的分类评价

顾客根据服务失误的性质和损失的严重程度对服务失误予以评价。

（1）失误的性质。根据失误的性质，服务失误分为结果失误和过程失误。其中结果失误是核心服务失误，主要是指服务提供者没有实现基本服务内容；过程失误是指服务传递方式上的缺陷和不足，使顾客感知受到影响。从资源交易理论的角度来讲，结果与过程失误分别属于顾客效用与交换经历中的问题。服务失误的结果维度涉及顾客实际从服务中得到（或损失）的经济利益，而过程维度涉及的是顾客如何获得服务及其获得服务的方式。

（2）失误的严重程度。服务失误的严重程度可以表述为由于服务失误而给顾客带来的损失的大小。服务失误的严重程度会对顾客满意和行为意向产生影响。随着失误的严重程度的增加，顾客的损失越来越大，顾客就越有可能认为其参与的交换是不公平的，从而更加不满意。服务企业需要根据失误的严重程度选择不同层次的服务补救策略。

第 2 节　顾客抱怨与服务补救

对服务失误传统的管理方法是处理顾客抱怨，企业收到那些遇到服务失误的顾客向企业提出的抱怨，然后分析产生这些抱怨的原因，进而从管理角度处理问题。

一、顾客抱怨行为

顾客抱怨是指顾客对于有形产品或服务质量不满意的一种反应，当顾客感到不满意时，就会产生抱怨行为。顾客抱怨行为是一系列的多重反应，其全部或部分由某次购买中感知的不满意引发。顾客抱怨因人而异，有的顾客不满意时喜欢抱怨，有的则很少抱怨。

顾客抱怨分为公开抱怨和私下抱怨。公开抱怨包括顾客直接向企业要求赔偿、采取法律手段获得赔偿、向政府机构或民间组织申诉等；私下抱怨包括顾客停止购买该有形产品或服务、抵制企业或警告亲友等。具体的顾客抱怨行为如表 11－1 所示。

表11-1 顾客抱怨行为的分类

抱怨类型	具体行为表现
公开抱怨	要求企业予以赔偿 采取法律手段索赔 向政府机构、民间组织申诉
私下抱怨	从此停止购买，抵制该服务企业的产品 警告亲戚、朋友，不主张消费该服务企业的产品

二、影响顾客抱怨的因素

不满意是产生抱怨的一个必要条件，还有许多其他因素会影响顾客的抱怨。

（1）不满意的强度。服务失误的严重程度或产品的重要程度将直接影响顾客发生抱怨的可能。如果服务失误的严重程度高或产品很重要时，顾客出现抱怨行为的可能性就高；相反，如果服务失误的严重程度低或产品不重要时，顾客出现抱怨行为的可能性就低。例如，核心服务的失误很容易引发顾客的投诉，因为影响顾客的核心利益。

（2）企业因素。诸如企业在服务质量方面的声誉、对顾客抱怨的反应、销售压力等，都会影响顾客的抱怨行为。一般而言，具有良好的服务质量声誉更容易鼓励顾客在遇到服务问题时寻求赔偿。而企业处理抱怨的反馈越及时，顾客也越倾向于抱怨，因为顾客预见能得到企业的赔偿。当企业向顾客强制性销售某服务时，顾客也会产生强烈的反应。

（3）情境因素。如果顾客在销售现场能够接触到关于抱怨的提示或者提示标语等，这会促使和增加顾客的抱怨行为。鼓励顾客通过正式渠道抱怨，有助于顾客意见的及时反馈。此外，顾客抱怨的便利程度也会影响其抱怨行为。比如，向客服部门拨打电话进行投诉要远远比到办公现场进行当面投诉容易得多。

三、顾客抱怨或不抱怨的原因

（1）抱怨的可能原因：

- 相信投诉会有积极的结果且对社会有益；
- 个人标准支持其抱怨行为。

（2）不抱怨的可能原因：

- 消费者认为抱怨是对其时间和精力的浪费；
- 不知道怎样去抱怨；
- 失误的个人关联程度低、不利影响小。

其实，不管顾客抱怨或不抱怨、投诉或不投诉，只要服务企业发生了服务失误，就应该积极主动、及时地处理，以减少顾客的流失，增强顾客的满意度。

四、顾客抱怨时的期望

（1）结果公平——顾客希望结果或赔偿能与其不满意水平相匹配。

（2）过程公平——顾客希望很容易进入投诉过程，并且希望事情被快速处理，最好是通过他们第一个接触的人。

（3）态度公平——顾客希望解决过程清晰、快速和无争吵，得到礼貌、细心和诚实的对待。

五、服务补救的界定

服务失误时，顾客通常会认为自己受到了不公正的待遇，会进行抱怨或不抱怨。不论如何，企业都需要及时补救，这是解决顾客服务失误、提高满意度的重要途径。

服务补救是一种管理过程，首先要发现服务失误，分析失误原因，然后在定量分析的基础上，对服务失误进行评估并采取恰当的管理措施予以解决。

根据这一观点，可从以下几个方面理解服务补救的内涵：

（1）服务补救是从关系营销的角度来探讨企业服务失误的问题。它强调的是外部效率，而不是内部效率。

（2）服务补救是一种持续的质量改进过程。它不仅仅停留在对一次服务问题或服务失误的纠正上，更重要的是找出问题的症结所在，对服务程度或相关方面进行重新设计和改善。

（3）服务补救是一个赢得顾客的营销策略。通过有效的服务补救，企业能够重新使顾客达到满意，提高顾客的满意度和重购意愿。

（4）服务补救是一个管理过程。它应该被纳入企业的整个管理过程，而不是临时的举措。服务补救是企业整体服务质量管理过程的一个重要环节，同时，其本身的运作也应符合管理程序的要求。

（5）服务补救是一种主动的反应机制，而不是被动的临时处理。这种反应机制应能在服务过程中随时反映服务问题，并能及时地采取恰当的措施来进行补救。

（6）服务补救是一个系统。这个系统涉及服务提供者、服务组织以及顾客等，包括监测问题、解决问题、重新设计等工作。

六、服务补救的程序

如前所述，解决服务失误必须依靠有效的服务补救系统，而不仅仅是一线员工个人的努力。

（1）计算服务失误的成本。服务失误会导致顾客流失，这时就需要企业争取新的顾客来弥补老顾客流失所造成的损失。更重要的是，那些流失的顾客会给企业带来负面口碑。这些都构成服务失误的成本。争取新顾客的费用通常比维持老顾客的费用要高出几倍，而负面口碑对企业的影响更是致命的，也使得企业争取新的顾客更加困难。所以，计算出这笔费用，对于提高企业的质量意识会有所帮助。由于顾客流失的成本很高，出现服务失误后，即使对顾客进行充分补偿，对企业来说也是值得的。

（2）主动征求顾客意见。大多数顾客都不会主动告诉企业他们糟糕的服务经历，而是直接转投竞争对手。所以，当服务失误出现后，一定要主动地向顾客征求意见，弄清楚服务失误的原因及顾客不满的原因。企业员工，特别是那些与顾客接触的员工，应当有能力控制服务失误局势的发展，让企业意识到服务失误的严重性，在顾客提出抱怨之前就开始行动，进行有效的服务补救。但最先发现问题的一般是顾客，所以，应当设立机制使顾客能够轻松地就服务过程中的失误进行抱怨，这是企业获取服务失误第一手资料最重要的途径。企业可以通过顾客抱怨找到服务改进的策略和方法，而员工必须对抱怨的顾客表现出应有的尊重和关怀。

（3）服务补救必须迅速。据研究，一个不满意的顾客会向 12 个人倾诉他糟糕的服务经历，而一个满意的顾客为企业传播好口碑的范围比这要小得多。服务补救速度越缓慢，负面口碑传播得就越快。也就是说，迅速补救意味着成功，而补救缓慢则有可能会导致失败。

（4）进行服务补救培训。一线员工必须明确为什么要关注服务失误，为什么要及时补救，也必须明白其价值意义。企业可以对员工进行相关培训，包括：及时发现服务失误和不满意的顾客，并引导顾客参与到服务补救过程中来；既要做好顾客的工作，又要迅速改正错误并及时做出赔偿。培训的目的是培养员工的顾客导向意识和处理顾客抱怨的技巧。

（5）让顾客处于知情状态。顾客希望看到企业承认服务失误，并知道企业正在采取措施解决问题。如果不能在现场解决服务失误，就应当坦诚地告诉顾客，企业正在努力，并给出相关时间表。当问题得到解决后，应当及时告诉顾客解决的结果，并同时告知顾客企业从这次服务失误中得到的经验教训以及将来如何避免此类事情的发生。

（6）从错误中吸取教训。服务企业应当建立自动从服务失误中吸取教训的机制和系统。服务失误解决后，要从企业、员工等各个方面来查找服务失误、质量问题及其他错误出现的深层原因，以便在未来的服务传递过程中避免再犯同类错误。

总之，成功的服务企业要建立一个有效的服务补救系统，包括不间断的监控服务系统、及时发现服务失误、及时有效地解决服务失误、总结服务补救的经验。

例 11-2

西贝莜面村的沙漏

小王发现，他每次在西贝莜面村点完餐后，服务员都会郑重其事地拿出一个沙漏，说 25 分钟内不全部上完菜，后续菜品免单。有一次 25 分钟过去了，菜品还差一个，经理和颜悦色地说："很抱歉，我们有一个菜没完成，此道菜免单，再送您两盒酸奶。"同行的朋友纷纷开始发朋友圈，因为觉得自己真的很占便宜，即使没发朋友圈的，也记住了这家店。当小王和朋友用餐完毕，工作人员走了过来询问他们对菜品是否满意，小王说："其他都还可以，只是 ×× 菜的牛肉少了些。"结账的时候，他们被告知这道菜免单了。

一顿饭大家吃得很开心，小王说："我去过三家西贝莜面村，有的色香味俱佳，有的普普通通，综合能打 75 分，这么说吧，服务比味道更好。至于免单，我之前经历过一次时间到了没上齐，免了个羊杂汤，送了两个黄馍馍和酸奶，没想到这次说了分量不足，又免了一道菜。"朋友们纷纷点头表示对这家餐厅的肯定。

其实，店家完全可以不亏这份钱，毕竟当餐厅人多时上菜慢可以理解，但通过这个操作，令新客感到新奇，让熟客觉得放心，某种程度上还提高了翻台率，所以仔细一想，这种营销措施还真有意思，将提高顾客的满意度做得润物无声！

七、服务补救的原则

服务补救是在与顾客建立关系的过程中对服务错误、失误和问题的处理策略。不管企业性质如何，从事的是什么类型的业务，都可以利用服务补救策略来弥补失误，降低顾客的不满意。服务补救是建立在顾客导向基础之上的问题处理方式，有效的服务补救应该遵循以下基本原则：

（1）尽快发现并解决服务中出现的问题是企业的天职。

（2）顾客抱怨的程序和方式应当是便捷有效的。只有必要时，服务提供者才可以要求顾客做出书面的抱怨。比如，牵涉到法律问题或者是牵涉的金额十分巨大时。

（3）服务提供者要在解决服务失误的过程中，时刻让顾客知悉进展情况，特别是当问题不能马上解决时更应如此。

（4）要主动解决服务失误问题，不要等顾客提出来再被动地去解决，问题的解决要迅速有效。

（5）出现失误，绝对不能拖延，要立即对顾客做出赔偿。对一个给企业带来大笔利润的顾客做出优先赔偿，从经济角度看是合算的，它可以弥补由此给企业带来的利润损失。同时，也可以避免顾客传播负面的口碑。

（6）即使由于某些原因无法马上对顾客做出赔偿，有效的服务补救依然可以让顾客满意，进而保持与企业的关系。从长期盈利的角度看，即使服务失误是顾客造成的，对他们进行补偿也是合算的，这将有利于与顾客建立长期的关系。

（7）要关心服务失误对顾客精神上造成的伤害。顾客在遇到服务失误后，通常会产生焦虑和挫折感，企业应当在解决好服务失误的同时，对顾客进行精神上的关怀。

（8）道歉是必要的，但在很多情况下远远不够，还必须对顾客的损失做出恰当的经济赔偿。

（9）要建立有效的服务补救系统，授权一线员工自主解决服务失误。在这个系统中，得到授权的一线员工和具有顾客导向的管理者的作用同样重要。

（10）顾客抱怨处理部门和负责抱怨处理的人员通常会对服务补救起阻碍作用，因此，有必要任命一个专门负责服务补救的经理（客户经理）来支持服务补救系统的高效运行。

第3节　顾客投诉处理

常言道："智者千虑，必有一失。"对于服务企业来说，追求顾客满意、顾客忠诚和企业业绩提升是其经营的目标，但服务过程很难做到完美无缺。由于种种原因，服务企业无法履行其承诺，此时顾客无法得到他们所期望的服务，就会感到不满意，从而引发抱怨与投诉。因此，如何处理顾客投诉并进一步强化顾客关系，成为服务营销管理面临的课题。

一、正确认识顾客投诉

一个成功的企业必然会以积极的心态看待顾客投诉问题，尊重顾客意见，帮助顾客解决问题，尽量减少顾客的不满，甚至通过处理顾客投诉赢得顾客信任。

1. 有顾客投诉是企业的幸运

当顾客向企业投诉时，不要把它看成问题，而应把它看作市场信息的来源，看作企业改进的机会。当顾客抽出宝贵的时间，带着他们的抱怨与企业接触的同时，也是免费向企业提供了改进业务的信息。虽然顾客投诉的语言和态度似乎让人难以接受，但企业一定要给予理解并坚持倾听，因为他们会确切地告诉你如何来满足他们现在和将来的需求，这对企业来讲是件好事。有很多顾客产生不满时会默默离去，有顾客来投诉是企业的幸运，企业可以因此找到问题之所在，知道未来改进的方向。如果顾客有不满但不投诉，那么企业就危险了。所以，企业应该感谢来投诉的顾客。

2. 把顾客投诉当作信息的来源

顾客投诉是企业识别顾客的真正需求、尽可能消除差距、贴近市场的机会。应将顾客当朋友对待，那些肯花费时间投诉的顾客才是企业真正的支持者。因为他们对企业的期望甚高，足够信任企业，所以才会坦言对企业的失望。企业要倾听他们的抱怨，询问更多的信息，必要时甚至请求他们提出宝贵意见，直到确信真正找到了顾客想要的东西，然后再把顾客真正想要的东西提供给他们。

同时，一切新产品的开发、新服务的推广，无不是对消费者需求的一种满足，而这些需求往往表现在顾客的购买意愿和消费感觉上，企业要通过对顾客的牢骚、投诉、退货等不满意举动的分析，来发现新的需求，并以此为契机，开发新产品。

处理顾客投诉是顾客管理的重要内容。若处理不好，将直接影响服务人员的服务效果和企业的利润。所以企业要加强与顾客的联系，倾听他们的不满，弥补给顾客带来的损失，维护企业声誉，提高产品形象，不断巩固老顾客，吸引新顾客。

3. 挖掘顾客投诉的服务价值

投诉可以暴露企业的缺点，顾客投诉为企业提供了与顾客沟通的机会，以及继续为顾客服务的机会。投诉可以使公司更好地改进产品，提高投诉处理人员的工作能力。顾客投诉不仅给企业带来了无限商机、产品创意，还使服务进一步完善。对于现在竞争激烈的市场而言，不论顾客投诉有多么“无理”，能够完美应对这种“无理”已成为企业竞相争夺顾客的“长胜法宝”，即通过投诉管理挖掘顾客投诉价值。

4. 变消极的投诉为积极的引导

顾客的抱怨是顾客不满意的一种表现，妥善处理顾客投诉可以消除顾客的不满意，甚至可以将其转化为顾客满意，因为积极地处理顾客投诉是企业负责任的表现。其实，顾客关系的维护是十分重要的，其中最主要的就是企业对顾客投诉的重视，只有这样才能使顾客满意，才能为企业创造更多的顾客价值。顾客是企业生存之本、利润之源，他们表现出不满给了企业与顾客深入沟通、建立更进一步的关系的机会。

调查发现，服务若不能令顾客满意，会造成 90% 的顾客离去；顾客问题若得不到解决，会造成 89% 的顾客流失。可见，处理好顾客投诉是多么重要，顾客投诉处理好了，不但能够消除顾客的不满，还能够带来顾客满意，有助于形成正向口碑，形成顾客忠诚。

二、顾客投诉的性质

对于来自顾客的投诉，企业要重视，但又绝不是茫然“听之任之”，要针对顾客投诉，迅速找出引起顾客投诉的真正原因，辨识善意的投诉与恶意的投诉，并根据实际情况妥善处理。如果是善意的投诉，必须迅速给予回复，给顾客一个满意的答案；如果是恶意的投诉，必须加以说服和引导，必要时拿起法律武器维护企业的权益。

1. 善意的投诉

一般来讲，大多数顾客投诉都没有恶意，当企业产品的规格、质量等要素不符合协议要求，或企业在向顾客提供服务的过程中某些环节没有完全履行承诺时，顾客感到不满意才会投诉。企业在接受诸如此类投诉时，应该先从自身找原因，若态度诚恳，处理方式积极，对顾客及时加以安抚，比如给予一定的补偿等，就可以及时消除不满，化解危机；反之，则会影响顾客与企业的关系，甚至影响企业形象。

2. 恶意的投诉

面对竞争激烈的市场，有些企业不顾商业道德，恶意投诉竞争对手，或者可能会利用顾客投诉事件夸大事实，借助媒体传播，致使竞争对手陷于困境，从而一举战胜竞争对手。还有小部分顾客为金钱利益驱使，以投诉为名恶意欺诈企业，要求企业赔偿。企业在面对恶意投诉时，一定要缩小扩散面，拿出可行应对措施，注意维护本企业的形象，有必要时可求助于法律。

三、顾客投诉的处理流程

“商场如战场”，在今天竞争激烈的环境下，企业面临各种各样的生存危机，对顾客投诉的处理是一个挑战，也是企业顾客关系管理的核心内容。通过对顾客投诉的妥善处理，可以为公司节约成本，留住老顾客；通过对顾客投诉的分析挖掘，可以寻找商机，开发创新，增加服务价值，使投诉成为企业利润的“引擎”。所以，服务企业如何预防投诉、受理投诉、处理投诉，都必须遵循一定的流程（见图11－1），目的是形成处理顾客投诉的科学解决方案。

1. 认真倾听顾客的抱怨

妥善处理顾客投诉的首要技术是学会倾听。当顾客对企业产生抱怨或投诉时，情绪一般都比较激动或态度恶劣，这时接待人员一定要冷静，控制自己的情绪，不要有任何不满的情绪表露出来。接待人员要认真地倾听顾客的不满，先不要解释，要让顾客将抱怨彻底发泄出来，使顾客的心情平静下来，然后再询问具体细节，确认问题的原因。在倾听时，要善于运用肢体语言来表达自己对顾客的关注与同情，比如目光平视顾客、表情严肃地点头等，千万不要就其中的问题与对方争论。不要随意打断，因为打断顾客的陈述是不礼貌的表现，可能会引起顾客的反感。此外，要专注倾听，仔细分析，正确理解顾客投诉的意图，避免投诉受理与处理的偏误。

2. 对顾客的遭遇表示同情

顾客进行投诉，本身就是因为所购买的有形产品或服务与其期待价值有一定差距，这时特别需要得到心理的认同和关怀。在认真倾听了顾客的抱怨以后，要学会

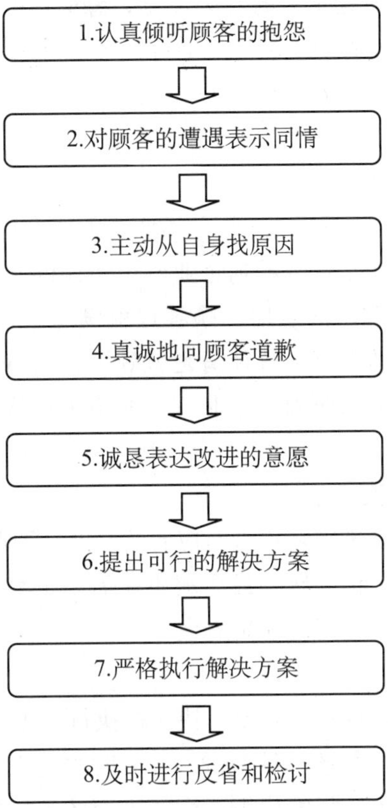

图 11－1　顾客投诉处理流程图

站在顾客的立场来看待、处理问题，设身处地地表达对此情况的理解和同情，让顾客感受到被重视、被关心。应尽量争取时间，缓和气氛，安抚顾客情绪，使顾客意识到服务人员或企业非常重视自己，企业管理层将全力以赴来解决问题。在了解相关原因时，要尽量婉转、客观，不要带有先入为主的意见，不要使顾客产生被审问、被怀疑的感觉，否则不利于问题的解决。比如，“非常抱歉，我对事情的整个过程不了解，您能详细说一下吗?”“对不起，有一个细节我想问一下。”

3. 主动从自身找原因

当发生顾客投诉时，主动从自身找原因是企业负责任的表现。服务人员应该坚持从顾客的角度来考虑问题，一定要相信顾客和尊重顾客，相信“无风不起浪”，在思维方式和具体做法上首先应该从自身找原因，看产品是不是的确存在什么缺陷、服务环节是不是哪里不周全，要承认自己可能犯错误，不能盲目自大，千万不能推卸责任、敷衍搪塞，更不能责怪顾客。企业服务人员如果勇于承认自身的不足，反而有利于化解纠纷和平息抱怨。

4. 真诚地向顾客道歉

出现错误了敢于承认，才能赢得尊重。无论责任是否在企业，一旦发生投诉，管理人员都应该以“顾客永远是对的”为原则，感谢他们发现了企业经营中存在的不足，要真诚地向顾客表示歉意，对因为这个事情影响了顾客的心情、浪费了顾客的时间而表示歉意，以平息顾客心里的怒气，然后再去探讨事情背后的原因，也就是谁对谁错的问题。

5. 诚恳表达改进的意愿

古话“有则改之，无则加勉”表明了一种诚恳和谦虚的态度。顾客投诉有时并不是希望得到多少赔偿，而是希望看到企业改正错误的态度，有时企业坦率地承认自身的不足，诚恳地表达改进的意愿，顾客也就满意了，问题也就解决了。当然，如果顾客投诉是因为顾客的误解，解释清楚就好了，以后想办法加以避免；如果顾客投诉的确是因为企业方面的原因，企业一定要勇于承认不足，勇于承担责任，并表达改进意愿。

6. 提出可行的解决方案

前文所述表明了企业处理顾客投诉时应有的态度，即尊重顾客，维护顾客利益，想顾客所想，急顾客所急。但问题的最后解决还需要了解顾客投诉的原委，洞察顾客抱怨与投诉的动机，提出可行的解决方案。

7. 严格执行解决方案

解决方案一经双方协商同意，就要尽快严格执行，否则会影响顾客满意。比如，首先要拟订有关协议，企业与顾客各一份，必要时中间人一份。顾客方面的签字者必须是当事人，或者当事人委托的代表；企业方面的签字人必须是法人代表，或者法人代表委托的有关责任人员。协议一旦签订，就具有法律效力，受法律保护。企业方必须积极有效地落实解决方案，任何拖延或懈怠都会令顾客不满，给企业形象造成损失。

8. 及时进行反省和检讨

顾客的投诉是市场信息的重要来源，是企业进行产品革新和服务改进的动力源泉，所以，企业应该珍惜顾客的投诉，应该从对顾客投诉的反省和检讨中汲取营养，获得进步。具体来讲，对顾客的每一次投诉，企业都应该指派专人登记备案，并分析、检查产生问题的原因，对典型的投诉应该在一定范围内展开讨论，引以为戒。如果责任在产品服务人员，应追究其责任，并制定有关规定，杜绝此类事件的再度发生；如果是意外事件，应制定和完善危机处理的原则和方案，以便以后有章可循。

总之，要通过整个顾客投诉处理带动企业管理的完善，只有正确处理顾客投诉，才能减少企业危机问题的发生，维护企业形象；只有正确处理顾客投诉，才能为企业留住老顾客，降低经营成本，同时吸引更多新顾客；只有正确处理顾客投诉，才能变消极的顾客投诉为积极的顾客推动，从而提高企业的顾客吸引力。

知识延伸

有效应对顾客投诉与服务补救的要点

- 快速行动；
- 换位思考；
- 要与顾客共情；
- 不与顾客争辩；
- 澄清事实，梳理原因；
- 给与顾客投诉的权力；
- 告诉顾客解决问题的步骤；
- 让顾客了解问题处理的进展；
- 赔偿也是值得考虑的方案；
- 坚持不懈努力以重获顾客好感；
- 坚持内部服务流程并加以改进。

资料来源：约亨・沃茨，林宸．服务营销：人・技术・战略：第 9 版．上海：中国出版集团东方出版中心，2023.

第 4 节　客户关系管理

根据服务营销专家的研究，开发一个新客户所花费的成本比保持一个老顾客多得多，建立和推行客户关系管理是企业保持和提高经营业绩的有效途径，也是企业持续发展的需要。所以，客户关系的维持与发展也是现代服务管理的重要内容。

一、客户关系管理的内涵

客户关系管理（customer relationship management，CRM）是把企业的客户作为一种企业资源进行管理的经营思想和管理技术，旨在挖掘客户资源的价值。CRM 可以帮助企业提高顾客的满意度和忠诚度，帮助企业提升经营业绩。有专家研究认为，CRM 包含如下三个层次的内涵：

（1）从思维方式的层面看来，CRM 是一种营销理念、一种管理哲学。其核心思想是将顾客作为企业最重要的核心资源，通过全面的顾客认识、深入的顾客分析、完善的顾客服务来满足顾客的需要，培养顾客忠诚，最大限度地发展顾客与本企业的关系，实现顾客价值的最大化。

（2）从广义的和战略的角度看，CRM 是全面的顾客关系管理，是一种战略。应用于企业的市场营销、服务与技术支持等与顾客相关的领域，通过向企业的服务、市场和顾客服务的专业人员提供全面、个性化的顾客资料，并强化跟踪服务、信息分析的能力，使他们能够协同建立和维护一系列与顾客之间卓有成效的“一对一关系”。

（3）从狭义的和战术的角度看，CRM是一种技术解决方案。CRM通过一系列的过程和系统来支持企业的总体战略，以建立与特定顾客之间长期的、互利双赢的关系。企业必须有效采用先进的数据库和决策支持工具，有效收集、分析顾客数据，并将顾客数据转化成顾客知识，以便更好地理解和管理顾客行为。

例11-3

万科的“第五专业”是否“多此一举”

房地产行业素有设计、工程、营销、物管四大专业之说，万科提出了房地产“第五专业”的概念，即CRM。在常规的房地产项目开发中，CRM工作一般是归口到营销部门，在物业交付后便由物管部门接手，那么万科的行为是否多此一举呢？

不能否认的是，万科的“多此一举”转化成了实实在在的销售力。根据相关数据，万科在全国的楼盘中有33%的客户是再购人群，每个业主平均会向2.3个人推荐万科楼盘。在深圳，这两个数据还要高很多。

谈到万科的CRM，人们印象最深的估计就是万科的物业管理。万科金牌讲师王金升也坦承：“我们的客户对万科印象最深的并不是王石、郁亮，而是一线的员工，是那些保洁、保安及其他服务人员。”

然而，万科的CRM并不等同于物业管理，并且早已超出了物业管理的范围和层面。它与项目的前期定位、规划设计、工程管理以及营销都产生了紧密的联系，成了万科最重要的核心竞争力。

有个现象足以说明万科对客户关系的重视。在万科，员工创造了高额利润或者销售业绩，但是其业绩考核分数未必就高。因为万科采用的是平衡计分法考核，其中客户满意度和忠诚度指标所占的权重超过40%，且和员工的收入直接挂钩，并在集团网上张榜公示。

万科眼中的“客户观”包含以下几个核心要素：客户是最稀缺的资源，是万科存在的全部理由；尊重客户，理解客户，持续提供超越客户期望的产品和服务；在客户眼中，每一位员工都代表万科；1%的失误，对于客户而言就是100%的损失；衡量成功与否的最重要标准是客户满意的程度。由此看来，万科“第五专业”的提出并非虚张声势。

思考：万科的“第五专业”是指什么？这种做法是多此一举吗？

二、客户关系管理的分类

1. 按客户规模分类

（1）大企业 CRM：其在业务方面分工明确，并在各个地区设立自己的机构。大型企业在业务规模运作方面信息量大且相互交错，也就是说大企业 CRM 操作复杂。

（2）中小企业 CRM：相对于大企业而言，中小企业 CRM 内容简单，操作简易、灵活。

2. 按应用性质分类

（1）服务管理 CRM：企业以专业服务人员为主，与客户能够完全一对一或渠道对渠道地开展服务业务，应完全考虑到对 CRM 的功能扩展性开发与共享性开发。

（2）服务支持 CRM：涉及整个客户群体的培养与维护以及强化客户资源，必须使服务与支持同步进行。

（3）综合应用 CRM：对于企业而言，综合应用 CRM 关系到客户管理的运作是否通畅，这里不仅关系到企业 CRM 的完整性，而且对于企业的财务、物流、信息、企业资源计划（ERP）、营销等多方面应用都起着集成性作用。

3. 按系统功能分类

（1）操作型 CRM：主要是按照业务方法提高企业、员工在服务、营销和客服上的表现。服务自动化、营销自动化、客服自动化等软件工具的应用，都属于操作型 CRM 的范畴。

（2）协同型 CRM：指整合企业内部、企业与客户之间的互动渠道，包括客服管理中心、企业网站、电子邮件、通信工具等，其目标是提升企业内部、企业与客户之间的沟通协同能力，并强化 CRM。

（3）分析型 CRM：其借助 ERP、软件配置管理（SCM）等系统，对不同渠道收集或生成的各种与客户相关的数据资料进行分析，以帮助企业全面了解客户的心理、行为、需求和偏好等，企业可以以此为参考拟定即时的经营决策。

例 11－4

中国移动的客户分类管理

中国移动公司按照 ABC 分类法进行客户管理。公司把全部客户按消费金额划分为 A、B、C 三类。其中 A 类为大客户，消费金额大，客户数量少；C 类为小客户，消费金额少，客户数量多；B 类为一般客户，介于 A 和 C 两类之间。公司管理的指导思想是重点抓好 A 类客户，照顾 B 类客户，对 C 类客户顺其自然。其中对占公司客户总数 10%、其通信费合计占运营商通话费总收入 38% 的高端客户群实施优先服务、优质服务。另外，中国移动公司分别给连续6个月通信费高于300元、500元、800元的客户颁发三星级、四星级、五星级服务通行卡，星级会员享受所有与其等级相匹配的优惠，同时还可以享受到其他如全国范围内免费预订酒店客房等许多通信外的优惠服务项目。

思考：这种客户分类管理有意义吗？

三、大客户管理

1. 什么是大客户

所谓大客户，又称重点客户（VIP）、关键客户（KA），一般是指市场上卖方认为对自己很重要或具有战略意义的客户。大客户一般规模大、实力强，在行业里及目标市场上具有很强的影响力，对于卖方企业具有举足轻重的地位，它或者能够给卖方带来巨大的销量、可观的利润，或者能够帮助企业提高品牌知名度和影响力。企业的大客户可能是大零售商、大经销商、大的集团客户，也可能是某个大供应商。比如，对于一个家电制造商而言，苏宁、国美无疑是大客户，某重要地区的经销商也是大客户，某集团、某医院用户也可能是大客户。

大客户是公司销量和利润的主要来源。大客户管理是卖方采用的一种有效的分类管理方法，目的是通过持续地为大客户量身定做产品或服务，满足大客户的特定需要，从而赢得重要生意，并培养出忠诚的大客户，为企业生意的持续发展提供保障。大客户管理体现了管理学“重点管理”的原则，体现了“牵牛要牵牛鼻子”的管理思想，实践证明，这种分类管理的思想能够帮助企业大大提高管理效率和效益，因而为许多企业所采用。现代很多企业都纷纷成立大客户服务部或KA管理部，对公司的重点客户进行“一对一”的重点经营，中国移动是实施大客户管理的典范。

2. 大客户的甄别

通常将公司客户划分为大客户、小客户与一般客户。大客户主要是指对企业而言产品或服务销量、利润贡献高，忠诚度较高的核心客户；小客户则指那些产品或服务销量、利润贡献低甚至可能为负利润的客户；一般客户则是介于两者之间的客户。对于企业而言，往往80%的销量或利润来源于20%的大客户——关键客户、重要客户，这些大客户支撑着企业的运营，代表着企业的未来；而另外80%的客户可能带给企业的只是20%的销量或利润。所以，管理应向这20%的大客户倾斜，如图11－2所示。

之所以要将客户进行甄别并分类管理，是因为企业在人力、物力有限的情况下应采取差异化的客户管理政策，抓住主要客户的主要业务，突出重点，“抓大放小”，以保证企业的经营业绩和经营利润。但值得注意的是，事情不是一成不变的，

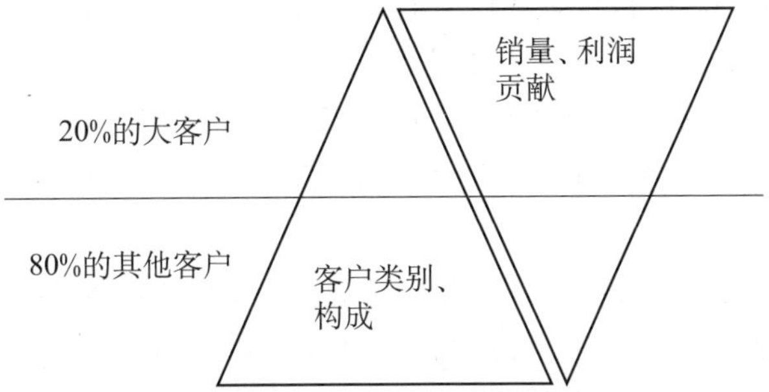

图 11－2　客户类别、构成与其销量、利润贡献关系图

无论大客户，还是小客户，有可能会相互转化，要以动态、发展的眼光看问题；而且客户的甄别同时也是帮助企业节约成本，帮助企业识别客户与筛选客户，达到节省费用、提高效率的目的。

在甄别客户的过程中，不能仅以一次的消费量作为衡量“大”“小”“好”“坏”的标准，要考虑客户的持续性、发展性，考虑其能为企业带来高销量、高利润和大影响的贡献能力。一句话，甄别客户要有前瞻性，要考虑其成长性。对于企业而言，大客户是需要严肃、认真认定的，因为大客户意味着享受公司的特殊政策和公司更大的投入，意味着公司的发展期望。确定大客户应考虑的是：需求量大且重复消费的客户，能够帮助企业降低成本，合作过程中能给企业带来高销量、高利润的回报。

3. 大客户管理的特征

大客户管理（key account management）就是产品或服务提供商瞄准并满足潜在重要客户在营销、管理和服务等各方面的综合性需求并侧重满足他们的需求的策略。按照地理上分布的广泛程度可以将大客户分为全球性大客户（IKA）、全国性大客户（NKA）、地区（城市）大客户（CKA）。

大客户的第一个特点是规模效应，要想获得大客户身份，客户必须有很高的购买潜力。第二个特点是采购和销售行为的多样性。所以，大客户身份更多会给那些企业需要维持长期联盟或建立合作关系以求共同发展的客户。这种客户关系一旦确立，购买方就可以获得来自供应商的包括稳定供应、优惠价格、信用支持、问题快速处理、更好的沟通和更到位的服务等诸多方面的利益。

大客户管理具有以下三个特征：

（1）差异性。大客户管理包括对大客户的特殊待遇，其他客户不会享有，这可能包括在产品供应、价格、服务、分销和信息共享等方面的特惠待遇，可能以产品定制化、特殊价格、特殊服务、服务定制化、分销和操作流程的协调、信息共享和商业项目的联合开发以及新产品或服务优先销售等形式体现出来。

（2）专门化。大企业（提供商）在企业内部专门设置大客户管理机构，专门服务一些大客户。它们可能被设置在供应商的总部、大客户所在地区的当地销售机构，主要职责是帮助大客户发展业务、管理市场。

（3）协同性。大客户管理要求多个职能部门的协同努力才能完成，其中除了销售部门以外，制造、营销、财务、人力资源、信息技术、研发和物流等部门也要通力合作。

大客户管理需要供应商提供一些超出常规销售队伍所能提供的特别政策和关注。大客户经理的主要职责在于规划发展与大客户内部各种人员的关系，并动员公司内部的人力、物力及各种关系帮助大客户发展，协调并激励公司销售队伍快速响应大客户公司不同部门、不同市场及相关人员的各种需求，帮助大客户发展生意的同时也发展自己企业的生意。

有专家研究提出，要保证大客户管理的成功，必须做好以下几个方面的工作：

- 高层管理者对大客户有充分的理解和认识；
- 把大客户管理作为公司整体服务管理的重点；
- 建立对大客户进行界定和识别的清晰的标准；
- 确立内外部明确的服务目标和管理任务；
- 构建销售服务机构之间有效的信息沟通方式；
- 建立销售管理和销售队伍之间和谐的工作关系；
- 建立供应商与大客户之间融洽的客情关系。

这里需要说明的是，服务管理向20%的大客户倾斜，并不意味着可以忽视另外80%的一般客户、小客户。根据长尾理论的观点，现阶段由于产品或服务的丰富化、多样化，企业产品或服务链条中重点的品类越来越少，企业客户结构中绝对大的客户也越来越少，而更多的小品类产品或服务和更多的中小客户在企业业务活动中扮演重要的角色，产品、服务或客户的“长尾”不可忽视。企业在重视大产品、大服务、大客户的同时，也应该兼顾小产品、小服务、小客户。

四、运用客户关系管理提升客户忠诚度

客户忠诚指的是客户对公司及其产品极为信任和依赖，并不断消费和重复购买的行为。客户满意、客户忠诚是企业追求的服务目标，只有客户满意才可能形成客户忠诚，而只有培养出一大批忠诚的客户，企业才可能持续发展。CRM是一种经营管理技术，企业可以通过运用CRM技术提升客户忠诚度，提高企业效益。

1. 运用CRM提升客户忠诚度的步骤

运用CRM提升客户忠诚度的步骤如图11－3所示。

2. 运用CRM提升客户忠诚度的方法

（1）加强员工的服务意识。客户的满意和忠诚来自企业高质量的产品和全体员工真诚周到的服务，可以说，企业最前线的员工就是现场服务人员，他们直接与客

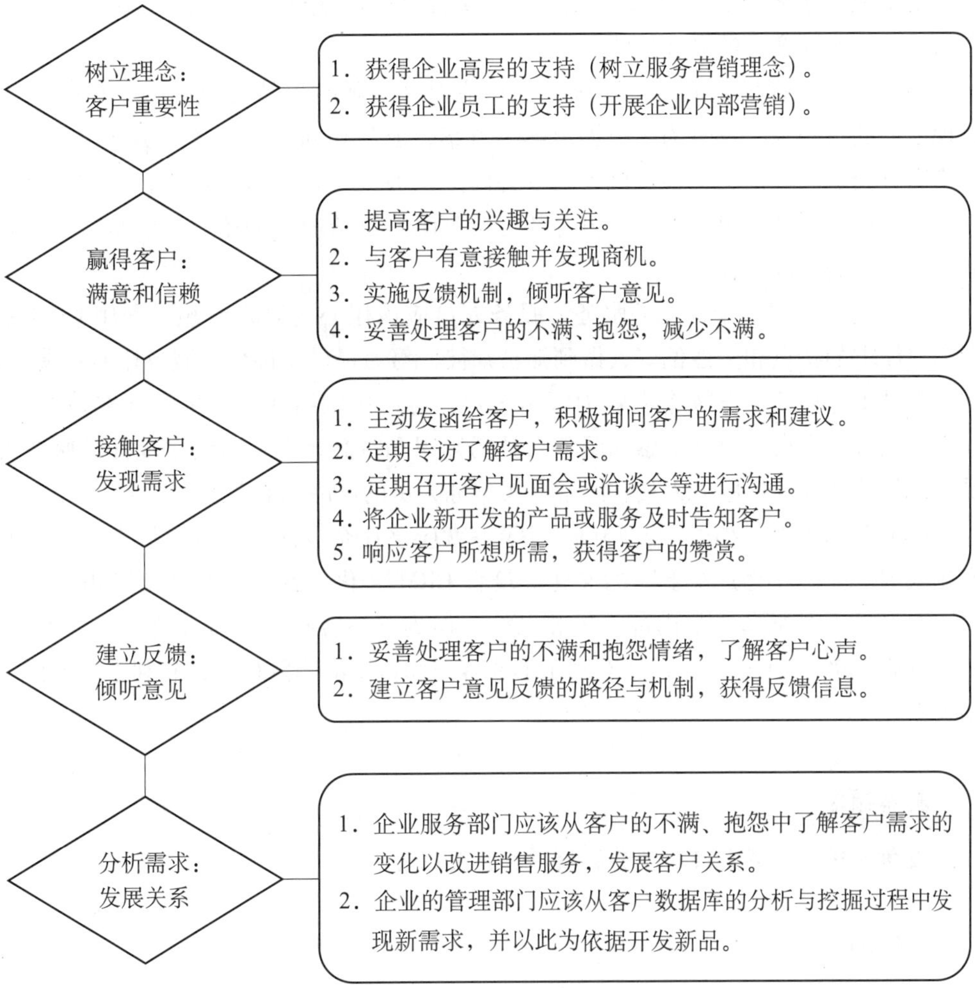

图 11－3　运用 CRM 提升客户忠诚度示意图

户接触，他们是企业的门面和窗口。为此，企业高层要树立服务营销理念，企业要开展内部营销，树立员工的服务意识，主动开展客户关系管理，这是提高客户忠诚度的保证。

（2）积极帮助客户解决问题。服务人员应利用 CRM 了解客户的困难，尽可能地帮助客户解决实际问题。如果不能直接帮助他们，也可以向他们推荐他人或其他公司，这样容易获得客户的好感，增进客情。客户碰到困难，只要是服务人员知道又能做到的，就一定要帮助他们。这样，服务人员与客户就不仅仅是合作关系了，也是朋友关系。

（3）满足客户的急切需求。企业实施 CRM，需要进行客户档案和信息管理，将其整理加工，而后进行客户细分，利用各种市场与客户的信息来预测未来客户的需求动向，想客户之所想，帮助企业制定更准确的市场策略，开展有的放矢的推销。

要真正实现“想客户之所想”，就必须借助顾客数据库进行数据挖掘，满足客户的急切需求，实现客户的潜在价值。

（4）为客户提供新的方案。服务人员应对客户随时保持有意接触，利用CRM发现他们的新需求，及时为客户提出解决方案，成为顾问型的服务人员。比如，与零售商打交道的推销员有很多机会向零售商提供促进零售经营的信息，为其带来新的思想，可以向其提出新的产品组合和定价策略、特殊通道的拓展、体验服务方式等建议，帮助其改善经营。

（5）为客户提供个性化的服务。服务人员应该用心为客户着想，利用CRM掌握客户需求的特点和个性偏好，做到知己知彼，努力提供个性化的服务让客户满意。服务人员也应该注重发挥个人魅力吸引客户，可以用网络或手机经常与客户联系，让客户从服务人员的思想中感知服务人员的知识和智慧，选购时会主动征求服务人员的意见，从而信任服务人员并经常购买服务人员的产品和服务。

（6）培育CRM文化。企业开展CRM，就应该在企业内部培育重视客户服务的文化氛围，提倡“客户至上”的文化。培育CRM文化，就是要在经营过程中推行“客户导向”，外部营销与内部营销相结合，做到善待客户和员工，培育客户忠诚、员工忠诚。培育CRM文化，还有利于形成客户和员工的团队精神，有利于发展伙伴型关系。

基本概念

服务承诺　服务失误　服务补救　客户关系管理

简答题

1. 服务承诺对于服务企业有什么意义？
2. 什么情况下顾客会抱怨？应该怎样对待顾客抱怨？
3. 服务补救有哪些主要策略？应遵循哪些基本原则？

论述题

1. 怎样正确认识和有效处理顾客投诉？
2. 怎样通过客户关系管理提高客户忠诚度？

案例分析

东方饭店的客户关系管理

泰国东方饭店堪称亚洲饭店之最，几乎天天客满。它的成功就在于非常重视培养忠实的客户并且建立了一套完善的客户关系管理系统，客户入住后可以得到无微不至的人性化服务。用东方饭店自己的话说，只要每年有 1/10 的老客户光顾，饭店就会永远客满，这是东方饭店的成功秘诀。

一位朋友因公务经常到泰国出差并选择入住东方饭店，第一次入住时良好的饭店环境和服务就给他留下了深刻的印象，当他第二次入住时，几个细节更使他对饭店的好感迅速升级。

当他走出房门准备去餐厅的时候，楼层服务员恭敬地问道："于先生是要用早餐吗?"朋友很奇怪，反问："你怎么知道我姓于?"服务员说："我们饭店规定，晚上要背熟所有客人的姓名。"这令他大吃一惊，因为他频繁往返于世界各地，入住过无数高级酒店，这种情况还是第一次碰到。朋友高兴地乘电梯下到餐厅所在的楼层，刚刚走出电梯门，餐厅的服务员说："于先生，里面请。"他更加疑惑，因为服务员并没有看到他的房卡，就问："你知道我姓于?"服务员答："上面的电话刚刚下来，说您已经下楼了。"如此高的效率让朋友再次大吃一惊。朋友刚走进餐厅，服务员微笑着问："于先生还要老位子吗?"他的惊讶再次升级，心想："尽管我不是第一次在这里吃饭，但也有一年多没来了，难道这里的服务员记忆力那么好?"看到朋友惊讶的目光，服务员主动解释说："我刚刚查过电脑记录，您在去年的 6 月 8 日在靠近第二个窗口的位子上用过早餐。"朋友听后兴奋地说："老位子！老位子!"服务员接着问："老菜单？一个三明治、一杯咖啡、一个鸡蛋?"朋友现在已经不再惊讶了："老菜单，就要老菜单!"朋友已经兴奋到了极点。上餐时餐厅赠送了他一碟小菜，由于朋友是第一次见到这种小菜，就问："这是什么?"服务员后退两步说："这是我们特有的小菜。"服务员为什么要先后退两步呢？他是怕自己说话时口水不小心落在客人的食品上。这一次早餐给朋友留下了深刻的印象。后来，由于业务调整，朋友有三年时间没有再到泰国去，他在生日的时候突然收到了一封东方饭店寄来的生日贺卡，里面还附了一封短信："亲爱的于先生，您已经有三年没来过我们这里了，我们全体人员都非常想念您，希望能再次见到您。今天是您的生日，祝您生日愉快!"朋友当时激动得热泪盈眶，发誓如果再去泰国，还要住在东方饭店，而且要告诉所有的朋友也像他一样选择。这就是客户关系管理的魔力。

资料来源：李砥辉．服务营销：理论与实践．北京：科学出版社，2020.

讨论： 1. 东方饭店是怎样进行客户关系管理的?

2. 请分析客户关系管理与企业经营业绩之间的关系。

实训练习

由学生模拟一个服务失误与服务补救的情景，或者一个处理顾客投诉的情景，学生可以互换角色表演。观察学生对待服务失误或顾客投诉时的态度与处理策略，老师做点评，指出其中的不足，纠正错误的做法，使学生能够亲身体验服务补救与服务改进之后的成就感，以便更深入地领会顾客满意的核心价值。

即测即评

扫描二维码可在线自测并查看答案。

第12章 服务营销创新

| 本章要点 |

- 掌握体验营销理论及策略
- 掌握内部营销理论及策略
- 掌握关系营销理论及策略
- 掌握口碑营销理论及策略

创新是人类社会发展的主旋律，“不创新则死亡”是一条颠扑不灭的真理。党的二十大报告强调“新发展理念”“高质量发展”，强调创新与健康、可持续发展，不但包括科技创新，也包括生活方式的改善与生活质量的提高，以满足人民群众日益增长的美好生活的需要。因此，服务营销要从理论上不断深化，从实践上不断推陈出新，运用新时期先进的科学技术，与时俱进地进行服务及营销与管理模式上的创新，更加有效地满足人民群众新时期的服务需要，助力创造更加美好的生活。

引 例

宜家家居的体验式营销

宜家家居以其造型经典的家具、手感舒适的展示品、轻松优雅的环境、体验式营销闻名全球，很多来宜家的人其实都不是纯粹来购物的，他们已经习惯性地把宜家当作一个休闲的地方。宜家的体验式营销其实是一种服务性质的营销。它的体验式营销体现在以下几个方面。

首先，每个宜家店都是消费者亲身体验的现场和商品展示的空间。宜家在卖场各处为消费者配备了尺子、铅笔、纸张等，其意图很明显，即让消费者参与到个人家居的设计和规划过程中，这是让消费者参与的环节。

其次，在每个宜家店中，消费者都可以亲自到床、沙发等物品上体验，宜家希望通过消费者亲身的感受来影响消费者，这是让消费者感受的环节。

最后，消费者在具体决定所要购买的家居产品时，既可以向卖方提出明确的需求，也可以将宜家现有产品的不同部件进行创意组合，形成自己喜欢的产品，从而感觉到这是自己亲自设计的，摆脱了以往不得不被动接受已经定型的产品的境况，而且还满足了马斯洛需求层次理论中的自我实现需求，感受到作品从自己手中诞生的成就感，这是让消费者亲自设计的环节。

宜家家居的这种营销模式完全为顾客着想，强调的是让顾客充分参与。顾客参与是服务递送系统的一项重要内容，像设计环节，就是让顾客直接参与产品的生产过程。这样会使顾客消费得更合意、更自豪。

宜家家居还提供了很多的人性化设施，像餐厅、儿童乐园，不仅给予了消费者便利的服务，还解决了一些顾客的后顾之忧。还有一点，宜家不会在顾客逛卖场的时候派工作人员紧随其后，而是让顾客自己体验选择，消除了顾客的压迫感。工作人员会在顾客有需要的时候及时出现，让顾客感到宾至如归。

总的来说，宜家销售的绝非产品本身，而是为消费者提供的一种价值和服务。随着消费意识的成熟，消费者对于消费过程的体验需求越来越强烈，宜家基于这样的需求，提供了一套从卖场现场到最终将家具搬回家的全套体验营销，让消费者不仅在现场体验，回到家后还可以自己动手安装，拉近了产品与消费者之间的距离。

讨论：宜家家居的销售模式与传统的家居销售模式有什么不同？又有什么优势？

第1节　体验营销

派恩和吉尔摩在《哈佛商业评论》上发表的《体验经济时代来临》一文，以及其《体验经济》一书的出版，宣告了体验经济时代的来临。体验经济已经逐渐成为继服务经济之后的又一个经济发展阶段，体验营销的出现正是体验经济时代的市场要求。

一、什么是体验

“体验”概念最初是由著名未来学家阿尔文·托夫勒（Alvin Toffler）1970年在其《未来的冲击》一书中提出的。他首先把体验作为经济价值来看待，认为体验是产品和服务心理化的产物，并指出“体验产品中的一个重要品种将以模拟环境为基础，让客户体验冒险、奇遇、感性刺激和其他乐趣”。随后，派恩和吉尔摩在1998年提出，“体验是从服务当中分离出来的一种经济提供物”“体验事实上是当一个人达到情绪、体力、智力甚至是精神的某一特定水平时，他意识中所产生的美好感觉”，如果“一个公司有意识地以服务作为舞台，以商品作为道具来使消费者融入其中，体验就出现了”。他们进一步提出了“体验剧场”的理论，认为“在任何企业中的每一个层次，员工需要理解在体验经济中，每项业务都是一个舞台，因此工作就是剧场”，由此建构了“体验剧场”模型，成为体验营销的理论基础。他们还将其“体验王国”划分为娱乐体验、教育体验、审美体验和逃避现实体验。

贝恩德·施密特（Bernd Schmitt）进一步将体验分为感官体验、情感体验、思考体验、行动体验和关联体验五个方面，并由此构建其体验战略模型。而服务营销专家泽丝曼尔在其《服务营销》一书中则提出，其实“服务就是体验”，无论是出售产品还是提供服务的企业都在致力于打造令顾客难忘的体验。

例 12－1

星巴克卖的不是咖啡，而是一种体验

星巴克从一家位于西雅图的小公司发展成全球性的咖啡连锁企业，在众多品牌中独受消费者的青睐。

星巴克的员工认为：他们卖的不是咖啡，咖啡只是一种载体，他们卖的是一种顾客体验、一种生活方式。星巴克的成功在于，在消费者需求的中心由有形产品转向服务，再由服务转向体验的时代，星巴克把一种独特的体验传送给顾客，成功地创立了一种以创造“星巴克体验”为特点的“咖啡信仰”。而这种顾客体验主要来自以下三个方面：

（1）情境体验。星巴克通过情境尽力去营造一种温馨的家的和谐氛围。与其说星巴克是在出售咖啡，不如说是在出售一种咖啡体验、一种生活态度，让奔波在家庭与办公室之间的现代年轻人，有了另一个自由自在、可以随意畅谈的“第三空间”，即另外一个享受生活中的放松自由的地方、一个舒适的社交聚会场所。

（2）产品体验。产品是顾客价值的核心部分，既然是咖啡馆，咖啡就要有过人之处。为保证咖啡具有一流的纯正口味，星巴克设有专门的采购系统，它们对产品质量的要求几乎达到了偏执的程度，从而将每一粒咖啡豆的风味发挥到了极致。

（3）服务体验。咖啡只是一种载体，星巴克成功经营的关键是服务。“认真对待每一位顾客，一次只烹调顾客那一杯咖啡”，这一取材自意大利古老咖啡馆工艺精神的企业理念，贯穿星巴克的服务过程。为了保证服务的高质量，星巴克的所有雇员都经过严格系统的训练。在星巴克顾客除了能品尝到纯正的咖啡，还能享受到优雅温情的服务。

二、体验与产品、服务的区别

从以上对“体验”的界定可以看出，体验作为一种特殊的经济提供物，与传统产品、服务有着显著的区别，如表12－1所示。

表12－1 产品、服务与体验的比较

项目	产品	服务	体验
商品形态	有形的实体	无形的活动或过程	难忘的心理感受和过程
商品属性	同质	异质	完全个性化
商品传递过程	生产、分销与消费过程分离	生产、分销与消费过程同时发生	生产、分销与消费过程同时发生，并可延续到消费过程以后
商品特征	一种物品	一种活动或过程	一个过程、一种影响、一种感受
商品价值实现途径	工厂生产	买卖交互过程中实现	买卖的交互过程中及交互过程后实现
商品所有权	交换牵涉所有权的转移	不牵涉所有权的转移	体验不属于体验的提供者，只属于每个消费者

资料来源：郭国庆．体验营销新论．北京：中国工商出版社，2008.

从商品形态上看，产品是有形的实体；服务本身或附加在商品上的服务往往是无形的活动或过程；体验是难忘的心理感受和过程。当然，许多服务本身也是一种体验过程，但体验更多地强调顾客的难忘经历与感受，强调被感知的效果。

从商品属性来看，企业所提供的产品往往具有同质性；服务往往由于服务提供者的不同而表现出异质性；体验作为从服务中分离出来的一种提供物，因顾客或消费者个人的背景、经历、理解、认识等的不同是完全个性化的。

从商品传递过程来看，产品是企业生产出来供消费者选择和消费的，其生产、分销与消费过程是分离的；在服务提供的过程中，服务的生产、分销和消费过程是同时发生的；从这个意义上讲，体验与服务类似，其生产、分销和消费过程也是同时发生的，不同的是，体验过程中形成的各种感受并没有因为消费的结束而结束，而是延续到消费之后。

从商品特征来看，产品是一种有形的实体；服务是一种活动或过程；体验是一种过程、影响和主观感受的综合体。

从商品价值实现途径来看，产品在工厂生产出来以后就具有了价值，通过交换实现价值转移；服务的价值是在买卖交换过程中实现的；体验的价值是在买卖交互过程中及交互过程后实现的。

从商品所有权来看，产品的交换是有形物品从生产者手中转移到消费者手中，其过程涉及所有权的转移；服务是生产者或中间商提供给消费者的一种活动或过程，其过程不涉及服务所有权的转移；体验是消费者在生产者或中间商所搭建的消费平台中的所见、所感和所思，因人而异，属于每个消费者个体。

总之，体验是远远超越产品或传统服务，但又必须以产品或服务为媒介（以服务为舞台，以商品为道具）的完全无形化的一种过程、影响和主观感觉，起始于体验营造者（服务企业）与体验主体（顾客）的互动过程，并可一直延续至互动过程结束之后。

三、什么是体验营销

体验营销（experiential marketing）作为新经济时代一种创新的商业模式，自从20 世纪末 21 世纪初在美国诞生以来，已经得到了广泛的研究与应用，被应用于软件、网络、电影电视、金融、餐饮、商品零售、旅游、房地产等多个行业和领域。

施密特最先界定了体验营销的概念，认为体验营销是“一种为体验所驱动的营销和管理模式”，是企业“以满足顾客体验需求为目标，以营销空间为舞台，以产品或服务为载体，利用文化、艺术和科技等手段来增加产品内涵，更好地满足人们的情感及审美等多种体验需求，在给人们的心灵带来震撼的同时达到促进产品销售目的的一种全新的营销模式”。施密特还利用战略体验模块（感官、情感、思考、行动、关联）和体验媒介（沟通、视觉与语言识别、产品、联合品牌塑造、空间环境、电子媒体与网站、人员等）相匹配构建了体验矩阵（experiential grid），还构建了一个完整的顾客体验管理框架，包括：（1）分析顾客的体验世界；（2）建立客户体验平台；（3）设计品牌体验；（4）建立与顾客的接触；（5）致力于不断创新。体验营销模式在 21 世纪初引入我国，得到了我国营销学界的关注和企业界的广泛应用。

可以说，现代营销更加关注顾客体验价值而不仅是产品或服务的功能价值，顾客体验已经从一个饶有兴趣的概念进化为一种成功的商业模式，体验营销已经被看作现代企业发展生存战略的有效方式，成为现代服务企业竞争制胜的有力武器。

四、体验营销与传统营销的差异

从以上对体验营销的分析界定可以看出，体验营销与传统营销相比具有显著的特色（见表 12－2）。

表 12－2　体验营销与传统营销的比较

项目	体验营销	传统营销
理论基础	顾客更多兼具理性和感性	顾客是理性的
关注焦点	顾客的体验感受	产品、服务的特色、质量和服务水平

续表

项目	体验营销	传统营销
传播方式	注重企业与顾客的双向互动	企业到顾客的单向活动
顾客角色	主动参与者、主角（主动性）	接受者（被动、一定程度参与）

资料来源：郭国庆．体验营销新论．北京：中国工商出版社，2008．

首先，在理论基础方面，传统营销认为顾客是理性的，顾客购买产品、服务是为了满足某种物质需求；体验营销打破了传统的理性人假设，认为购买者兼具理性和感性，体验营销侧重于满足顾客的情感和个性需求。

其次，两者的关注焦点不同。传统营销注重产品、服务的特色、质量和服务水平，希望通过这些策略与竞争对手区别开来，从而打造企业的竞争优势；体验营销的重点是为顾客提供难忘的体验经历，强调如何营造消费过程中由体验所产生的乐趣、愉悦、感受等消费情境，从而使顾客为这种“体验”支付让渡价值。相比较而言，前者侧重于消费结果的满足，后者侧重于消费过程的满足。

再次，营销传播方式不同。传统营销的传播活动是信息流从企业到顾客的单向流动，强调产品的价格、质量与功能的推广，企业在整个营销传播过程中发挥主导和控制作用；体验营销强调企业与顾客的双向互动，强调消费氛围的整体营造，在互动中实现营销信息的整合和再传播。

最后，顾客扮演的角色不同。传统营销中的顾客是产品、服务的接受者或参与者，尽管存在一定程度的互动，但往往是经济提供物的被动接受者；体验营销强调顾客的主动性，只有在顾客主动参与到体验活动过程中的时候，作为经济提供物的体验才能够产生并被让渡给顾客。

例 12－2

“麻烦”为何能创造价值

北欧的瑞典是一个人口只有1 000多万的国家，却出现了不少国际性品牌，比如爱立信、丹尼尔·惠灵顿、宜家等。其中宜家是全球最大的家居用品零售商，遍布全球近40个国家和地区。

我们都有体验，如果是去一般的家居商城购买家具，商家会帮你把家具免费送到家并组装好，但是如果去宜家买家具就没那么轻松了。宜家的家居产品全部采用平板包装，消费者需要自己提货自己安装。拿着扳手和螺丝钉，对着说明书研究怎样组装椅子、桌子或者是折叠沙发，每次都要花费大量的时间和精力才能完成，有时候不小心拧错了几个螺丝，装错了几块木板，就得从头来过。但是这些麻烦并不妨碍人们喜欢宜家。

2021 财年宜家的零售额达到了 419 亿欧元，同比增长 5.8%，宜家官网的访问量达到了 50 亿次。宜家为什么如此受消费者青睐？对于这种现象我们不禁感到疑惑，随着现代生活的节奏越来越快，所有的发明创造几乎都是为了让生活更方便。那么为何有这么多人不去买现成的家具而是乐此不疲地跑进宜家，把一堆半成品的家具抱回家，自己动手安装呢？

其实这背后存在一个商业逻辑。20 多年前，哈佛大学商学院邀请了一些学生和折纸专家来折纸鹤，折完纸鹤，所有参与者都可以出价来购买纸鹤。结果发现，大家愿意花高于其他人作品 5 倍的价格来买走自己的作品，甚至认为自己折的纸鹤和折纸专家相比一点也不逊色。这个 5 倍的溢价是什么呢？是一个人对自己劳动成果的犒赏。当你把自己的心血、汗水、情感和想法倾注到一件物品上时，这件物品就拥有了额外的价值。

换句话说，一个人在某件事上花费的努力越多，他们就会越喜欢这个东西，并赋予它更高的价值。这个现象叫作宜家效应。尽管宜家当初卖半成品的初衷只是为了降低库存、薄利多销，却出现了一个意外的惊喜，越来越多的消费者在付出自己的劳动后，爱上了这些 DIY 的家具。于是商业上就出现了一个有趣的课题，就是如何让消费者投入更多的精力到产品中，让他们产生情感上的依赖和成就感。一句话，让体验创造出价值。

思考：宜家的 DIY 为何能得到消费者的青睐？

五、体验营销的理论工具

1. 体验剧场与角色理论

派恩和吉尔摩在其《体验经济》中写道："在任何企业中的任一个层次，员工都需要理解在体验经济中，每项业务都是一个舞台，因此工作就是剧场。"他们提出了体验剧场的概念，并据此建立了模型，同时认为，在这个剧场当中，每一个人都扮演着不同的角色，而角色挑选这一步骤一直在发挥核心作用，任何商业的成功明显地依赖于挑选合适的人扮演恰当的角色。

体验营销的创立者施密特随后发扬光大了派恩和吉尔摩的体验剧场理论，在其《体验营销》中进一步论述了体验剧场及角色理论的思想，并构建了自己的体验剧场模型（见图 12－1），阐述了体验营销的构成要素。施密特提出，企业就是表演者，职场就是剧场。体验好比一场戏剧，体验剧场模型拥有与舞台产品一样的要素构成。在服务体验过程中，顾客和体验营销人员都在体验剧场中承担一定的角色，发挥各自的功能。同时，角色的扮演是可以后天习得的，体验效果的评判与角色期望相关联。

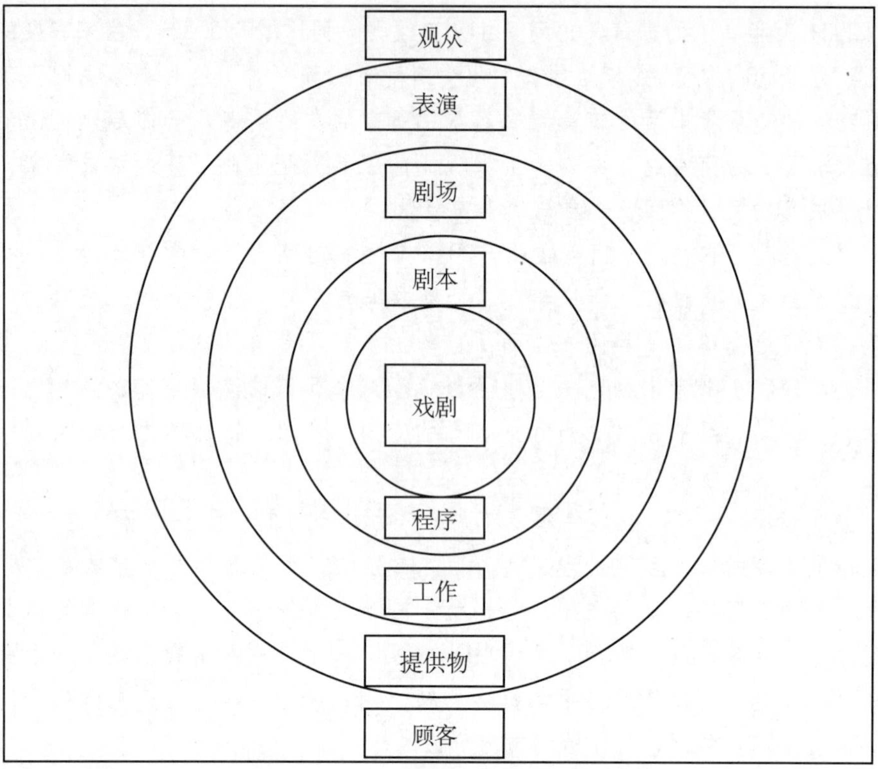

图12-1　施密特的体验剧场模型

施密特的体验剧场模型表明，体验演出的整体表现是演员、观众、设施之间动态互动的结果，员工的专业水平、能力，甚至服饰、风度与态度行为，都会影响客户的体验评价，其影响丝毫不亚于演员的舞台着装与角色扮演，体验设施的场景、道具、设备、照明、温度、色调等，都会影响客户对体验的期望及其对体验质量的评价，而且前台的成功体验表现必须依赖后台的大力支持。总之，企业的体验产品和服务都具备多种戏剧特征，诸多戏剧要素相互影响整体展示，改变或重新设计任何一种要素都可能赢得和营造不同的体验。施密特还进一步将体验营销的构成要素区分为设施、产品、服务和互动体验过程，认为是这四个要素的有机结合共同营造了客户的体验过程，共同创造了客户的体验价值。

2. 战略体验模块与体验矩阵

施密特于1999年在其《体验营销》中提出了战略体验模块和体验媒介的概念。

战略体验模块包含五种类型的顾客体验：感官体验、情感体验、思考体验、行动体验和关联体验。其中感官体验是顾客在视觉、听觉、触觉、味觉和嗅觉几个方面的体验；情感体验是顾客内心的感触和感情的体验；思考体验是顾客认识问题、解决问题的体验；行动体验是顾客的身体体验、生活方式体验以及与企业互动的体验；关联体验是顾客与理想自我、他人或是文化产生联想的体验，包含了前四种体验。企业进行体验营销就是在这五种战略模块上进行营销，即进行感官营销、情感营销、思考营销、行动营销和关联营销，激发和创造顾客这五个方面的体验。

体验媒介是体验营销的执行工具，也就是实现战略体验模块的媒介，包括沟通、视觉与语言识别、产品、联合品牌塑造、空间环境、电子媒体与网站、人员。其中沟通包括广告、宣传册、年报、公共关系活动等；视觉与语言识别包括名称、徽标等；产品包括设计、包装、品牌个性与展示等；联合品牌塑造包括活动营销、赞助、产品展示等；空间环境包括建筑、办公场所、工厂、零售地点、公共场所等。

施密特将战略体验模块和体验媒介进行匹配构建了体验矩阵（见表12－3），作为企业体验管理，特别是体验传播管理的有效工具，管理者可以通过体验矩阵来决定采用哪种体验媒介进行传播和创造哪种体验模块。

表12－3　施密特的体验矩阵

		体验媒介						
		沟通	视觉与语言识别	产品	联合品牌塑造	空间环境	电子媒体与网站	人员
战略体验模块	感官	√	√	√		√		√
	情感	√				√		√
	思考				√		√	
	行动	√		√			√	√
	关联				√	√	√	

资料来源：施密特．体验营销．北京：清华大学出版社，2004．

六、体验营销的运行机理

体验营销是企业通过开发体验产品和营造体验情景，吸引顾客参与互动，从而形成体验价值并加以实现，以达到企业经营目标的一种创新商业模式。

企业体验营销的运行机理在于顾客体验价值的形成与实现，主要依赖两条路径实现盈利：一是通过免费方式让顾客参与某种体验，二是通过收费方式让顾客消费某种体验，两者最终都能够通过促成顾客购买行为与口碑传播，达到直接盈利或间接盈利的效果。企业通过顾客参与体验促成有效销售实现利润，同时通过口碑传播开发潜在顾客和培育顾客忠诚，如此循环以达成顾客价值目标和企业利润目标，如图12－2所示。

七、体验营销的实施模式

体验需求既是体验营销的起点，又是体验营销的终点，对顾客需求的研究和把握是开发体验产品和选择体验营销方式的前提；体验场景的布置其实就是体验舞台

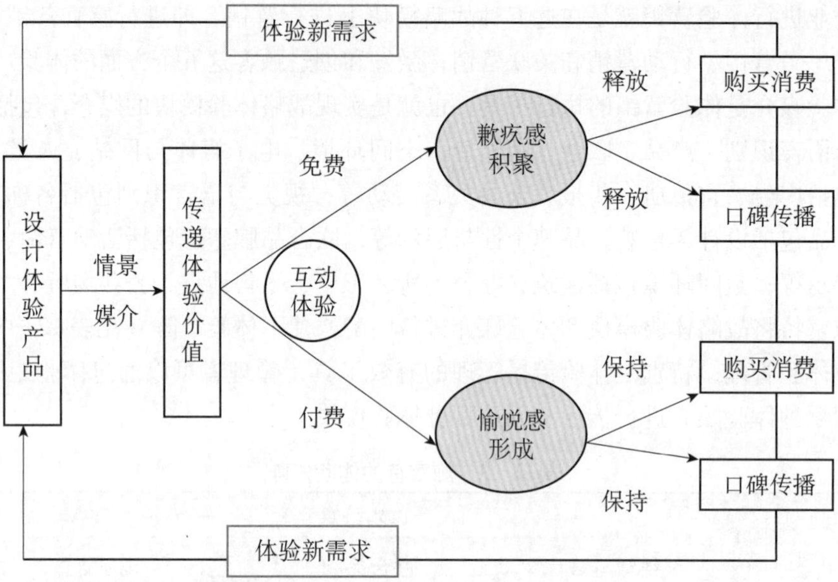

图12-2　企业体验营销盈利模式模型

资料来源：郑锐洪，杨蕾．体验营销：顾客体验价值形成与实现的二维路径．经济问题探索，2012（8）．

的搭建；体验产品、舞台、演员等要素借助一定的主题开展及体验信息传播，生成体验感觉，体验活动其实就是演员表演，有演员，也有观众；体验生成以后需要实现（或释放），即形成销售，这是体验营销的目的所在；实现以后体验并没有完结，还需要维护与保持并继续拓展，由此激发形成新的体验需求，产生新的体验循环，体验营销就这样不断延展。由此形成体验营销实施模式的9S模型，如图12-3所示。

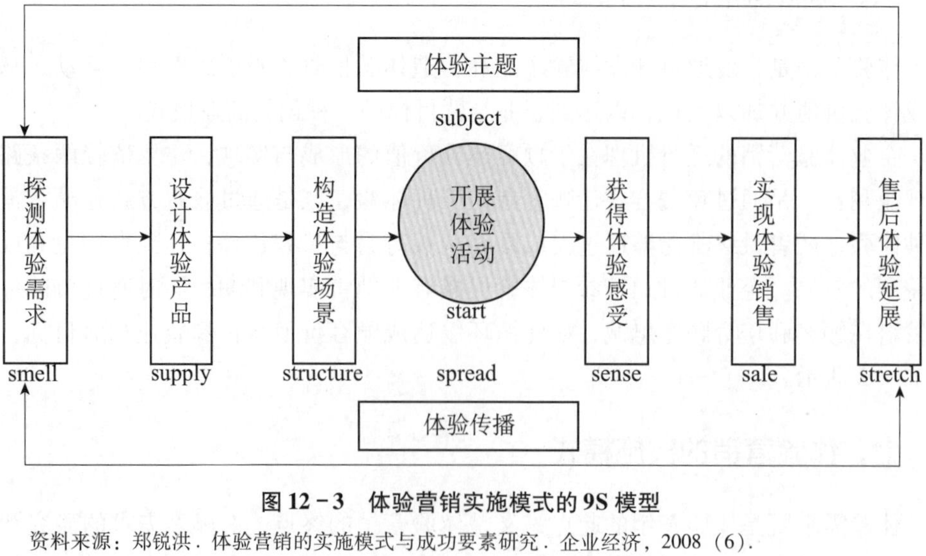

图12-3　体验营销实施模式的9S模型

资料来源：郑锐洪．体验营销的实施模式与成功要素研究．企业经济，2008（6）．

1. 做好消费者需求的调研与体验定位

现代市场营销遵循顾客导向，强调以消费者为中心，根据顾客需求去开发产品和推广产品，因此，体验营销必须关注顾客的体验需求，研究消费者的体验心理和感受，才能触及消费者的心灵。为了正确把握消费者的体验需求，必须先进行目标消费群的细分定位，可以依据性别、年龄、收入水平、文化程度、社会阶层等诸多变量进行划分归类，只有这样才能准确识别目标消费群的体验特性并进行个性化的体验定位和体验产品设计。

2. 开发具有体验特征的产品与主题

体验产品与体验方式是体验营销的核心价值，能否开发出具有浓厚体验特征的产品载体和具有冲击力的体验主题，是企业体验营销模式成败的关键。这里有必要区分一下体验营销与体验式营销的概念。应该说，两者都包含在体验营销模式中。体验营销主要指体验产品的营销，是指产品本身内含浓重的体验色彩，或者是通过体验才能消费的产品，如旅游产品、服务产品等无形产品；而体验式营销主要是指产品的体验式销售，是指有形产品通过顾客体验的方式实现销售的营销模式。两者都包含体验的形式和内容，不能分割，共同构成体验营销的内涵，因此，在产品开发环节和主题设计的过程中毫无疑问都要重视追求要素的体验特性与冲击力，才能形成对消费者的吸引。

3. 构造具有亲和力的体验场景和舞台

体验就是剧场表演，需要场景和舞台，它是体验营销得以实施的载体，也是顾客获取体验的客体和来源。体验营销着意创造顾客愉悦难忘的感受，并期望由此驱动消费者的购买行为和品牌忠诚，因此更加关注场景传达的亲情与美学，温馨的、舒适的、轻松的、美观的、充满人情味的体验场景能够有效激发消费者的热情，拉近与顾客的心理距离，增强信任感，因此，尽可能将体验场景和舞台布置得亲切一些、和谐一些，对于顾客体验感觉的形成与体验价值的提升是有帮助的。

4. 选择合适的体验传播媒介和方式

为了达到体验目标，必须借助一定的媒体来传播体验信息，通过影响潜在顾客形成体验效应。施密特把这种用来创造体验的工具称为体验媒介。作为体验营销（或体验式营销）执行工具的体验媒介包括即时沟通、电视广告、包装识别、场景营造、口碑传播、产品演示、品牌展示、户外媒体、印刷媒体、电子媒体与网站、人员推广、终端促销、公共关系以及产品说明书、POP、纪念品、吉祥物、新闻发布会、产品推介会、知识讲座等。体验传播媒介和方式的选择要因时而异、因产品而异、因企业而异。选择什么媒介比较合适、划算，主要考虑媒介选择的有效性、经济性、可信度和影响力。传播的有效性是指能否到达目标消费群，媒介的经济性是指媒体投入与效益产出的核算，媒介的可信度和影响力是其美誉度特征及权威性的表现标准。

5. 组织与开展有效的体验营销活动

正如体验剧场理论所说，体验营销好比剧场表演，体验剧本的实现需要借助演员的表演过程展开，在这个体验过程中，整体的策划协调必不可少，前台和后台的支持配合也很重要，多种体验要素（体验产品、体验服务、体验舞台、员工表现、体验品牌、体验文化、体验传播等）能否整合协调成为关键，只有成功地策划组织并有序地整合展开，整场表演才可能成功，体验者才可能从中享受到体验活动所赋予的某种提供物。在体验营销活动的组织实施过程中，首先，要开展内部体验，提高员工的参与度，让员工精神饱满、热情洋溢并富有专业水平和专业精神，因为员工表现的好坏直接影响顾客的体验感觉生成及体验满意度评价；其次，有效的体验活动有赖于顾客的积极参与，因此要注意提高顾客的参与度，特别要兼顾体验主题内容的新颖性与体验成本。体验过程的新颖、简单易操作与低成本是吸引顾客积极主动参与的内在动因，这里的成本包括货币成本、时间成本与精神成本。

6. 顾客体验实施的延展与客户保持

从服务营销的角度考察，体验作为一种无形产品，也存在“售后”的问题，一次完美的体验活动应该延续到此次体验之后，甚至需要有一个不断强化的过程，才能使业已产生的美好体验固化成为习惯，并由此形成顾客的信任和忠诚，因此，体验实施必须延续到体验之后，这就需要引进CRM。CRM是一种后续的营销管理策略，它的目标是通过与顾客的交互式沟通，建立持久稳固的顾客关系，创造顾客忠诚。

八、顾客体验管理的原则

1. 适用性原则

适用性原则主要指向体验营销模式的适用范围和行业选择。不是所有的行业都适合体验营销，体验营销要求产品本身具备一定的体验特性，消费需要一个明显的过程，才能有体验产生的时间和空间。比如，卖大米、农药、儿童服装、图书就极少采用体验营销，而旅游、餐饮、房地产、IT、电信、医疗器械、家用电器、汽车、美容化妆品等行业则广泛或必将广泛采用体验营销模式。

2. 合法性原则

合法性原则主要指向法律法规标准的执行。在一个法治国家，任何经营行为都要受到国家法律法规的约束，体验营销本身、体验营销实施过程中具体的操作环节和内容，都应该在国家政策和法律允许的范围之内，不能违法经营或违反国家和地区的法律法规。和体验营销相关的法律法规包括《民法典》《消费者权益保护法》《反不正当竞争法》《商标法》《广告法》《劳动法》《公司法》《直销管理条例》《禁止传销条例》等。

3. 适度性原则

适度性原则主要涉及社会伦理规范、社会道德标准、社会文化要求的软约束的问题。一项体验营销活动能否被顾客接受，各地差异很大，各个国家和地区因为风俗习惯和文化的不同，价值观会有差异，因此价值评判的标准不同，评价的结果当然不一样。对此有人提出营销道德、道德营销甚至过度营销的问题，目的都是探讨营销执行的道德尺度和道德标准问题。任何事情都有一个“度”，超过这个“度”就是超过顾客的心理承受界限和心理标准，事情的性质就会改变，比如服务过程中热情是好事，但过于热情则会令人生厌，正所谓“过犹不及”。

4. 经济性原则

经济性原则指向投入与产出、经营效率与效益的问题。企业的目标首先是要盈利，然后才是管理与创新，盈利才能使企业有能力不断地为社会创造价值，这是一个良性的循环。所以，企业关注财务指标、关注投入产出的经济性指标，是天经地义的，任何只追求效率考核而忽视效益测量的做法都是失之偏颇的。但这里要强调一个问题，经济性的追求、投入产出的测量不能成为企业追求眼前利益和短期行为的借口，企业要做好短期核算、短期收益与长期投资、长期回报之间的平衡，不能因为眼前利益的“经济性”而牺牲企业的长期发展和远大前景。

第 2 节　内部营销

内部营销（internal marketing）产生于 20 世纪 80 年代初美国服务产业领域，由格罗鲁斯、贝里等人提出，是为了构建和提升服务业竞争能力而引入的一种管理理念。内部营销的对象是企业内部员工，主要思想是如何运用营销思维激发员工的工作热情、挖掘员工的潜能，因此，有人认为，内部营销是营销学与人力资源管理两门学科的“交叉点”。20 世纪 90 年代以来，随着人本管理思想的兴起，内部营销在企业管理变革中日益显示出重要的价值，不少企业特别是服务企业开始将其运用于自身的管理实践，目前主要集中在医疗服务、法律服务、金融保险、民用航空、旅游文化等领域。

一、什么是内部营销

内部营销作为一种改善服务质量的方法，由克里斯廷·格罗鲁斯于 1981 年率先提出。它从一个全新的角度看待服务机构与员工的关系，认为服务机构与员工是平等的交换关系。其发展经历了员工激励及员工满意、顾客导向和变革管理这三个相互独立并紧密联系的阶段。

格罗鲁斯认为，内部营销就是把公司推广给被看作公司内部顾客的员工，员工的满意程度越高，越有可能建成一个以顾客和市场为导向的公司。他将内部营销界定为："在服务意识驱动下，通过一种积极的、目标导向的方法为创造顾客导向的业绩做准备，并在服务机构内部采取的各种积极的、具有营销特征的、协作性的活动过程。"在这种过程中，处于不同部门和过程的员工的内部关系得以巩固，并共同地以高度的服务导向为外部顾客和利益相关者提供最优质的服务。因此，在营销导向和为顾客提供满意服务的服务机构中，每个部门都必须具备顾客导向和服务顾客的意愿。

随后，贝里在研究服务机构如何有效提高服务质量时进一步提出："内部营销是指将雇员当作顾客，将工作当作产品，在满足内部顾客需要的同时实现服务机构的目标。"因为内部营销的思想其实起源于这样一个观念，即把员工看作企业最早的内部市场，企业提供的服务首先必须能让内部员工满意。

随着服务产业的发展和人们对服务营销的研究兴趣的兴起，现在越来越多的服务机构认识到它们需要内部营销过程。内部营销是外部营销成功的先决条件，作为激励员工提供持续高质量服务的一种手段，内部营销正在成为服务营销的重要主题，日益受到企业的重视。

二、内部营销的内涵及机理

伴随着内部营销理论的不断发展，学者们就内部营销的以下四个内涵达成了统一。

（1）内部营销作为一种经营观念和哲学，从一个全新的角度看待员工和服务机构。

内部营销从一个全新的角度看待员工和服务机构，即把员工当作顾客，把服务机构视为市场。同时，内部营销是企业发展战略和经营战略的重要组成部分，它要求企业强化服务内部顾客的意识，在内部顾客满意的基础上，使企业中的每一个人都具备顾客意识和市场导向意识。这种观念要求服务机构中人人都具有顾客意识、市场意识，同时主张把通常用于外部市场营销的概念和技术用于服务机构内部。

（2）内部营销是一种人力资源管理的思维，目的是根据员工的需求设计工作产品。

内部营销被贝里和帕拉苏拉曼等学者认为是根据员工的需要设计更好的工作产品，使员工感到满意和受到激励，从而更好地满足他们的顾客的过程。在这里，内部顾客的含义是员工，内部供应者的含义是管理者（包括服务机构的高层管理者、人事经理或部门经理等），而内部营销实际上是对传统人力资源管理理论的发展，其目的是使服务机构更好地吸引、开发、保留所需的人力资源。

（3）内部营销是一种管理工具。在研究服务机构内部市场时，可以运用外部营销的技术和方法来开展内部营销活动，并进行相应的内部营销管理，以提高管理效率。内部营销作为一种管理工具，主要包括态度管理和沟通管理两项内容和技术。

（4）内部营销是一种管理过程。内部营销是一项系统工程，其开展必须建立在系统思考的基础上。要在企业内部顺利推行内部营销，就必须在分析内部市场环境的基础上，制订出周密的营销计划，然后采取一系列手段执行营销计划，包括员工招聘、员工培训、员工激励、员工授权、员工沟通以及员工内部服务补救等一系列管理活动。

企业内部营销的机理如图 12－4 所示。

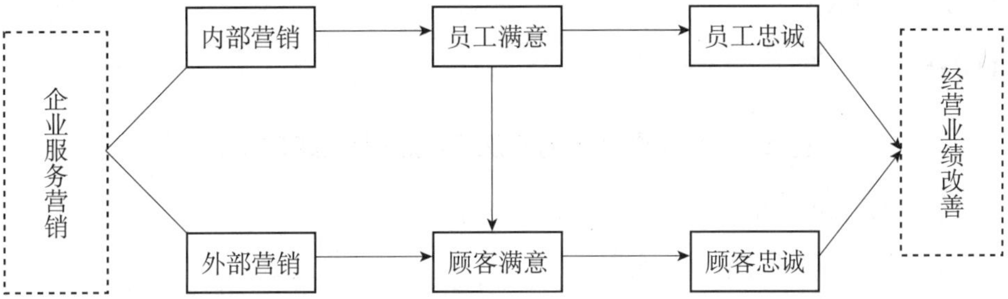

图 12－4　企业内部营销的机理

三、企业实施内部营销的前提

事实上，当企业面临以下三种现实的管理需要时，内部营销是非常有效的。

（1）企业要创造服务文化并在员工中建立服务导向。因为当服务导向和员工对顾客的兴趣成为服务企业中最重要的规范时，服务文化就在服务企业中生根发芽了。而内部营销的目标指向便是营销服务导向。值得注意的是，在管理的真空环境下，内部营销不可能促成服务文化的形成。只有在其他活动的配合下，内部营销才能成为发展服务文化的有力手段。一般而言，内部营销的具体目标表现为：

- 让员工——管理人员、营销人员和服务人员能够理解和接受企业的使命、战略、战术以及服务、服务过程和营销活动。
- 在服务管理中发展服务导向的管理风格和领导风格。
- 向员工传授服务导向的沟通与互动技巧。

（2）企业希望在员工中维持服务导向和保持服务文化。服务文化一旦形成，就必须积极地保持下去，否则员工的态度和企业规范就可能会恢复到原先的状态，而企业在前一阶段为实施内部营销所付出的管理费用和管理精力也将付之东流。具体而言，有助于保持服务文化和顾客导向的内部营销目标包括：

- 确保管理方法能够鼓舞士气，提高员工的服务理念和服务导向。
- 确保员工可以不断得到信息和反馈。
- 在向外部市场推出新服务和营销活动前，先对员工进行培训。

（3）企业向员工介绍新产品和营销活动。新产品、新服务和新的营销活动的推行本身就是一项内部营销任务。不仅如此，它们还有助于建立和保持服务文化，这个层次上内部营销的具体目标表现为：

• 让员工认识和接受企业推出的新服务。

• 让员工认识和接受为新服务导入的传统营销活动和行为，这些活动和行为大多是大众营销活动。让员工重温熟悉的营销活动，也是不断强化顾客意识的过程。

• 让员工认识和接受为营销活动采取的新措施。让他们熟悉这些措施，并理解其中的顾客导向内涵，会使员工对企业与顾客的关系有更加深刻的认识，并能对互动业绩产生影响。

知识延伸

山姆·沃尔顿总结出的沃尔玛的十大成功法则

（1）以全部的热忱投入你的工作；
（2）与所有同事分享你的利润；
（3）想办法激励你的同事；
（4）和你的同事交流任何可能的事；
（5）赞赏你的同事为公司所做的事情；
（6）庆祝你们的成功；
（7）认真倾听每位员工的意见；
（8）服务超出顾客的预期；
（9）比对手更好地控制费用；
（10）力争上游，不断创新。

四、内部营销管理的核心内容

内部营销的基本思路是使营销内部化，把员工当成顾客，把服务企业视为内部市场。即以营销的手段来发现员工的需求，并针对员工的不同特点，运用营销组合满足员工的需求，提高员工对服务企业的满意度和忠诚度，进而使员工全身心地投入到工作中，提供高质量的服务，提高服务企业的整体竞争力。

开展内部营销包含两个要点：企业的员工是内部顾客，企业的部门是内部供应商；所有员工一致地认同企业的任务、战略和目标，并在对顾客的服务中成为企业的忠实代理人。

在此基础上，学界一致认为，内部营销管理主要包括两个方面的核心内容。

1. 态度管理

态度管理即有效管理员工的态度，提高员工服务顾客的意识，并对自觉提供服务的行为给予激励。必须对所有员工的态度及他们对顾客意识和服务意识产生的动机进行管理。这是在一个致力于在服务战略中占得先机的服务企业实施内部营销的先决条件。就一个志在赢得竞争优势的服务企业而言，态度管理是内部营销的关键组成部分。服务企业需要具备超前的管理意识，要创造未来而不是适应未来。

2. 沟通管理

沟通管理即指经理、一线员工和后勤人员以高度的责任感来完成他们职位所承担的工作，为内部和外部顾客提供服务。经理、主管、与顾客接触的员工和支持人员需要各种信息以完成他们的工作，包括工作规定、产品和服务特征以及对顾客的承诺等。需要传递的信息包括工作计划、产品和服务的特征、对顾客的承诺等。他们同样需要与管理层就其需要、要求、对提高业绩的看法及顾客需要等内容进行沟通。

因此，如果企业想要获得成功，这两种类型的管理都是非常必要的。但人们往往只认识到了沟通管理而忽视了态度管理，忽视了态度就是忽视了方向、战略和经营哲学，就会使企业的努力失去明确的方向和积极的动力。况且，沟通中的信息常常是单向的。在这种情况下，内部营销通常以活动或行动的形式出现：向员工分发内部手册，在员工会议上向参加者提供书面和口头的信息，而真正的沟通则很少。而且，经理和主管往往对他们的下属不感兴趣，也没有认识到下属需要得到反馈的信息、双向的沟通和鼓励。员工只是接到大量的信息却没有得到精神上的激励，这当然会影响内部营销的效果。

五、内部营销的操作策略

内部营销的起点是员工，是服务企业的内部市场及其顾客。如果服务产品、计划性营销传播、新技术和运营系统无法让内部目标群体接受，那么企业就不能让最终的外部顾客感到满意。因而，对服务企业内部员工进行人力资源规划性管理，就必然成为内部营销操作层面的首要任务。此外，保持服务企业内部信息的通畅和各个主体间的沟通对话、向员工提供合理授权及针对内部顾客的内部服务补救也是有效实施内部营销的重要策略。

1. 营造内部营销的大环境

内部营销实质上是以营销手段进行的管理，管理层是内部营销的轴心，因而管理人员应当成为理解和实施内部营销的倡议者和推动者。此外，各级管理人员还应身体力行，给普通员工做示范，为企业正确理解和实施内部营销做出表率。为了吸引、发展、激励和保留高水平的员工，企业还需要支持性的人力资源管理政策和计划与控制政策。

招聘时，企业应制定高目标，不惜成本地从多渠道以多种方式吸引优秀人才。聘用后，允许内部员工参与计划制订和控制程序，以利于员工理解企业规划，认识到不足之处，进行自我控制并改进工作方法。企业应建立客观、简单、恰当和适时的评估标准，经常性地衡量员工的工作业绩和贡献大小，能让员工在评估、奖励和人事变动中知道什么是重要的，实现企业的策略目标，树立企业的良好形象和加强企业文化。

2. 优化人力资源管理流程

成功的内部营销是从招聘开始的，内部营销系统的构建需要把企业人力资源管理的相关管理活动融入其中。格罗鲁斯认为，服务企业可以用工作描述、招聘程序、员工培训、职业生涯规划、工资与福利系统、激励计划以及其他人力资源管理工具实现内部营销的目标。其中，员工培训、员工职业规划管理与激励机制显得尤为重要。员工培训是保证员工基本服务技能的基础，其培训内容包括服务营销观念和顾客导向意识的培育、服务接待、传递或支持服务工作的营销技巧与态度、员工处理突发事件的行为准则，以及员工自我学习成长的能力等。同时，员工培训是一项持续性的工作，要求服务企业管理者给予持续关注与重视。

一项完整成功的人力资源管理方案，必然需要包括员工职业规划管理的内容。事实上，员工不仅关注其眼前的收益，也关注在企业中的期望收益，后者往往更为员工所看重。员工职业规划管理要求结合员工需求与期望，为服务企业员工规划其在服务企业内的发展路径，并积极地让员工明晰自身的发展状况与提升渠道。这一系列管理活动的开展，有利于培育员工对服务企业的归属感和忠诚度。

对员工的服务业绩进行考核，并依据考核结果进行必要的奖惩，以激励员工提高服务业绩，是人力资源管理的重要内容。员工绩效考核以科学的绩效标准为基础，以激励员工改善服务水平为目的，并以考核结果作为员工培训、员工技能改进和员工薪酬发放的根据。而员工激励旨在提高员工工作热情和服务状态，必须以公平、科学、可信的原则为指导，否则结果将适得其反。

3. 服务企业内部沟通活动

保证服务企业内部信息的通畅、促进各层级主体积极沟通与对话，并在此基础上展开协作行动，是内部营销管理的重要内容。在一定程度上，内部沟通对话既是内部营销沟通管理的主要内容，又是整个营销过程的重要工具。对于大多数服务企业，外部大规模沟通对企业营销职能的影响已被充分认识，但内部沟通对话的作用显然被服务企业管理者忽视了。

在服务企业内开展大规模内部沟通对话，是保证服务企业服务文化观念在服务机构内部传播与渗透，确保员工积极践行顾客导向与服务意识的有力工具。同时，它也可以有效消除各层级主体对服务标准的认知误差，为顾客提供优质的感知服务。内部沟通对话是一个涉及各个主体的活动，它包括服务企业管理者与服务员工的沟通、一线员工与支持员工的沟通以及外部营销人员与内部服务提供人员的沟通等。例如，在企业的广告活动、宣传手册及招贴对外发布之前必须先介绍给员工，以保证员工能在服务传递过程中兑现承诺。

4. 实行员工授权管理

向员工授权是指给予与顾客接触的员工做出决策并采取行动的权力。在服务营销过程中，顾客最初对服务交互质量的感知，是通过一线员工的服务行为来传递的。同时，虽然服务企业可以预见部分关键事件而事先对员工行为提出要求，但服务过程中随机性和不确定性因素的存在，必然要求员工在服务传递过程中做出合理决策，及时应对顾客需求。

作为内部营销过程的一部分，如果授权实施得当，会对员工工作满意度产生决定性影响，并通过留住更多顾客和实现交叉销售而增加利润。授权要求管理层与员工之间持续地培育信任关系，管理者必须表示出尊重员工分析环境和进行决策的权力，创造和维护授权需要的条件，以使员工感到自己有权力并可以在顾客服务中运用这些权力。

服务企业向服务员工授权的益处毋庸置疑，如快速响应顾客需求和开展服务补救，提高员工工作满意度并激发员工创造性地开展工作，提高顾客保持率和顾客忠诚度等。事实上，员工授权管理中，还需要考虑成本因素，如授权员工的培训成本、决策失误风险成本以及员工奖励成本等。一个合理的解决方案就是恰当地聘用、谨慎地授权，毕竟不是每个员工都有必要或有能力获得授权。

5. 实施内部服务补救

内部服务补救是指企业对在顾客抱怨和补救过程中员工产生的失落、缺乏信心等心理感受所采取的补救措施，服务补救可以有效地解决员工的抱怨和精神状态问题，保障员工情绪的稳定和良好服务的提供。与外部服务补救有所区别，服务企业的内部服务补救主要由服务企业管理者来承担，经理和主管在处理内部服务补救问题时，有决定性作用。

内部服务补救是引用外部服务补救的概念而出现的，与外部服务补救不同，它针对的是服务企业的内部顾客（员工）对企业提供的服务条件及服务要求产生理解偏差或不满的情况。从情绪上看，顾客有时会感到不安、受挫甚至愤怒，内部顾客也经常出现这种情况。这时需要对员工的服务状态进行疏导和调节，把他们从服务营销的精神压力中解脱出来，以保证服务企业员工具有良好的工作状态，从而使外部顾客获得优质的服务。

第 3 节　关系营销

20 世纪 80 年代，新型商业组织出现后非常重视公司间的合作伙伴关系，强调关系管理而非市场交易，公司之间的关系从“单纯的竞争关系”演变为“竞争与合作的关系”。在此背景下，贝里提出了“关系营销”这一新的营销思想。

1985 年，巴巴拉·本德·杰克逊（Barbara Band Jackson）强调并阐释了关系营销学，提出了企业应该开展“关系营销”的新主张，于是营销学的发展进入“关系营销”范式。

一、什么是关系营销

服务营销北美学派的代表人物贝里认为，“关系营销就是吸引、发展和保留顾客关系。优质的服务是建立顾客关系的必要条件。吸引新顾客仅仅是营销过程中的第一步，将新顾客转化为忠诚的顾客，像对待主顾一样为顾客提供服务”。

摩根（Morgan）认为，“关系营销是指建立、发展和保持一种成功的关系交换”。摩根将企业面临的关系分为供应商合伙关系、购买者合伙关系、内部合伙关系和隐性合伙关系，将企业与内外部利益相关者的关系都纳入关系营销的范围中，扩展了关系营销的范围。这是一个广义的关系营销概念。

对于关系营销，学界存在多种不同的界定。对关系营销概念的界定较为全面的是北欧学派的代表人物、芬兰学者格罗鲁斯于 1994 年提出的，“关系营销是为了满足企业和相关利益者的目标而进行的识别、建立、维持、促进同消费者的关系，并在必要时终止关系的过程，只有通过交换和承诺才能实现”，本书采用这一定义。

二、关系营销的内涵

综上所述，关系营销是指企业为实现各方目标而识别、建立、保持并发展与利益相关者之间的关系的过程。关系营销的目标是追求利益相关者的多赢。根据这一定义，可以从以下几个视角理解关系营销的内涵。

1. 关系营销是一种经营理念

关系营销是一种谋求企业与顾客合作、共同创造价值的经营理念。这种营销理念非常重要，它决定了企业与顾客的关系以及企业如何管理顾客关系。从交易营销转变为关系营销，实质上是一种营销理念的转变，即以交易为中心到以关系为中心的观念的变化。在交易营销中，顾客被当作企业要征服的对手，企业竭力说服顾客购买其产品；而在关系营销中，企业将顾客视为一种创造价值的资源，与之建立并保持相互信赖的互动关系，双方共同创造价值，实现双赢。

2. 关系营销的核心是谋求与顾客的合作双赢

关系营销要求企业与各个利益相关者建立长期的关系，这些利益相关者包括顾客、员工、供应商、中间商、竞争者、政府和其他相关组织，其中，顾客是最重要的利益相关者。顾客与企业的关系是关系营销的核心，对企业来说最重要的是如何与顾客建立起长期互动的关系，处理好企业内部的员工关系同外部的供应商、分销商、竞争对手以及其他影响者之间的关系，从而获得持久的关系价值。

3. 关系营销的重点是保持和发展现有顾客

关系营销包括建立新的关系，维持和发展现有的关系，以及中止与某些不恰当顾客的关系。顾客是企业最重要的资源，吸引新顾客仅是关系营销的第一步，营销的重点在保持及增进与现有顾客的关系上。根据服务营销的研究，开发一个新顾客所花费的金钱、时间、精力成本是保持一个老顾客的 8 ～ 12 倍。所以，通过关系营销实现顾客价值是企业持续发展的需要，建立和发展良好的顾客关系是企业保持和提高业绩的有效途径。

知识延伸

营销水桶理论

假日酒店市场部执行副总裁詹姆斯 · L. 肖尔（James L. Schorr）在一次采访中打了一个比方，他认为营销可以被看作一个大水桶，所有的销售、广告和促销计划都可以看作从桶口往桶里倒水，只要这些计划是有效的，水桶就可以盛满水（获得并留住顾客）。然而，如果桶上有一个洞（服务失误），即使饭店按照服务承诺提供服务，顾客仍会像水一样流失。当生意较好时，只有很少顾客流失；但当运营管理不善，顾客对服务感到不满意时，顾客关系脆弱，他们就会大量地流失，并且流失的比倒入的多，企业就会面临生存危机。这就是著名的“营销水桶理论”。

营销水桶理论形象地表明了为什么通过关系营销，即关注堵住桶上的漏洞会有如此大的意义。由于以前市场人员过多地关注获得顾客，所以向保持顾客的转变代表着关系营销在思想上、组织文化上和员工奖励系统上的根本转变。

三、关系营销与交易营销

20 世纪 80 年代以来，营销学的发展进入关系导向时代，企业注重发展与顾客的关系，以此促进顾客满意和顾客忠诚，获取长期的顾客关系价值。今天的顾客关系扩展到企业与供应商、中间商、竞争者、政府、社区等的关系，关系营销也已从顾客市场扩展到了供应商市场、内部市场、竞争者市场、分销商市场、其他相关者市场等，因此拓展了现代关系营销的范畴。企业实施关系营销的核心是建立和发展与这些利益相关者的良好关系，关系营销与传统的交易营销存在显著的区别，如表 12 －4 所示。

表 12 －4　关系营销与交易营销的区别

关系营销	交易营销
强调顾客满意度、顾客忠诚度、顾客保持	强调市场占有率
着眼于顾客利益的满足	着眼于单次交易

续表

关系营销	交易营销
顾客利益导向	产品特色导向
注重长远利益	当期利润最大化
高度重视顾客服务	不太重视顾客服务
高度的顾客承诺	有限的顾客承诺
密切的顾客接触、重视客户关系管理	一般的顾客接触
综合质量观：产品、服务、其他利益	质量主要涉及产品
认为非常有必要了解顾客（文化背景等）	认为没有必要了解顾客（文化背景等）

资料来源：郭国庆．服务营销管理．3版．北京：中国人民大学出版社，2013.

四、关系营销的特征

关系营销中企业与顾客的关系的建立是极为重要的。这种关系既是一种利益关系，也是一种情感关系。也就是说，顾客与企业的关系不是企业建立了一个数据库、简单地发送一个卡片或是送上一份礼物就可以了，而是顾客对企业的产品和服务感到满意，从而与企业有经常性的沟通与接触，进而对企业有了忠诚度才算完成。

关系营销的本质特征可以概括为以下几个方面：

（1）双向沟通。在关系营销中，沟通应该是双向而非单向的，只有广泛的信息交流和信息共享，才可能使企业赢得各个利益相关者的支持与合作。

（2）长期性。关系营销追求长期的、可持续的利益。对于关系营销者来说，交易结束，关系随之开始，这种关系是可持续的，有时是伴随顾客终身的。

（3）合作。一般而言，关系有两种基本状态，即对立与合作。只有通过合作才能实现协同，因此合作是双赢的基础。

（4）双赢。即关系营销旨在通过合作增加关系各方的利益，而不是通过损害其中一方或多方的利益来增加其他各方的利益。

（5）亲密性。关系能否稳定和发展，情感因素起着重要作用。因此关系营销不只是要实现物质利益的互惠，还必须让参与各方能从关系中获得情感的需求满足。

（6）控制。关系营销要求建立专门的部门，用以跟踪顾客、分销商、供应商及营销系统中其他参与者的态度，由此了解关系的动态变化，及时采取措施消除关系中的不稳定因素和不利于关系各方利益共同增长的因素。此外，通过有效的信息反馈，也有利于企业及时改进产品和服务，更好地满足市场的需求。

五、关系营销实施策略

关系营销不单是一种企业经营理念，还是一种可操作的现代服务营销策略。

1. 将企业定义为服务企业

关系营销要求制造商、批发商、零售商、供应商都将自己定位为现代服务企业，以了解顾客长期的需要和愿望，而且能够在有形产品的基础上为顾客提供更好的服务。现代顾客需要的不仅是产品或服务，更多的是全面的解决方案，包括信息、送货、安装、维修、保养、金融等，并且要求企业友好、及时地满足他们的服务要求。可以说，现代企业单纯依赖有形产品的竞争是远远不够的，现代企业间的竞争日益表现为服务的竞争。从这个意义上讲，所有企业都可以算是服务企业。

2. 树立过程管理理念

过程管理是一种重要的管理理念，即项目过程中每一个环节处理好了，结果是意料中的事情。关系营销要求服务企业将各部门、各环节整合为一个有机的管理流程，为了共同的目标，协调各方利益，共同为顾客创造价值。

3. 建立合作关系

关系营销是在平等、互利、合作的基础上建立企业之间、企业与顾客之间互利共赢的关系。企业之间不再是单纯的竞争关系，而是互利合作的伙伴关系；企业与顾客之间不再是单纯的交易关系，而是互利共赢的利益关系。

4. 创建顾客数据库平台

顾客数据库是企业开展关系营销的基础。顾客数据库除了用于保持顾客关系，还可用于市场细分、顾客分类管理和市场拓展。因此，建立顾客数据库有助于寻找潜在顾客、识别重要顾客、了解目标顾客需求和实施精准服务营销，有力地支持关系营销活动的开展，还可用于分析不同关系营销策略实施的效果。

5. 建立顾客导向的服务体系

顾客、员工、技术、时间是建立成功服务体系的四大要素。其中，顾客是核心，作用最大，要始终坚持顾客导向；员工的理念、态度、行为以及对企业的忠诚度和服务绩效也很重要，如果员工不能以顾客为导向履行职责，关系营销也不能成功；现代信息技术是关系营销实施的技术保障；时间也是一种非常重要的资源，时间管理不善会增加关系成本，也会影响企业实施关系营销的效果。

六、顾客关系管理过程

在企业实施的关系营销战略中，顾客关系管理是一个重要组成部分，包括以下几个重要环节。

1. 发现顾客

企业的顾客包括老顾客、新顾客、潜在顾客等，企业要想方设法发现顾客，并与之建立和发展关系。比如，通过开展活动、发放宣传资料、发送促销信息等方式拓展顾客，通过顾客数据库挖掘、锁定、拓展顾客群等。

2. 顾客筛选

企业可以根据自身需要，依据顾客数据库中顾客的购买潜力、盈利能力、顾客终身价值、顾客新颖度、顾客契合度和接受服务频率等指标要素筛选目标顾客或潜在顾客。

3. 发展顾客关系

企业可以通过“推”“拉”和“疏导”策略发展与顾客的关系。“推”是指通过在特定的地域内为顾客提供特别的服务产品，将顾客推向某个特定的商店或服务提供商；“拉”是指根据某些顾客的服务需求，通过提供差异化、定制化的服务黏住顾客；“疏导”是指鼓励顾客错峰使用服务消费，以保障服务供求的平衡。

4. 顾客保留

关系营销本质上是建立、保留顾客关系并获取关系价值的管理过程。因此，保留顾客是企业关系营销的要义。因为保留一个老顾客比开发一个新顾客的成本要低得多（包括时间成本、货币成本和精力成本），回报要高得多（包括顾客长期关系价值、顾客终身价值）。

要能有效地保留顾客，必须建立关系“壁垒”。一是建立转换壁垒，很多服务企业会采用建立退出壁垒的方式来争取顾客，其实质是加大顾客退出服务的成本以捆绑顾客，如有的宽带公司与电视运营商联合销售捆绑业务；二是奖励与企业长期合作的顾客，通过折扣、让利优惠以及提供超值附加服务等方式加固业务关系，如中国人保车险就通过年终促销政策绑定老客户的车险业务。

5. 顾客关系的断裂与再续

留住顾客、维持良好顾客关系并获取关系价值是企业关系营销的目标。但有时顾客关系会遇到麻烦与挑战，会出现关系矛盾、关系冲突或关系终止的情况。企业的某些失误或负面的信息往往是导致顾客不满意甚至关系断裂的主要原因，一些强势品牌企业也不能幸免。但关系的断裂并不意味着企业与顾客之间就永远分道扬镳，这个时候需要企业纠正自己的错误，脚踏实地做好自己的事情，用行动、诚意唤回顾客的“芳心”，寻找机会、创造机会与老顾客“再续前缘”。

第4节　口碑营销

口碑是历史最悠久的营销工具之一，很早以前就被认为是影响人们理解、感觉和行为的一个主要因素。随着大众传媒的迅速发展，各种媒介成为营销传播的主要工具，口碑似乎被营销者忘却了。营销手段的复杂化，带来的是成本的上升，效果的下降，可信度减弱和信息传递收敛不足，传统的营销方式已经表现出了其局限性。随着信息技术的发展，口碑得以以各种电子媒介和信息平台为载体，其蓬勃的发展态势让人们开始重新认识其价值。

一、什么是口碑

“口碑”可以说是人类历史上最原始、最古老的营销方式。“口碑”一词出自宋代诗词：“劝君不用镌顽石，路上行人口似碑。”企业意义的口碑可以理解为顾客对企业产品、品牌、服务或信息等一种个人的看法、评论或意见，“酒香不怕巷子深”就是传统口碑的真实写照。

《口碑营销》的作者埃曼纽尔·罗森（Emanuel Rosen）认为：口碑是关于品牌的所有评述，是关于某个特定产品、服务或公司的人们所有的口头交流的总和。口碑可分为正向口碑和负向口碑，正向口碑会提高企业产品或品牌的知名度、美誉度，增加企业的盈利能力；负向口碑则是一种破坏力。

知识延伸

口碑的源头

口碑营销专家罗森认为，一些产品能自然产生口碑，人们愿意谈论的产品包括：

（1）令人激动的产品；

（2）发明创造型产品；

（3）个人体验型产品；

（4）复杂的产品；

（5）价格昂贵的产品；

（6）能唤起个人情感反应的产品；

（7）用后能够留下回味的产品；

（8）其他新奇的产品。

二、什么是口碑传播

研究发现，星巴克、宜家家居等企业在体验营销上的成功就是依赖口碑传播，它们几乎没有进行过铺天盖地的广告轰炸和强势促销，而是通过开发富于体验特征的产品，通过服务好每一位顾客和把握好每一个细节来塑造良好口碑。互联网技术给当代口碑传播插上了翅膀，于是，口碑营销这种古老的营销方式焕发了新的活力，作为当今诚信营销的典型，重新登上了学术界和企业界的舞台。

口碑传播一般被认为“是由生产者以外的个人，通过明示或暗示的方式，不经过第三方处理加工，传递关于某一特定或某一种类的产品、品牌、厂商、销售者，以及能够使人联想到上述对象的任何组织或个人信息，从而导致受众获得信息、改变态度，甚至影响购买行为的一种双向互动的传播行为”。口碑传播既是一种人际传播行为，也是一种信息传递渠道或媒介，同时还是一种营销和管理工具，这在营销学界已经达成共识。

口碑传播具有如下显著特点：

（1）口碑传播信服度高。因为口碑经常是依靠亲友、同事或者自己信任的人之间面对面地传播，所以让人信服的概率很高。口碑传播是建立在消费者对产品、服务及观念满意的基础之上，如果缺乏基本的品质保证，就根本谈不上口碑，即使再好的口碑设计也不能形成口碑。因此，能够被人们广为传播的产品或服务，一般来说都形成了较高的消费者满意度。此外，人际传播中的双方，如家庭、朋友等参照群体，在文化、观念、意见和价值判断上具有相当大的接近性。因此，在消费观念上双方易于理解和认同，信息的传播者所传播的信息对接受方来说比较容易相信和接受。

（2）口碑传播具有自发性。口碑具有强大的可信度，传播者之间存在某种信任关系，以至形成在人群中自发、主动向外界扩散的效果。比如，许多人在购买电子产品的时候喜欢向身边信赖的人进行咨询。

（3）信息的传播者也是接收者。口碑传播往往是借助社会公众之间的人际传播方式进行的。在这种信息传播的过程中，每个人都是信息的发出者，也是信息的接收者，即在影响别人的同时，也受到他人的影响。互动的个体之间交换信息迅速，来往传递几乎随心所欲，一方发出信息后，不断有机会获得反馈信息，不断有机会检验效果，加以改正，做出解释，答复对方，最终较好地完成传播活动。

（4）口碑传播能够给消费者以深刻的印象。口碑传播大多不是技术性的讲解，而是带有传播者的某些主观看法，同时传播者一般会把自己的亲身感受以故事性的叙说告诉被传播者，这样容易在传播者之间形成深刻的印象。

（5）口碑传播是与消费者交流互动的过程。口碑的传播可以针对被传播者的具体情况，选择适当的传播内容和形式。同时，消费者通过积极的交流回应也能及时地知道自己所关心的消费品种类、品质、价格、市场供给状况及其变动趋势的信息。而对营销者来说，不仅省去了高昂的媒体购买费用和广告制作费用，而且传播到达率和投资回报率更高。

表12－5列示了各种主要传播媒介的优劣分析，从中可以看出口碑媒介的特点及优势。

表12－5　主要传播媒介的优劣分析

媒介	优势	劣势
报纸	灵活性、时效性、可信度高；当地市场覆盖率高；广泛接受性	生命周期短；印刷质量较差；受众相对较少
电视	图像、声音、动作的有效结合；诉诸感觉；关注度、到达率高	价格较高；分散性明显；稍纵即逝的展示；较少受众选择

续表

媒介	优势	劣势
杂志	地理区域和消费群针对性高；可信度和声望高；印刷质量好；生命周期长；可读性强	很长的广告导购时间；一些无用的发行；缺乏定位保证
户外媒介	灵活性高；高的重复展示；低价格；低竞争	有限受众选择；创新的局限
电话	用户多；给予私人接触的机会	相对高成本（除非使用志愿者）
互联网	选择度高；互动性强；相对低成本	在一些国家使用者相对较少
口碑媒介	可信度高；相对低成本；显著的互动性；传播的指向性和有效性突出	传统口碑影响力有限；存在负面口碑威胁

资料来源：菲利普·科特勒，凯文·莱恩·凯勒．营销管理：第 13 版．北京：清华大学出版社，2011.

三、什么是口碑营销

现代口碑营销借助互联网这个平台，具有强大的影响力。因此，现代口碑营销又称为病毒营销（viral marketing）、蜂鸣营销。

有人认为，口碑营销就是企业把口碑的概念应用于营销领域的过程，即吸引消费者、媒体以及大众的自发注意，使之主动谈论企业的品牌或产品，并且在谈论的基础上起到引人入胜的一种良好效果，同时得到消费者的认可，升华为消费者的一种谈论的乐趣。它具有自发性和主动性，因而也为媒体提供了报道的价值，由此形成良好的品牌效果。随着信息技术的发展，现代口碑营销（特别是网络口碑营销）作为一种主动的营销技术，越来越受企业的青睐，并正在为众多企业创造价值。

口碑营销专家马克·休斯（Mark Hughes）认为，口碑营销就是要吸引消费者和媒体的强烈注意，强烈到谈论某一品牌或公司已经变成颇具乐趣、引人入胜、有媒体报道价值的程度。

本书认为，口碑营销是企业有意识或无意识地生成、制作、发布口碑题材，并借助一定的渠道和途径进行口碑传播，以传播产品和品牌形象、实现商品交易、赢得顾客满意并提升经营业绩的营销行为及过程。

四、口碑营销的价值

口碑营销是以满足顾客需求、赢得顾客满意和顾客忠诚、获得正向口碑、与顾客建立起良好的关系以及提高企业和品牌形象等为目标的。口碑营销的价值在于：

（1）口碑传播是消费者获取信息的重要渠道。口碑是比商业化大众沟通更加可靠（reliable）、更加可信（credible）和更加值得信赖（trustworthy）的信息渠道。

（2）口碑信息对消费者的购买行为具有巨大的影响力。口碑在让消费者知晓创新产品、促使消费者试用新产品方面，比广告更有效果。

（3）口碑的影响力还体现在它的两面性上，即口碑不但能够传递正面信息，也能传递负面信息，负面消息的传递范围甚至更广。

（4）口碑营销是非常有效的营销方式。满意的顾客不仅会重复购买企业的产品和服务，而且会为企业做免费的宣传。

（5）从长期看，口碑营销还是企业推动诚信营销、打造诚信品牌的有力工具。

五、启动口碑营销的关键按钮

在企业“过度传播”的今天，特别是在互联网普及的环境下，现代口碑营销的作用不可低估。然而，怎样才能有效激发口碑传播？口碑营销专家马克·休斯在其《口碑营销》中提出了六大按钮启动“口碑营销”的思想，认为品牌故事、禁忌、争论、新事物、奇闻趣事、隐私等往往成为口碑传播的原动力。

口碑营销特别强调两个要素：注意力和公信力，即要引起个人注意并谈论，要引起媒体注意并报道，其中媒体报道比谈论更具公信力。同时，为了更加有效地开展口碑营销，企业应该：（1）优化产品体验特性以改善口碑传播的内容；（2）激发意见领袖的热情以创造良好的口碑信源；（3）加强顾客间关系强度以唤起顾客间的口碑传播。

六、现代网络环境下的口碑营销

随着互联网的兴起，网络经济已经成为当今社会最显著的特征。施密特（1999）指出，“互联网的交互性能向很多公司提供为消费者创造体验的理想空间，在一些行业里，电子媒体正在逐步取代现场体验并带来新的体验”，互联网为消费者获取产品信息和获得消费体验提供了便利条件，也为现代口碑传播创造了理想的平台。以互联网为平台的网络口碑正在深入地影响着人们的生活，左右着年轻一代消费者的购买行为。

实际上，互联网的出现颠覆了传统面对面的人际传播，重新构建了一种借助互联网媒体的间接的人际传播方式。如今，消费者已经越来越习惯于通过互联网获取口碑信息。随着互联网的发展，传统的面对面、口口相传的口碑模式已经有所改变，消费者现在可以通过电子邮件、即时信息工具（如微信、QQ）、社交媒体、视频网站等网络形式进行传播，消费者置身于新的信息环境中。

同时，借助互联网进行传播的现代网络口碑，有效地克服了传统口碑传播固有的效率低、范围小、信息失真等缺陷，并因其显著的及时性、互动性、指向性、经济性和影响力越来越受到商家的青睐，成为现代企业开展体验营销的重要工具，并正在发展成为新时期的强势媒介。可以说，互联网的发展为现代口碑传播插上了翅膀，赋予了现代口碑新的内涵。

基本概念

体验营销　内部营销　关系营销　口碑营销

简答题

1. 什么是体验营销？
2. 什么是内部营销？
3. 什么是关系营销？
4. 什么是口碑营销？
5. 口碑传播具有哪些显著特点？
6. 简述体验剧场理论的主要观点。

论述题

1. 请运用营销水桶理论分析保持和发展顾客关系的价值。
2. 请分析网络环境下现代口碑营销的作用及其发展趋势。

案例分析

玛莎百货：塑造全面关系营销的典范

玛莎百货（Marks & Spencer）是英国最大且盈利能力最强的跨国零售集团，以单位面积销售额计算，伦敦的玛莎百货每年比世界上任何其他零售商赚取的利润都多。玛莎百货在世界各地有 200 多家连锁店。《今日管理》曾评论：从没有企业能像玛莎百货那样，令顾客、供应商及竞争对手都心悦诚服。

1. 围绕“满足顾客真正需要”建立企业与顾客的稳固关系

有人把关系营销的基本原理简单理解为“与顾客建立良好的关系后，有利的交易自会随之而来”。实际上为建立关系而建立关系并不是真正意义上的关系营销。关系营销倡导建立企业与顾客之间长期的、稳固的相互信任关系，实际上是企业长期不断地满足顾客需要、实现顾客满意的结果。

准确地把握顾客的真正需要是建立与顾客良好关系的第一步，而能否长期有效满足顾客的需要则是这种关系建立和存在的基础。玛莎百货认为顾客真正需要的是质量高且价格不贵的日用生活品，而当时这样的货品在市场上并不存在。于是玛莎百货建立起了自己的设计队伍，与供应商密切配合，一起设计或重新设计各种产品。为了保证提供给顾客的是高品质货品，玛莎百货实行依规格采购的方法，即先把要求的标准详细确定下来，然后让制造商依循制造。

玛莎百货给顾客提供的不仅是高品质的货品，而且是负担得起的货品，要让顾客因购买了“物有所值”甚至是“物超所值”的货品而感到满意。因而玛莎百货实行的是以顾客能接受的价格来确定生产成本的方法，而不是相反。为此，玛莎百货把大量的资金投入到货品的技术设计和开发上，而不是广告宣传上，通过实现规模经济来降低生产成本，同时不断推行改革，通过提高效率降低整个企业的经营成本。

此外，玛莎百货采用“不问原因”的退款政策，只要顾客对货品不满意，不管什么原因都可以退换或退款。这样做的目的是要让顾客觉得从玛莎百货购买的货品都是可以信赖的，而且对其物有所值不抱丝毫的怀疑。由于玛莎百货把握住了顾客的真正需要，并定下满足顾客需要的严格标准，又能切实实现这些标准，自然受到顾客青睐，不知不觉中就形成了与顾客的长期信任关系，保持了企业长久的良好业绩。

2. 从“共谋共事”出发建立企业与供应商的合作伙伴关系

零售企业要有效实现对顾客需求的满足，自然离不开供应商的协调配合。一般来说，零售商与制造商的关系多建立在短期的相互利益上，玛莎百货则以本身的利益、供应商的利益及消费者的利益为出发点，建立起长期紧密的合作关系。玛莎百货把其与供应商的关系视为“共谋共事”的伙伴关系。

玛莎百货非常清楚，如果供应商不能生产出所需的质优价廉的产品，便无法满足顾客需要，所以非常重视同供应商的关系。玛莎百货为了提供“顾客真正需要”的货品，给供应商制定了严格详细的制造和采购标准，为有效实现这些标准，玛莎百货也尽可能地为供应商提供帮助。如果玛莎百货从某个供应商处采购的货品比批发商处更便宜，玛莎百货将转让一部分节约的资金给供应商，作为其改善货品品质的投入。这样一来，在货品价格不变的情况下，零售商提高产品标准的要求与供应商实际提高产品品质取得了一致，最终顾客获得了“物超所值”的商品，提高了满意度。同时，货品品质提高后增加了销量，玛莎百货与其供应商共同获益，进一步密切了合作关系。

3. 以“真心关怀”为基础建立企业与员工的良好关系

企业内部管理者与员工之间相互信赖和支持的关系，是企业作为一个整体与外部顾客建立长期信任关系的基础，离开了前者，后者的建立是不具有操作性的。玛莎百货向来把员工作为最重要的资产，同时也深信这些资产是成功压倒竞争对手的关键因素，因此，玛莎百货把建立与员工的相互信赖关系、激发员工的工作热情和潜力作为管理的重要任务。在人力资源管理上，玛莎百货不仅为不同阶层的员工提供周详和组织严谨的培训，而且为每个员工提供公平优厚的福利待遇，真心关怀每一位员工。这种关心通过各级经理、人力资源经理和高级管理人员真心实意的关怀得到体现。例如，一位员工的父亲突然在美国去世，第二天公司已代他安排好赴美的机票，并提供足够的费用。玛莎百货把这种细致关心员工的做法化成公司的哲学思想，不因管理层的更替而有所变化，全体管理层人员专心致志地持久奉行。这种对员工真实细致的关心必然带来员工对工作的热情，从而使玛莎百货实现全面彻底的品质保证制度，这正是玛莎百货与顾客建立长期稳固信任关系的基石。

讨论：玛莎百货的全面关系营销给其他企业什么启示？

实训练习

尝试为某服务企业或某服务项目设计口碑营销方案，包括调查目标消费群接收信息和传播信息的习惯、设计口碑素材（创作产品故事、品牌故事等）、设计传播的路径与步骤、编制传播预算、预测传播效果、启动口碑传播等。主要考察创意与思路。

即测即评

扫描二维码可在线自测并查看答案。

参考文献

［1］郭国庆．服务营销．6 版．北京：中国人民大学出版社，2024.

［2］郭国庆．市场营销学通论．9 版．北京：中国人民大学出版社，2023.

［3］许晖．服务营销．2 版．北京：中国人民大学出版社，2021.

［4］王永贵．服务营销．2 版．北京：清华大学出版社，2023.

［5］王跃梅．服务营销．3 版．杭州：浙江大学出版社，2022.

［6］于宁．服务营销．2 版．大连：大连理工大学出版社，2018.

［7］李巍．服务营销管理：聚焦服务价值．北京：机械工业出版社，2019.

［8］李克芳，聂元昆．服务营销学．3 版．北京：机械工业出版社，2020.

［9］李砥辉．服务营销：理论与实践．北京：科学出版社，2020.

［10］苏朝晖．服务营销管理：服务业经营的关键．3 版．北京：清华大学出版社，2023.

［11］苏朝晖．服务营销与管理．北京：人民邮电出版社，2019.

［12］周宏敏．服务营销．2 版．北京：中国人民大学出版社，2021.

［13］约亨·沃茨，林宸．服务营销：人·技术·战略：第 9 版．上海：中国出版集团东方出版中心，2023.

［14］约亨·沃茨，克里斯托弗·洛夫洛克．服务营销：第 8 版．北京：中国人民大学出版社，2019.

［15］瓦拉瑞尔·A. 泽丝曼尔，等．服务营销：第 7 版．北京：机械工业出版社，2020.

［16］詹姆斯·A. 菲茨西蒙斯，莫娜·J. 菲茨西蒙斯．服务管理：运作、战略与信息技术：第 9 版．北京：机械工业出版社，2020.

［17］克里斯廷·格罗鲁斯．服务管理与营销：服务竞争中的顾客管理：第 3 版．北京：电子工业出版社，2008.

［18］汉斯·卡斯帕尔，等．服务营销与管理：基于战略的视角：第 2 版．北京：人民邮电出版社，2008.

［19］中共中央宣传部．习近平新时代中国特色社会主义思想学习纲要．北京：学习出版社，人民出版社，2019.

［20］习近平．高举中国特色社会主义伟大旗帜 为全面建设社会主义现代化国家而团结奋斗：在中国共产党第二十次全国代表大会上的报告．北京：人民出版社，2022.

［21］习近平．中国共产党第二十届中央委员会第三次全体会议公报．（2024－07－18）．中国政府网.

中国人民大学出版社　管理分社

教师教学服务说明

中国人民大学出版社管理分社以出版工商管理和公共管理类精品图书为宗旨。为更好地服务一线教师，我们着力建设了一批数字化、立体化的网络教学资源。教师可以通过以下方式获得免费下载教学资源的权限：

★ 在中国人民大学出版社网站 www.crup.com.cn 进行注册，注册后进入“会员中心”，在左侧点击“我的教师认证”，填写相关信息，提交后等待审核。我们将在一个工作日内为您开通相关资源的下载权限。

★ 如您急需教学资源或需要其他帮助，请加入教师 QQ 群或在工作时间与我们联络。

中国人民大学出版社　管理分社

教师 QQ 群： 648333426（工商管理）　114970332（财会）　648117133（公共管理）

教师群仅限教师加入，入群请备注（学校+姓名）

联系电话： 010-62515735，62515987，62515782，82501048，62514760

电子邮箱： glcbfs@crup.com.cn

通讯地址： 北京市海淀区中关村大街甲 59 号文化大厦 1501 室（100872）

管理书社　　人大社财会　　公共管理与政治学悦读坊